被爆者裁判に挑む

田村和之 著

信 山 社

はしがき

　1945年8月，広島と長崎は，原子爆弾被爆という人類にとって未曽有の経験をした。戦争の中で生じたことといえども，それはあらゆる意味で許されないことであった。原爆は，瞬時に多数の生命を奪っただけでなく，現在に至るまで継続的に，健康をむしばみ，命を奪い続けている。

　一般国民の戦争被害は救済しないことにしてきた日本国であるが，原爆による健康被害だけは例外であり，1957年に原爆医療法，1968年に原爆特別措置法を，そして1994年には，これら2法律を統合・一本化した現行法の被爆者援護法を制定している。

　本書は，被爆者の援護に関するこれら3法および被爆者行政について，筆者が執筆してきた諸論稿を整理し，1つにまとめたものである。タイトルを『被爆者裁判に挑む』としたのは，被爆者が提起した裁判のいくつかに原告代理人の弁護士とともに取り組み，研究を進めてきたからである。

　20年近くの長い間，日本国外に居住する被爆者に対し被爆者法の適用を求める在外被爆者裁判に取り組んできた。この問題については，2016年に田村和之編『在外被爆者裁判』を刊行したので，本書では前書に積み残した論稿を収録するにとどめた。

　収録した論稿は書かれた時期が異なり，その後法令や行政に変化があり，また，筆者の問題意識に微妙な違いがあったりするため，全体をとおしてみると若干の不統一感が残っているが，あえて整えなかった。

　なお，本書を読み進める上での便宜を考え，被爆者裁判の一覧表を作成し，末尾に掲載した。活用していただきたい。

　2024年8月

田 村 和 之

目　次

はしがき　(*iii*)

第1章　被爆者法の基本問題 ── 序にかえて　…………………3
　　1　基本的な問題　………………………………………3
　　2　被爆者に対する給付の法構造　………………………6
　　3　被爆者援護法制定以降の援護策の拡充　………………9

第2章　原爆「被爆者」の概念
　　　　── 放射能影響被爆者（三号被爆者）を中心に　…………… *11*
　　はじめに　……………………………………………… *11*
　　1　「被爆者」概念の形成　……………………………… *12*
　　2　直接被爆者　………………………………………… *19*
　　3　特別被爆者　………………………………………… *20*
　　4　放射能影響被爆者（三号被爆者）　………………… *22*
　　おわりに　……………………………………………… *27*

第3章　「黒い雨」被爆者に対する被爆者健康手帳の交付　… *29*
　　1　被爆者の要件　……………………………………… *29*
　　2　放射能影響要件　…………………………………… *30*
　　3　「黒い雨」被爆者制度　……………………………… *31*
　　4　健康診断受診者証制度　…………………………… *31*
　　5　ま　と　め　………………………………………… *32*

第4章　被爆者健康手帳裁判　………………………………… *33*
　　1　被爆者健康手帳裁判とは　………………………… *33*
　　2　在外被爆者による被爆者健康手帳裁判　…………… *35*
　　3　直接被爆者・入市被爆者による被爆者健康手帳裁判　………… *36*
　　4　三号被爆者（放射能影響被爆者）による被爆者健康手帳裁判　……… *40*

v

5　長崎「被爆体験者」裁判 ……………………………… *44*

　　6　広島「黒い雨」訴訟 …………………………………… *47*

　　7　被爆者健康手帳裁判の途中での原告死亡…………… *50*

　　お わ り に ……………………………………………… *51*

第5章　在外被爆者に対する被爆者法の適用…………… *53*

　　は じ め に ……………………………………………… *53*

　　1　国・厚生省の説明 ……………………………………… *54*

　　2　被爆者法の社会保障法論 ……………………………… *57*

　　3　国外居住者への適用規定の不存在論 ………………… *59*

　　お わ り に ……………………………………………… *63*

第6章　在外被爆者に対する被爆者援護法の医療援護規定
　　　　の適用………………………………………………… *65*

　　1　被爆者援護法の在外被爆者への適用の状況………… *65*

　　2　被爆者援護法3章3節の規定の適用 ………………… *66*

　　3　在外被爆者に対し医療援護の実施を求める裁判…… *68*

第7章　在外被爆者裁判 ……………………………………… *71*

　　1　在外被爆者とは ………………………………………… *71*

　　2　在外被爆者裁判とは …………………………………… *71*

　　3　孫振斗裁判 ……………………………………………… *72*

　　4　三菱重工広島・元徴用工被爆者裁判，郭貴勲裁判 ………… *73*

　　5　国外からの手当て等支給申請裁判 …………………… *74*

　　6　在ブラジル被爆者未払手当支給請求裁判 ── 消滅時効の問題 ……… *76*

　　7　三菱重工広島・元徴用工被爆者裁判最高裁判決 …… *77*

　　8　被爆者健康手帳交付申請裁判，被爆者援護法の改正 ……… *80*

　　9　在外被爆者による医療費支給を求める裁判………… *81*

　　10　在韓被爆者医療費裁判最高裁2015年9月8日判決 ………… *84*

　　11　在外被爆者で勝訴できた理由 ── おわりにかえて ……… *86*

目　次

第 8 章　原爆症認定要件の要医療性
—— 最高裁 2020（令和 2）年 2 月 25 日判決について ……… *89*

は じ め に …………………………………………………………… *89*
1　要医療性の理解のしかた ……………………………………… *89*
2　要医療性は原爆症認定の要件か …………………………… *95*
お わ り に …………………………………………………………… *97*

第 9 章　原爆症認定審査基準の改定 ……………………………… *99*

は じ め に …………………………………………………………… *99*
1　原爆症認定の基準 ……………………………………………… *99*
2　原爆症認定の在り方に関する検討会 …………………… *100*
3　行政認定と司法判断の「乖離」…………………………… *101*
4　「報告書」の検討①—— 司法判断と行政認定の「乖離」…………… *102*
5　「報告書」の検討②
　　—— 放射線起因性（原爆症）認定の廃止の提案 …………… *104*
6　「報告書」の検討③—— 2 つの改善提案 ……………… *104*
7　「報告書」の検討④—— その他の問題 ………………… *106*
お わ り に …………………………………………………………… *106*

第 10 章　被爆二世裁判判決 …………………………………… *109*

は じ め に …………………………………………………………… *109*
1　被爆二世問題についての国などの動き ………………… *109*
2　当事者双方の主張 …………………………………………… *111*
3　長崎地裁判決の要旨 ………………………………………… *112*
4　広島地裁判決の要旨 ………………………………………… *114*
5　検　　討 ………………………………………………………… *115*
お わ り に …………………………………………………………… *117*

第 11 章　法定受託事務である被爆者援護事務の実際と
問題点 ……………………………………………………… *119*

1　在外被爆者裁判敗訴に控訴しなかった大阪府 ……… *119*
2　厚生労働省による地方自治体事務（被爆者健康手帳交付事務）への
　　介入・干渉 …………………………………………………… *124*

vii

第12章 原爆被爆者対策基本問題懇談会（基本懇）
── 何が語られ，「報告」はどのように作られたか⋯⋯ 131

はじめに ── 基本懇とは ⋯⋯⋯⋯⋯⋯⋯⋯⋯⋯⋯⋯⋯ 131
1 基本懇の設置経緯と目的 ⋯⋯⋯⋯⋯⋯⋯⋯⋯⋯ 133
2 速記録の公開の経緯 ⋯⋯⋯⋯⋯⋯⋯⋯⋯⋯⋯⋯ 134
3 政府・自民党の「国家補償」に対する懸念 ⋯⋯⋯ 137
4 基本懇における主な議論 ⋯⋯⋯⋯⋯⋯⋯⋯⋯⋯ 138
5 報告のとりまとめ過程 ⋯⋯⋯⋯⋯⋯⋯⋯⋯⋯⋯ 145
おわりに ⋯⋯⋯⋯⋯⋯⋯⋯⋯⋯⋯⋯⋯⋯⋯⋯⋯⋯ 149

第13章 基本懇「報告」── その後 ⋯⋯⋯⋯⋯⋯⋯⋯ 153

はじめに ⋯⋯⋯⋯⋯⋯⋯⋯⋯⋯⋯⋯⋯⋯⋯⋯⋯⋯ 153
1 第94回国会（1980年12月～1981年6月）における論議⋯⋯ 154
2 被爆者援護法案の審議 ⋯⋯⋯⋯⋯⋯⋯⋯⋯⋯⋯ 159
おわりに ⋯⋯⋯⋯⋯⋯⋯⋯⋯⋯⋯⋯⋯⋯⋯⋯⋯⋯ 162

第14章 地方自治体の被爆者援護
── 広島市および広島県に即して ⋯⋯⋯⋯⋯⋯⋯⋯ 165

はじめに ⋯⋯⋯⋯⋯⋯⋯⋯⋯⋯⋯⋯⋯⋯⋯⋯⋯⋯ 165
1 原爆医療法以前の状況 ⋯⋯⋯⋯⋯⋯⋯⋯⋯⋯⋯ 166
2 原爆医療法施行以後の状況 ⋯⋯⋯⋯⋯⋯⋯⋯⋯ 167
3 広島県の独自援護 ⋯⋯⋯⋯⋯⋯⋯⋯⋯⋯⋯⋯⋯ 168
4 広島市の独自援護 ⋯⋯⋯⋯⋯⋯⋯⋯⋯⋯⋯⋯⋯ 170
5 独自援護の課題 ⋯⋯⋯⋯⋯⋯⋯⋯⋯⋯⋯⋯⋯⋯ 172
おわりに ⋯⋯⋯⋯⋯⋯⋯⋯⋯⋯⋯⋯⋯⋯⋯⋯⋯⋯ 175

第15章 被爆者援護立法をめざす広島市の活動
── 1989年ごろまで ⋯⋯⋯⋯⋯⋯⋯⋯⋯⋯⋯⋯ 177

1 戦後占領下の動向 ⋯⋯⋯⋯⋯⋯⋯⋯⋯⋯⋯⋯⋯ 177
2 原爆医療法の制定 ⋯⋯⋯⋯⋯⋯⋯⋯⋯⋯⋯⋯⋯ 184
3 原爆医療法の施行 ⋯⋯⋯⋯⋯⋯⋯⋯⋯⋯⋯⋯⋯ 195
4 原爆医療法の改正 ⋯⋯⋯⋯⋯⋯⋯⋯⋯⋯⋯⋯⋯ 199
5 原爆特別措置法の制定 ⋯⋯⋯⋯⋯⋯⋯⋯⋯⋯⋯ 202

目　　次

　　6　原爆二法の拡充 ……………………………………… 212
　　7　被爆者援護の課題 …………………………………… 214
　　8　被爆者援護法の制定に向けて ……………………… 219

〈付　録〉
　　1 被爆者健康手帳裁判（225）
　　2 在外被爆者裁判（229）
　　3 原爆症認定裁判（233）

　あとがき ……………………………………………………… 239

[略語など]

①　原子爆弾被爆者の医療等に関する法律（1957 年法律 41 号）
　　　→　原爆医療法
②　原子爆弾被爆者に対する特別措置に関する法律（1968 年法律 53 号）
　　　→　原爆特別措置法
③　原子爆弾被爆者に対する援護に関する法律（1994 年法律 117 号）
　　　→　被爆者援護法
④　①および②の法律を合わせて「原爆二法」，①，②および③の法律を合わせ
　　て「原爆三法」「被爆者法」ということがある。
⑤　1974(昭和)年 7 月 22 日衛発 402 号，厚生省公衆衛生局長通達
　　　→　402 号通達
⑥　被爆者健康手帳　→　手帳
⑦　健康管理手当　→　手当

ix

被爆者裁判に挑む

第1章　被爆者法の基本問題 —— 序にかえて

　現行法の被爆者援護法は，1957年制定の原爆医療法と1968年制定の原爆特別措置法を前身とし，これらの2法律（原爆二法）を統合・一本化して1994年に制定され，翌年7月より施行された。同法は，原爆二法の諸給付を引き継ぐとともに，特別葬祭給付金を新設し，また，原爆特別措置法が定めていた諸手当の所得制限を撤廃したほか，原爆死没者追悼事業及び福祉事業，調査研究の促進などを定めている。

　本書では，このような被爆者援護法をめぐる法的問題を個別のテーマごとに考察しているが，以下では，十分に考察されていない若干の問題について，筆者の見解を補足的・概括的に明らかにする。

1　基本的な問題
(1)　被爆者援護法の趣旨目的
　被爆者援護法の趣旨目的について，同法前文は次のように定める（全文）。

　「昭和20年8月，広島市及び長崎市に投下された原子爆弾という比類のない破壊兵器は，幾多の尊い生命を一瞬にして奪ったのみならず，たとい一命をとりとめた被爆者にも，生涯いやすことのできない傷跡と後遺症を残し，不安の中での生活をもたらした。

　このような原子爆弾の放射能に起因する健康被害に苦しむ被爆者の健康の保持及び増進並びに福祉を図るため，原子爆弾被爆者の医療等に関する法律及び原子爆弾被爆者に対する特別措置に関する法律を制定し，医療の給付，医療特別手当等の支給をはじめとする各般の施策を講じてきた。また，我らは，再びこのような惨禍が繰り返されることがないようにとの固い決意の下，世界唯一の原子爆弾の被爆国として，核兵器の究極的廃絶と世界の恒久平和の確立を全世界に訴え続けてきた。

　ここに，被爆後50年のときを迎えるにあたり，我らは，核兵器の究極的廃絶に向けての決意を新たにし，原子爆弾の惨禍が繰り返されることのないよう，恒久の平和を念願するとともに，国の責任において，原子爆弾の投下の結果として生じた放射能に起因する健康被害が他の戦争被害とは異なる特殊の被害であることにかんがみ，高齢化の進行している被爆者に対する保健，医療及び福祉にわたる総合的な援護対策を講じ，あわせて，国として原子爆弾による死没者の尊い犠牲を銘記するた

3

め，この法律を制定する。」（下線は筆者）

　すなわち，同法は「国の責任において，原子爆弾の投下の結果として生じた放射能に起因する健康被害が他の戦争被害とは異なる特殊の被害であることにかんがみ，高齢化の進行している被爆者に対する保健，医療及び福祉にわたる総合的な援護対策を講じ」ることを目的とし，「高齢化の進行など被爆者を取り巻く環境の変化を踏まえ」，それまでの原爆二法を引き継ぎながら，さらに施策を充実発展させることを目的として制定された。

　旧法の原爆医療法は，「被爆者が今なお置かれている健康上の特別な状態にかんがみ」て制定された（1条）。「健康上の特別な状態」とは，「健康と思われる被爆者の中からも突然発病し，死亡する者が生ずる等被爆者の置かれている健康上の特別の状態」である（1957年5月14日発衛267号厚生事務次官通達「原子爆弾被爆者の医療等に関する法律の施行について」）。このような原爆医療法の立法趣旨が，被爆者援護法に引き継がれていることは言うまでもない。

　ところで，孫振斗裁判最高裁1978(昭和53)年3月30日判決は，「原爆医療法は，このような特殊の戦争被害について戦争遂行の主体であつた国が自らの責任によりその救済をはかるという一面を有するものであり，その点では実質的に国家補償的配慮が制度の根底にあることは，これを否定することができない」と判示した。1994年制定の被爆者援護法の根底に国家補償的配慮があることについて，厚生労働省は明言しないが，長崎「被爆体験者」訴訟最高裁2017(平成29)年12月18日判決はこれを認めている。つまり，原爆二法の趣旨を引き継いだ被爆者援護法は，その根底に国家補償的配慮を有する法律である。

　なお，最近の第2次「黒い雨」訴訟において，被告（実質的に国）から，1980年12月11日に公表された原子爆弾被爆者対策基本問題懇談会（基本懇）「報告」は被爆者援護法の立法事実であるとする論が唱えられているが，このような理解が不適切なことについては，第13章を参照されたい。

(2) 原爆被害について

　被爆者援護法前文は，原爆が「幾多の尊い生命を一瞬にして奪ったのみならず，たとい一命をとりとめた被爆者にも，生涯いやすことのできない傷跡と後遺症を残し，不安の中での生活をもたらした」（第1段落）と定める。すなわち，この法律は，原爆は「生命を一瞬にして奪」い，生命を奪われなかった者

第1章　被爆者法の基本問題

（生存被爆者）に「生涯いやすことのできない傷跡と後遺症を残し，不安の中での生活をもたらした」とする。このように，原爆は人の身体（生命と健康）を侵害したものであり，これを被ったことを「被害」ととらえているのである。しかし，同法は，実際には，生命の被害を援護の対象としていない（原爆二法も同じであった）。

　前文は，この被害について，「原子爆弾の投下の結果として生じた放射能に起因する健康被害が他の戦争被害とは異なる特殊の被害である」とする。この点にかかわって，次の2点を指摘しておきたい。

　第1は，被爆者援護法は，被爆者の被った被害のうち原爆放射線により引き起こされた健康被害を援護の対象としていることである。これは原爆二法を引き継いでいると受けとめられているが，原爆医療法1条は，法文上は原爆被爆者が「今なお置かれている特別の状態にかんがみ」と定めるにとどまり，原爆放射能に起因する健康被害に限定して援護するとは定めていなかった（原爆特別措置法も同じ）。したがって，被爆者援護法は，明文で原爆被害を原爆放射線による被害に限定したことになる。

　第2は，原爆による健康被害は，原爆の破壊力（熱線，爆風，衝撃波，放射線）が複合的に作用して生じるものであるが，被爆者援護法による援護は，当該健康被害が原爆放射線に起因するものに限定していることである。このため，同法10条により厚生労働大臣から医療の給付を受けようとするとき，あらかじめ当該傷病が原爆放射線の傷害作用に起因する旨の認定（起因性の認定）を受けなければならないが（11条1項），この場合，当該傷病が原爆放射線の傷害作用によるものであることを明らかにしなければならない。裁判では，起因性の証明責任は原告の被爆者が負うが，未解明なところが多い放射線起因性を，被爆者が高度の蓋然性をもって立証することは不可能に近いことではないかという疑問が残る。

(3)　「被爆者」の概念

　被爆者援護法が援護の対象とするのは，同法1条各号に定める「被爆者」である。被爆者の概念については，第2章で詳しく検討しているが，その末尾の部分で，福岡高裁2018年12月10日判決の「身体に原子爆弾の放射能の影響を受けるような事情の下にあった」（同条3号）ことは同条1号ないし3号に「通底する同法上の『被爆者』の基本概念というべきである」との判示を紹介し，このように言うことができるとすれば，同条3号（いわゆる放射能影響被

5

爆者）の被爆者概念は，時と所在場所により類型化・限定された同条1号・2号の「被爆者」では捉えられない者を，広く「被爆者」と把握することを可能とする旨を述べている。このように考えれば，「放射能影響被爆者」の概念は，今後，原爆被害者の援護だけでなく，核兵器被害者，その他の放射線被害者の救済・援護を検討するにあたり，重要性を増すことになるだろう。

　被爆者援護法1条1号は，原爆被爆の際「当時の広島市若しくは長崎市の区域内又は政令で定めるこれらに隣接する区域内に在った者」（下線は筆者）を「被爆者」と定める（いわゆる一号被爆者）。同法施行令別表第一が下線の区域を定めるが，それによれば広島市・長崎市ともに爆心地からおおむね5kmの範囲である。原爆の初期放射線の到達距離は爆心地から2.5kmほどであると考えられているが，この政令別表第一は「余裕をみて」広島市・長崎市の区域外の地域も定めたと考えられる。

　原爆被爆の当時の広島市・長崎市の区域内に所在した者は「1号被爆者」である。ところが，当時の長崎市の区域は爆心地から約12kmも遠方にまで広がっていた。このような遠隔の地域まで初期放射線が到達していたとは考えられないが，同じ長崎市民を居住・所在地域で区別するのは政治的・政策的見地からみて適切でないとして一号被爆者の概念は定められたという。そうだとすれば，一号被爆者は，初期放射線を被曝した者と政治的・政策的な見地から被爆者とされる者の両者を包含していることになる。一号被爆者の概念は，このように相異なるものを含むため，今なお，「被爆区域」是正・拡大要求が提出されることになる。

2　被爆者に対する給付の法構造

　制定当初の原爆医療法が定める全被爆者に対する援護（給付）は，健康診断（4条）だけであったが，その後の同法の改正および原爆特別措置法の制定により拡充され，現行の被爆者援護法による給付は，大きくは，(1) すべての被爆者に対する給付，(2) 傷病にかかっている被爆者に対する給付，(3) 傷病にかかっていない一定の被爆者に対する給付，および，(4) 被爆者以外のものに対する給付（32条の死亡した被爆者の葬祭を行う者に対する葬祭料の支給）に区別できる。

　以下では，(1)，(2) および (3) について，若干の説明と考察を行う。

第1章　被爆者法の基本問題

（1）すべての被爆者に対する給付

健康診断の実施（7条）および一般疾病医療費の支給（18条）である。

原爆医療法の制定当初，被爆者であれば誰でも受けられる援護は，健康診断だけだったが，同法の1974年改正（法律86号）により，一般疾病医療費の支給が定められた。

（2）傷病にかかっている被爆者に対する給付

当該傷病が原爆放射線に起因するものであるかいなかにより，次の①と②に区別できる。

①　**原爆放射線に起因する傷病**（いわゆる原爆症）**の状態にある被爆者に対する給付**

さらに，医療を要する状態にあるかないかにより次の⑦と⑦に区別しておく。

⑦　現に医療を要する状態にあるものに対する給付

医療の給付（10条），医療特別手当の支給（24条），および原子爆弾小頭症手当の支給（26条）である。医療特別手当は，原爆特別措置法の制定により創設された。当初の名称は「特別手当」であったが，同法の1981年改正（法律70号）により現在の名称に改められ，原子爆弾小頭症手当は同改正により創設された。

医療の給付は，被爆者のかかっている傷病が原爆放射線に起因したものであり（いわゆる原爆症），かつ，当該傷病が要医療の状態にあるときに行われる。

起因性の認定・判断（11条）は，傷病別，身体の部位・臓器別に，外部被曝・内部被曝の放射線量を考慮して行われるようである。この結果，それは高度に専門科学的な判断となり，難解極まりない。このような仕組みは，被爆者が医療の給付を受けることの高いハードルになっていると言え，決して被爆者援護の趣旨目的に沿うものでなく，改められるべきである。

差し当たりの改革案として，公害健康被害の補償等に関する法律（1973年制定）の公害病認定の仕組みを参考とすることを提起したい。すなわち，同法によれば，指定地域内に一定期間居住又は在勤していること（曝露要件），および，指定疾病にかかっていること（疾病要件）を公害病認定の要件としている。原爆症認定をこのような公害病認定のように改めれば，少なくとも高度に専門科学的な判断によることなく原爆放射線起因性を判断できる。

行政実務では，起因性の判断にあたり，当該傷病が要医療の状態にあること

を要件としている。しかし，要医療は原爆医療法 10 条 1 項による医療の給付の要件であり，同法 11 条 1 項の定める起因性の認定に要医療の判断を含まないことは，明文からも明らかである（第 8 章参照）。

⑦　現に医療を要する状態でないものに対する給付

特別手当の支給（25 条）であり，前述の原爆特別措置法 1981 年改正により創設された。

特別手当は，行政実務上，原爆症が治癒した被爆者に対して支給されると解釈運用されているが，被爆者援護法 25 条 1 項は「11 条 1 項の認定を受けた者に対し，特別手当を支給する」との定めであり，認定されたが要医療の状態にないとして医療の給付を受けていない被爆者にも，支給されなければならない。

②　いわゆる原爆症とは言えないが，一定の疾病にかかっている被爆者に対する給付

健康管理手当の支給（27 条 1 項）および介護手当の支給（31 条）である。

健康管理手当は，1968 年制定の原爆特別措置法により創設された。当初は「特別被爆者」のみが対象だったが，前述の 1974 年改正によりすべての被爆者を対象とするものに改められた。厚生労働省令（被爆者援護法施行規則 51 条）で定める障害を伴う疾病にかかっていることが受給要件である。健康管理手当は，原爆放射線を多量に浴び原爆の影響との関連が想定される（疑われる）疾病にかかっている被爆者に支給するものであるとされるが，疾病罹患の原爆放射線起因性は支給要件でない。疾病について要医療の状態にある者に支給される。以上について，最高裁 2020(令和 2)年 2 月 25 日判決は正反対の理解を示したが，誤りというほかない（第 8 章参照）。

介護手当は，一定の障害（被爆者援護法施行規則別表第 2 に定められている）により介護を要する状態にあり，かつ，介護を受けているものに支給される。1968 年制定の原爆特別措置法により創設された。当初は「特別被爆者」のみが対象だったが，前述の 1974 年改正によりすべての被爆者を対象とするものに改められた。

(3)　傷病にかかっていないが，被爆時に爆心地から 2km の区域内に在った者（一号被爆者）に対する給付

保健手当の支給（28 条）であり，1975 年の原爆特別措置法改正（法律 55 号）により創設された。傷病にかかっていることは受給要件でない。保健手当の趣

第1章　被爆者法の基本問題

旨について，同改正法の施行通達（昭和 50 年 8 月 25 日発衛 191 号厚生事務次官通達）は，「爆心地から 2 キロメートルの区域内にあった者は，原子爆弾の放射線を特に多量に浴びており，現に疾病を有しない場合であつても日常生活において，疾病の予防及び健康の保持増進に特段の配慮を払うことが必要ある」と説明している。

3　被爆者援護法制定以降の援護策の拡充

被爆者援護法が制定されたのちに，被爆者援護施策がどのように改善・拡充されたかを，簡単に総括しておきたい（手当等の金額の改訂は除く）。

最大の改革は，在外被爆者に対する被爆者援護法の適用が行われるようになったことである。この趣旨を明確にするために同法は改正され（2008 年法律 78 号。議員立法による），在外被爆者が居住地から被爆者健康手帳の交付申請を行うことができるようになった。在外被爆者の援護策の改革・拡充（被爆者援護法施行令，同施行規則の改正による）は，一連の在外被爆者裁判における原告の在外被爆者の勝訴によりもたらされたものである（第 7 章参照）

次に，原爆症認定の改革をあげる。一連の原爆症認定請求裁判（いわゆる「集団訴訟」およびその後のノーモア・ヒバクシャ訴訟）における原告・被爆者の勝訴によるものであり，厚生労働省は原爆症認定（被爆者援護法 11 条 1 項）の審査基準を 3 次にわたり改訂し（「あたらしい審査の方針」などの策定・改訂），その結果，認定被爆者の数は，数倍に増加した。

さらに，「黒い雨」被爆者に対する被爆者健康手帳の交付の仕組みの改訂をあげたい。「黒い雨」訴訟における原告の「黒い雨」被爆者の勝訴（広島高裁 2021 年 7 月 14 日判決）によるものであり，厚生労働省は「黒い雨」にあった者に対する被爆者健康手帳交付についての基準を見直した結果（2022 年 3 月 18 日厚生労働省健康局長通知健発 1318 弟 8 号「『黒い雨』被爆者健康手帳交付請求等訴訟の『原告』とおなじような事情にあったと認められる者に関わる取扱いについて」），すでに 6000 人を超える人びとが新たに被爆者健康手帳の交付を受けて「被爆者」となっている。

現行の被爆者援護法の施行後，やがて 30 年になるが，この間に行われた被爆者援護策の改善・拡充は，以上のように，いずれも被爆者裁判による被爆者の勝訴の結果である。被爆者裁判のはたした役割は絶大である。

付言すれば，とりわけ在外被爆者の援護策の拡充の経過をみれば明らかであ

るが，政府厚生労働省は敗訴の限りで政省令等を改正改訂しただけであったため，被爆者は次から次へと新たな裁判を提起しなければならない羽目に陥った。その結果は原告・被爆者の連続勝訴だったが，このように裁判で勝訴しない限り，被爆者援護策の改革改善・拡充がなされないのは，異常であり，本来のあるべき姿ではない。立法府および行政府は，その責務をはたしていないというべきである。

第2章　原爆「被爆者」の概念
── 放射能影響被爆者（三号被爆者）を中心に

はじめに

　広島・長崎の原爆被爆者は，被爆者援護法による各種の援護給付を受けることができる。この給付は，同法にいう「被爆者」と認められて被爆者健康手帳を交付された者に対して行われる。

　被爆者援護法1条は，第1号ないし第4号に4種類の「被爆者」を定める。

「（被爆者）第1条　この法律において「被爆者」とは，次の各号のいずれかに該当する者であって，被爆者健康手帳の交付を受けたものをいう。

一　原子爆弾が投下された際当時の広島市若しくは長崎市の区域内又は政令で定めるこれらに隣接する区域内に在った者

二　原子爆弾が投下された時から起算して政令で定める期間内に前号に規定する区域のうちで政令で定める区域内に在った者

三　前二号に掲げる者のほか，原子爆弾が投下された際又はその後において，身体に原子爆弾の放射能の影響を受けるような事情の下にあった者

四　前三号に掲げる者が当該各号に規定する事由に該当した当時その者の胎児であった者」

　第1号の「被爆者」は「直接被爆者」，第2号は「入市被爆者」と呼ばれ，第3号は「救護被爆者」または「三号被爆者」と呼ばれるが，第3号の規定ぶりからいえば，むしろ「放射能影響被爆者」と呼ぶほうが適切である（以下ではこの文言を用いる）。第4号は「胎内被爆者」と呼ばれている。「黒い雨」訴訟の広島地裁2020年7月29日判決および同高裁2021年7月14日判決は，「黒い雨」に遭った者である原告らを第3号の「放射能影響被爆者」に該当すると判断した。

　これら4種類の「被爆者」は，原爆医療法により定められ，そのまま現行法の被爆者援護法に受け継がれている。「被爆者」のうち数がもっとも多いのは第1号の直接被爆者であり，1960年3月末における広島市の全被爆者数に占める割合は91.7％であった。その後，他の「被爆者」の割合が増加し，直近の2023年3月末の広島市における直接被爆者の割合は55.9％である。

11

原爆被爆から79年，原爆医療法の制定から67年となり，被爆者の平均年齢
は85歳（最小年齢は78歳）になっているが，「黒い雨」に遭った者は，これま
で「被爆者」とされず[1]，被爆者健康手帳を取得できなかったため，原爆二
法・被爆者援護法による援護の対象外とされてきた。なぜこのような事態に
なったのかについて，本稿では，「被爆者」という法概念の形成の経緯，理解
のしかた・捉え方に一因があったのではないかとの問題意識のもとで，「被爆
者」の概念，とりわけ放射能影響被爆者の概念に焦点をあてて考察する。

1　「被爆者」概念の形成

　まず「被爆者」という法律上の概念がどのように形成され，どのような意義
を有するかについて，その概要を述べる[2]。

(1)　原爆医療法の制定以前 ── 原爆傷害者・障害者

　日本占領統治末期の1951年秋ごろ，戦傷病者戦没者遺族等援護法の制定の
動きが明らかになると，広島市は政府や国会に対し，原爆により死亡した動員
学徒や国民義勇隊員の遺族を同法の適用対象とすることを求めて請願・陳情を
行う。翌年1月，この法律案の成立を見越して広島県・市が行った原爆による
死没者の調査に併せ，広島市は「原爆による傷害者調査」を行った。この結
果，4038人の身体障害者（うち9割以上が外科的障害者であった）の存在が判明
した。これ以降，同市は原爆障害者に対する治療支援に取り組む。1954年5
月25日，広島市議会は「原爆障害者治療費全額国庫負担に関する決議」，同月
28日，広島県議会は「原爆障害者治療費全額国庫負担要望について」という
決議を採択した。同年10月5日，浜井広島市長および田川長崎市長は衆議院
地方行政委員会に参考人として出席し，原爆障害者治療について切々と訴え
た。同年9月発行の広島市『原爆障害者治療対策の概況』は「原爆障害要治療
者数を数千と推計しているが，内科的障害者が増加している」と述べている。
1955年9月に広島市が政府に宛てて提出した「原爆障害者治療費等に関する
陳情書」では，「被爆生存者9万8千人，原爆障害者6千人を有する本市」と
し，「9万8千の被爆者の健康管理は最も緊急を要するもの」とした。1956年
12月12日，衆議院本会議は「原爆障害者の治療に関する決議」を採択した。

---

(1)　厳密に言えば，後述4の(2)の「みなし被爆者」は「黒い雨」に遭った者である。
(2)　以下の叙述において取り上げる諸資料は，ほとんど「黒い雨」訴訟判決で証拠として
　　として認定され，判決文で引用されたものであり，いちいち注記しない。

第 2 章　原爆「被爆者」の概念

　以上のように，占領期から 1950 年代の中ごろまでは，原爆被爆による身体
被害を受けた者を表す言葉は「傷害者」「身体障害者」（その中心は「外科的障
害者」）であった。原爆による身体の傷害・障害は，原爆の破壊力のうち主に
熱線と爆風によりもたらされる。熱線，爆風の威力は爆心地からの距離が遠ざ
かれば衰退するので，原爆による傷害・障害は，爆心地近くにいた者を中心に
発生したといってよい。

　この頃は，主に外見上の傷害・障害を有する者を原爆による被害を被った者
と認識していたことが窺われる。このような原爆被害のとらえ方は，のちに法
定化される「被爆者」の理解に影響を与えることになる。

　原爆傷害者・障害者の治療支援に取り組む中で，やがて「内科的障害者」の
存在が明らかになり，被爆生存者全体の治療と健康管理の必要性が認識される
ようになる。

(2) 原爆医療法の制定へ向けて

　その後，原爆医療法の制定へ向けた動きが出てくる。その構想および法案に
おいて，「被爆者」がどのようにとらえられているかを概観する。

① 原爆障害者，被爆者 —— 広島市・長崎市連名案

　1956 年 11 月，広島市と長崎市は連名で「原爆障害者援護法案要綱（試案）」
を添付した「原爆障害者援護法制定に関する陳情書」を関係各署に提出した。
この法案要綱は「原爆障害者とは……原子爆弾の影響により受けた政令で定め
る障害を有する者をいう」，「被爆者とは……原子爆弾が投下された時又はそれ
に引続く政令で定める期間内に，政令で定める区域内にあった者及びその者の
胎児であった者をいう」として，「原爆障害者」（原爆の影響による傷病を有する
者を指す）には医療を行い，原爆投下時またはその後の一定の期間内に一定の
区域内にあった「被爆者」には健康管理を行うとした。ここでいう「被爆者」
とは原爆に遭遇したが，いまだ障害を発症していない者を指していると思われ
る。

　以上のように，この案では，「原爆障害者」と「被爆者」とが区別して用い
られている。

13

② 厚生省による原爆医療法案

⑦ 原爆被爆者の医療等に関する法律案（第1次原案）

厚生省は，1956年12月12日付けで「原爆被爆者の医療等に関する法律案（第1次原案）」を作成し，被爆者を次のように定義した。

> 「第2条　この法律において『被爆者』とは……原子爆弾を投下された時広島市及び長崎市及び政令で定めるこれに隣接区域内にあった者（当時その者の胎児であった者を含む）並びに原子爆弾が投下された時以後に爆心地……附近に立ち入った者等政令で定める者であって，都道府県知事の登録を受けた者をいう。」

この案では，原爆による障害を有しているかどうかでなく，ⓐ原爆投下時に広島市内・長崎市内およびその隣接区域内にいたかどうか，ⓑ原爆投下後爆心地付近に立ち入ったかどうか，により被爆者を定義しようとしている[3]。つまり，時（投下時，投下時以後）および所在場所（広島・長崎市内，爆心地付近など）に着目して被爆者を定義しようとしている。以後，このような「被爆者」定義が採用される。

④ 原爆被爆者の医療等に関する法律案要綱（第7次案）

厚生省は，翌年1月9日付けの「原爆被爆者の医療等に関する法律案要綱（第7次案）」において，「この法律において『被爆者』とは……原子爆弾が投下された時……に広島市，長崎市又は政令で定める地域……内にあった者（当時その者の胎児であった者を含む），及びこれに準ずる者で政令で定めるもの等であって，健康手帳の交付を受けたものをいうこと」（第1総則第2項）とした。

この案で注目すべきは，「これに準ずる者」を加えたことである。前述の⑦案ⓐおよびⓑでは把握できない被爆者が存在すると認識し，「準ずる者」という文言で捉えようとしている。この「準ずる者」が，次の⑨案では独立した規定となる。

⑨ 原子爆弾被爆者の医療等に関する法律案（途中整理案）

厚生省は，1957年1月頃，「原子爆弾被爆者の医療等に関する法律案（途中整理案）」を作成し，その第2条で「被爆者」を次のように定義した。

> 「一　原子爆弾が投下された際当時の広島市若しくは長崎市の区域内又は政令で

---

(3)「黒い雨」訴訟広島高裁判決は，厚生省が1956年12月7日付けで作成した「被爆者の健康保持に関する法律案要綱（第1次案）」（本稿では紹介していない）に，「障害者と被爆者とは外見的区分であり実質的には両者は同じである。」との立案担当者のメモ書きが残されていると事実認定している。

14

第2章　原爆「被爆者」の概念

定めるこれらに隣接する区域内にあった者及び当時その者の胎児であった者
　　二　原子爆弾の投下された時から起算して政令で定める期間内に前号の区域の
うちで政令で定める区域内にあった者
　　三　前二号に掲げる者のほか，これに準ずる状態にあって，原子爆弾による放
射線の影響を受けたおそれがあるとして政令で定めるもの」

　この案では，④案の「これに準ずる者」が「これに準ずる状態にあって，原
子爆弾による放射線の影響を受けたおそれがある」者に改められ（3号），現在
の「放射能影響被爆者」の原形となる。

　この案の第1号（「及び」以下を除く）および第2号では「原子爆弾による放
射線の影響を受けたおそれがある」者を時と所在場所で類型化したことが明確
になるとともに，類型化できないその他の者を第3号で定め，捕捉しようとし
ている。

　㋤　原子爆弾被爆者の医療等に関する法律案

　厚生省による 1957 年 2 月 7 日付けの「原子爆弾被爆者の医療等に関する法
律案」は，第2条で「被爆者」を次のように定義した。

「一　　略（成立法と同じ（前掲））
　　二　　略（成立法と同じ（前掲））
　　三　前二号に掲げる者のほか，原子爆弾の傷害作用の影響を受けたおそれがあ
ると考えられる状態にあった者
　　四　前各号に掲げる者が当該各号に該当した当時その者の胎児であった者」

　第1号および第2号は成立法と同じであり，第4号は成立法と文言は異なる
が趣旨は同じである。

　この案の第3号では㋦案にあった「準ずる状態」が削られ，本号が第1号お
よび第2号の補足的なものでないことが明確となり，また，「原子爆弾による
放射線の影響を受けたおそれがある」が「原子爆弾の傷害作用の影響を受けた
おそれがあると考えられる状態」に改められ，さらに，「政令で定める」が削
られた。つまり，この案では，第3号の被爆者を時と所在場所によらずに定義
し，また，政令の定めにより限定しないことにしている（政令による限定がは
ずされたことにより，第3号の「被爆者」の解釈の余地が広げられた。このことは
その後の裁判例の展開状況からも明らかである）。

　なお，この第3号は，内閣法制局により 1957 年 2 月 7 日付けで成立法と同
じ規定に修正されたが，法意の変更はなかったとされる。

15

(3) 制定された原爆医療法における「被爆者」

1957 年 2 月，内閣は原爆医療法案を国会に提出した（同年 3 月 31 日成立，翌日から施行）。同年 2 月 22 日，神田博厚生大臣は，次のように提案趣旨を説明した。

> 「原子爆弾による被爆者は，十余年を経過した今日，なお多数の要医療者を数えるほか，一見健康と見える人におきましても突然発病し死亡する等，これら被爆者の健康状態は，今日においてもなお医師の綿密な観察指導を必要とする現状であります。しかも，これが，当時予測もできなかった原子爆弾に基くものであることを考えますとき，国としてもこれらの被爆者に対し適切な健康診断及び指導を行い，また，不幸発病されました方々に対しましては，国において医療を行い，その健康の保持向上をはかることが，緊急必要事であると考えるのであります。（略）被爆者の現状にかんがみますれば，今後全国的にこれが必要な健康管理と医療とを行い，もってその福祉に資することといたしたいと考え，ここに原子爆弾被爆者の医療等に関する法律案を提出した次第であります。次に，その要点について簡単に御説明いたしたいと存じます。
>
> 第一は，原子爆弾が投下された当時広島市長崎市に居住していた者その他原子爆弾の放射能の影響を受けていると考えられる人に対しまして，その申請に基き都道府県知事において被爆者健康手帳を交付し，毎年健康診断及び必要な健康上の指導等の健康管理を行うことにより，疾病の早期発見その他被爆者の健康の保持をはかることとしたのであります。（以下，略）」[4]

同年 3 月 25 日，厚生省山口正義公衆衛生局長は，同法案 2 条各号の「被爆者」について次のように説明した。

> 「この法律を適用されます被爆者と申しますのが一，二，三，四に該当するものでございまして，第一は，投下されたそのときに，広島市，長崎市または政令で定める区域 —— これは爆心地から大体五キロくらいの区域を考えておるわけでございます。
>
> それから第二は，その爆弾が投下されたときには，この広島市，長崎市にはおりませんでしたけれども，……二週間の期間の間に入ってきて，そうして遺骨を掘り出したとか，あるいは見舞にあっちこっち探して回ったとかいうような人を考えております。その際には，爆心地から二キロくらいというふうに考えております。……
>
> 第三は，その一にも二にも入りませんが，たとえば投下されたときに，爆心地

---

(4) 1957 年 2 月 22 日第 26 回国会「衆議院社会労働委員会議録」第 11 号 5 頁。

第2章　原爆「被爆者」の概念

から五キロ以上離れた海上で，やはり輻射を受けたというような人も，あとでいわゆる原子病を起してきております。そういう人を救わなければならないということ，それからずっと離れたところで死体の処理に当った看護婦あるいは作業員が，その後においていろいろ仕事をして，つまり二の方は二キロ以内でございますが，それよりもっと離れたところで死体の処理をして，原子病を起してきたというような人がありますので，それを救うという意味で三を入れたわけでございます。

　それから第四は胎児でございます。」[5]

　ついでながら，厚生省公衆衛生局「原子爆弾被爆者の医療等に関する法律案予想質問事項」（以下「予想質問事項」という）における「被爆者」に関する説明の全文を紹介しておく。

「問九　広島市長崎市に隣接する区域とはどの程度を考えているか
　答　爆心地（広島市細工町，長崎市松山町）よりおおむね五粁の範囲が妥当であろうという学者の意見でありますのでその程度を考えております。
　問十　投下以後の政令で定める期間，政令で定める区域とはどのようなものを考えているか
　答　学者の意見によりまして投下後約二週間，爆心地より二粁程度を考えております。
　問十一　身体に原子爆弾の放射能の影響を受けるような事情の下にあった者とは例えばどういうものをいうか
　答　例えば投下後に爆心地より三粁の地点において患者の収容に当たった看護婦が発病したというような事件もあるといわれておりますので，このようなことを考慮して規定をおいた次第であります。要するに原爆の放射能の影響も未だ完全に究明されておらない現状でありますので，このような例についてもこの法律による医療等を受け得るようにするため，かような規定を設けたわけであります。」[6]

---

(5)　1957年3月25日第26回国会「衆議院社会労働委員会議録」29号17頁。
(6)　制定された原爆医療法を解説する『時の法令』245号（1957年6月3日）掲載の「原爆被爆者の医療を国の手で」（厚生省公衆衛生局企画課福島昭典執筆）は，第3号について「(1), (2)に該当しない者であっても，当時の特別の業務や行動によって放射能の影響を受けるような事情の下にあった者」と説明している（15頁）。

(4) 小　　括

　原爆医療法の成立過程を振り返ると，当初，ケロイドや四肢の障害などの外見的傷害あるいは運動機能的な障害（外科的障害）をもつ者が「原爆障害者」とされていた。その後，内科的な障害を有する者，あるいは，現時点では問題はなくてもやがて疾病を発症する可能性がある者を「被爆者」とするようになる。厚生省による原爆医療法案の起案過程になると，「原爆障害者」と「被爆者」は区別されなくなる。この当時，被爆者とは原爆「被害者」であり，実際に傷病・障害を有する者，あるいは，将来確実に傷病を発症するとみられる者を念頭においたものであった。

　第1号の直接被爆者および第2号の入市被爆者は，時（原爆の投下の際，政令の定める期間内）と所在場所（広島市内・長崎市内，隣接区域内）により類型化された概念であり，裁量の余地はほとんどない。したがって，これに該当するかどうかの判断は容易である。「被爆者」のように該当者が多数いると想定されるものを裁量の余地のない概念で定め，該当性判断を容易にできるようにしたことは，被爆者の権利を保障しようとする法律のあり方として適切である。しかし，類型化にあたり用いられた時と所在場所が適切でなかったときは，類型化された「被爆者」概念の妥当性が問われることになる[7]。

　前述のように，神田厚生大臣は，「（原爆医療法は）原子爆弾が投下された当時広島市長崎市に居住していた者その他原子爆弾の放射能の影響を受けていると考えられる人」を対象とする法律であると説明した。これに従えば，直接被爆者と入市被爆者は，「原子爆弾の放射能の影響を受けていると考えられる人」を類型化したものであるということができる。

　原爆医療法の制定当時，直接被爆者および入市被爆者，とりわけ前者が「被爆者」の中核をなすものであると考えられていたが，ほかにも原爆放射能の影響を受けた者がいると認識され，第3号の放射能影響被爆者が定められた。こ

---

(7)　被爆者援護法1条1号（原爆医療法2条1号）は，「所在場所」を原爆被爆の当時の広島市および長崎市の区域内と定める。このため，たとえば長崎市では，爆心地から12km離れた地域が「被爆区域」とされている。原爆の初期放射線が届く距離は，爆心地から約2.5km程度と考えられているので，12km離れた地域まで「被爆区域」とすることは初期放射線の影響では説明がつかない。そのため，政府は，同一地方自治体の区域内に在った者を所在場所で区別することは適切でないとする政策的配慮によると説明しているが，「政策的配慮」が適切であるかどうかは検討の余地がある。なお，同法1条1号は「政令で定めるこれらに隣接する区域」を「被爆区域」と定めるとし，政令では爆心地から5km程度離れた長崎市（および広島市）の区域外の地域が定められているが，その妥当性も問われるであろう。

第 2 章　原爆「被爆者」の概念

の意味で, それは補足的・補充的なものであった。そのため, 全被爆者に占める放射能影響被爆者の割合は小さく, 広島市の場合, 1960 年 3 月末時点では1.75 %でしかなかった[8]。

　放射能影響被爆者は類型化されていない概念であり, 裁量の余地が認められる。後述のように, この概念は, かなり広く被爆者を捕捉できるものであるが, 当初, このような発想は存在しなかったようである。

2　直接被爆者

　原爆医療法 2 条 1 号（被爆者援護法 1 条 1 号）の「被爆者」は, 被爆当時の広島市・長崎市の区域内または政令で定める隣接区域内（以下, これらの区域を「直接被爆区域」という）にあった者であり, 一般には「直接被爆者」と呼ばれている。この呼称には, 原爆爆発により発せられたエネルギー（衝撃波, 爆風, 熱線, 放射線）をほぼ瞬時に（直接）受けて被害を被った者という意味が込められている。前述のように, 原爆医療法の成立に至る過程で注目されたのは, 外見的あるいは運動機能的障害を有する「原爆障害者」であったが, これらの者が「直接被爆者」の中核部分を構成した。また, 内科的障害などを有する者（主として放射線によるものと考えられる）も, 「直接被爆者」に該当すると認識されるようになったことは前述した。原爆医療法制定後しばらくの間, 被爆者全体の中で占める割合は直接被爆者がもっとも高く, 広島市では 91.7 %（1960 年 3 月末）である。

　原爆爆発による破壊エネルギーは, 爆心地からの距離により同心円状に及ぶとされ, 原爆医療法および被爆者援護法は, これらのエネルギーのうち放射線による被害に着目している。原爆爆発により発せられた初期放射線の到達距離は爆心地から 2.5km ほどであると考えられているが, 実際には「余裕」をみて広島市・長崎市の区域外であっても, 同法施行令別表では爆心地から約5km の地域までを直接被爆区域と指定している。

　被爆当時の広島市・長崎市の全区域が直接被爆区域とされたため, 爆心地からの距離が広島市では約 10km（現在の南区似島）, 長崎市では約 12km の地域にいた者も直接被爆者とされた。このように同法が定めたのは, 同じ地方自治体の区域内で「被爆者」該当・非該当の区別を行うことは, 政治的・行政的見

---

(8) 広島市『昭和 35 年版原爆被爆者対策事業の概要書』5 頁。なお, 以下の叙述において「被爆者」の割合を示す個所があるが, いずれも広島市『原爆被爆者対策事業概要』の当該年度版による。

地からみて適切でないとの配慮によったためと説明されている[9]。

　この点で注意しなければならないのは，当時の長崎市の区域は南北に幅広く，東西に狭かったことである。そのため，東西方向では，爆心地から 5km 以上離れた地域が直接被爆区域とされなかった。この不均衡の是正が，その後の直接被爆区域の拡大を求める運動の動機であり，目標になっている。

3　特別被爆者

　1960(昭和 35) 年の原爆医療法の改正（法律 136 号）により，「被爆者」のうち「原子爆弾の放射線を多量に浴びた被爆者で政令で定めるもの」を「特別被爆者」とした（改正後の同法 14 条の 2)[10]。特別被爆者には「特別被爆者健康手帳」が交付され（原爆医療法施行規則の厚生省令 24 号による改正），他の被爆者には（一般）被爆者健康手帳が交付された。

　この法改正に伴い原爆医療法施行令が改正され（政令 224 号），次の者が特別被爆者とされた。

「爆心地から 2 キロメートルの区域内に在った者」(6 条 1 号)
「原爆医療法 8 条による原爆症の認定を受けた者」(6 条 2 号)
「爆心地から 2 キロメートル以遠で直接被爆し，かつ，爆心地から 2 キロメートル以内に入った者で，健康診断の結果，造血機能障害，肝臓機能障害その他厚生大臣が定める障害があると認められた者」(6 条 3 号)[11]

「特別被爆者」の法定は，被爆者の概念の変更，範囲の拡大ではなく，被爆

---

(9) 本文で述べたように，「直接被爆者」は，原爆放射線（初期放射線）を直接被爆し被害を受けた者をいうとの意味を込めて用いられてきた文言であるとすれば，原爆医療法 2 条 1 号・被爆者援護法 1 条 1 号で爆心地から数キロメートル離れた地域に在った者や政令で定める隣接区域にあった者を「直接被爆者」と呼ぶことには躊躇を覚えるが，現在，この文言はかなり使いならわされているので，本稿ではこの慣用に従う。

(10) この時の原爆医療法の改正により，「原子爆弾の放射線を多量に浴びた被爆者」という考え方が持ち込まれたことに注意したい。1974 年の同法改正により「特別被爆者」制度は廃止されたが，この後も，厚生省・厚生労働省は，原爆放射線を受けた線量により被爆者を区別しようとする考え方により被爆者援護行政を行おうとする。

(11) 特別被爆者の要件として，疾病罹患が定められたことに注目しておきたい。厚生大臣が定める障害は，昭和 35 年 8 月 1 日厚生省告示 231 号により，悪性新生物，内分泌系の傷害，中枢神経系の血管損傷，循環器系の障害および腎臓機能障害が定められた（この告示は，1974 年厚生省告示 269 号により廃止された）。このように特定の障害を有することを理由として「原子爆弾の放射線を多量に浴びた被爆者」とする考え方は，後述の厚生省公衆衛生局長通達(昭和 49 年 7 月 22 日，衛発 402 号）による放射能影響被爆者該当性の判断要件に受け継がれる。

20

第 2 章　原爆「被爆者」の概念

者の中の一部の者を特別被爆者と位置づけ，この者にのみ一般疾病医療費を支
給するとしたものである[12]。したがって，この法改正は，事実上「被爆者」
を特別被爆者とそれ以外の被爆者（一般被爆者）に区別し（「被爆者」の二元
化），給付内容に大きな差異を設けたものであった。

　その後，特別被爆者の範囲の拡大，給付の拡充が続く。1962 年の原爆医療
法施行令の改正（政令 89 号）により，前記の 2km の「距離制限」が 3km に改
められた（6 条 1 号）。1964 年の改正（政令 47 号）では，健康診断の結果，造
血機能障害，肝臓機能障害などがあると認められた者は特別被爆者に当たると
された（6 条 3 号）。1965 年改正（政令 311 号）による別表第 3 の追加で，爆心
地から 3km 以遠の地域（広島市の 7 地域および祇園町の 3 地域で，いずれも「黒
い雨」降雨域。長崎市の 51 地域）が特別被爆区域（残留放射能濃厚地区）とし，
これらの地域にあった者が特別被爆者とされた。

　1968 年制定の原爆特別措置法は，一定の条件を満たす特別被爆者に健康管
理手当を支給することにした（5 条）。翌年 7 月の同法改正（法律 65 号）では，
特別被爆者が死亡したときに葬祭料を支給するとした（9 条の 2）。

　1971 年 4 月の原爆医療法施行令改正（政令 53 号）により，長崎市の出島町
ほか 50 町が特別被爆区域に加えられた。

　1972 年 5 月の同法施行令改正（政令 134 号）により別表第 1 が改正され，新
たに「黒い雨」強雨域である旧祇園町（現在広島市安佐南区）の東山本など 4
地域が直接被爆区域とされ[13]，また，別表第 3 が改正され，この 4 地域は特
別被爆区域とされた。

　以上のような特別被爆区域の拡大などにより特別被爆者は増加し，1974 年 3
月には全被爆者 34 万 9,177 人のうち約 88％の 30 万 7,429 人が特別被爆者で
あった。

　特別被爆者制度は 14 年間実施された後，1974(昭和 49)年 6 月の原爆医療法
および原爆特別措置法の改正（法律 86 号）により廃止され，一般被爆者と特別

---

(12)　改正前の原爆医療法は，厚生大臣（国）は原爆症を罹患した被爆者に対し「医療の
　　給付」を行うとしていたが（7 条），これ以外に被爆者に対する医療関係の給付制度は
　　なかったから，特別被爆者への一般疾病医療費の支給の新設は，被爆者に対する援護の
　　拡充を意味した。
(13)　別表第 1 の改正による直接被爆区域の拡大は，この時に行われただけであり，拡大
　　された区域は「黒い雨」強雨域である。

被爆者の区別はなくなった（「被爆者」の一元化）。それまで特別被爆者のみを対象とした給付は，改正後すべての被爆者を対象とするものに改められた。つまり，「被爆者」に対する給付は，それまでの特別被爆者に対する給付で一本化されたのである。したがって，この法改正による「被爆者」の一元化は，関係者から歓迎された。

4　放射能影響被爆者（三号被爆者）
(1)　放射能影響被爆者とは
原爆医療法2条3号（被爆者援護法1条3号）の「被爆者」は，原爆放射能の影響を受けるような事情の下にあった者であり，どのような者が該当するかは，この規定の解釈・運用に委ねられている。前述のように，原爆医療法の制定時には，その例として，直接被爆区域の外の海上にいた者，入市被爆の区域外で死体処理をした者が挙げられていた。このような規定がおかれ理由は前述したが，「要するに原爆の放射能の影響も未だ完全に究明されておらない現状でありますので，このような例についてもこの法律による医療等を受け得るようにするため」である（「予想質問事項」問11の「答」）。

広島市『昭和35年原爆被爆者対策事業の概要書』（5頁）には，放射能影響被爆者の具体例として次の3項目が記載されている。

「イ　当時海上など遮へい物のないところで放射能の直射を受けた人
　ロ　応急の救護所で働いていた人（すなわち，多数の被爆者の看護などした人）
　ハ　死骸を片づけたりした人」

ロは，原爆医療法制定時の厚生省による説明にはなかったものである。
1968(昭和43)年9月，広島県知事は，厚生省と協議のうえで放射能影響被爆者の「審査基準」を策定した。

「1　原子爆弾が投下された際当時の広島市の沿岸部と金輪島および似島とを結んだ線内の海上であって，遮蔽物のない場所で被爆した者とする。
　2　原子爆弾が投下されたその後，原爆医療法施行令（以下「政令」という。）第1条第2項に定める期間内に，政令別表第2に掲げる地域以外の地域において，次に掲げる作業に従事した者（当該従事者に背負われた子等を含む）とする。
　(1)　10名以上の被爆した者の輸送
　(2)　10名以上の被爆した者の救護
　(3)　被爆した者の収容施設等における10名以上の被爆した者の看護

第 2 章　原爆「被爆者」の概念

（4）10 名以上の被爆した者の死体の処理」

　この審査基準は，放射能影響被爆者の具体例として，被爆者の輸送，救護，看護および死体処理をした者を定めている。他の知事等は，広島県知事が策定した審査基準に倣い，ほぼ同様の基準を策定・運用したようであり，広島市長は，1973 年 8 月，広島県知事の審査基準に倣う形で，「被爆者の定義」を策定した。

　前述のように，原爆医療法の制定当初，放射能影響被爆者は直接被爆者および入市被爆者では捉えきれない原爆放射能の影響を受けるような事情の下にあった者を捕捉するものとして定められた。この意味で，それは補足的・補充的なものであった。また，放射能影響被爆者は類型化されていない概念で裁量の余地が認められ，適用にあたっては被爆時に個々人のおかれていた状況に即して判断されるため，該当性の判断は容易でない。そのため，初めのうちは，放射能影響被爆者の数は少なかった。

（2）みなし被爆者

　1974 年 6 月の原爆医療法改正（前述）により同法附則に「健康診断の特例」という見出しの第 3 項（現行の被爆者援護法では附則 17 条）が加えられ，「原子爆弾が投下された際第 2 条第 1 号に規定する区域に隣接する政令で定める区域内にあった者又はその当時その者の胎児であった者は，当分の間，第 4 条の規定の適用については，被爆者とみなす。」と定められた[14]。この被爆者を「みなし被爆者」という。「政令で定める区域」として，1974 年に長崎県内の 2 地域が，1976 年に広島県内の 10 地域および長崎県内の 6 地域が定められた（現在の第一種健康診断特例区域）。みなし被爆者には「健康診断受診者証」（現在の第一種健康診断受診者証）が交付され（被爆者援護法施行規則附則 2 条），原爆医療法による健康診断（被爆者援護法 7 条）を受けることができる（健康診断の特例）。

（14）この法改正について「黒い雨」訴訟広島高裁判決は「論理的には，本来，原爆医療法 2 条 3 号の被爆者に該当するものとして被爆者健康手帳を交付すべき者について，誤って，その交付をしないで健康診断特例措置の対象者としたとも考え得るところである」と評し，したがって，「同号の意義の解釈に当たって，原爆医療法制定から 17 年後に健康診断特例措置が設けられたことを重視することは，適切でない」「健康診断特例措置が設けられたことを参照することは，解釈を誤らせるおそれが大きいというべきである」と判示した。

1974 年 7 月 22 日，厚生省公衆衛生局長は通達（衛発 402 号）を発出し，健康診断の結果，造血機能障害など 10 種類（1978 年から 11 種類）の障害があると診断されたみなし被爆者は，放射能影響被爆者に該当するとして，被爆者健康手帳の交付を受けることができるとした。この措置は，原爆医療法 2 条 3 号（被爆者援護法 1 条 3 号）の放射能影響被爆者についての，新たな解釈によるものであった。しかし，このような同号の理解には疑問を呈しなければならない。というのは，放射能影響被爆者に該当するかどうかの判断にあたり，それまでは傷病の罹患（健康被害の発生）は考慮に入れられなかったからである[15]。

みなし被爆者を放射能影響被爆者と認定するにあたり，なぜ傷病発症を要件とするのか，明確な説明はなされていない[16]。

しかしながら，みなし被爆者に該当すれば，放射能影響被爆者として被爆者健康手帳取得の途が拓かれることになり，それまで被爆区域の拡大を求めてきた人たちや関係地方自治体は，この新制度に大きな期待を寄せることになった。しかし，厚生省は健康診断特例区域の拡大（みなし被爆者の範囲の拡大）に慎重であり，1980 年 12 月に厚生大臣の私的諮問機関の原子爆弾被爆者対策基本問題懇談会が「これまでの被爆区域との均衡を保つためという理由で被爆区域を拡大することは……ただ徒らに地域の拡大を続ける結果を招来するおそれがある。被爆地域の指定は，科学的・合理的な根拠のある場合に限定して行うべきである」との「報告」を出してからは，「科学的・合理的な根拠」がない限り，被爆区域・健康診断特例区域および「被爆者」の範囲の拡大は行わない

---

(15) 前述のように，「特別被爆者」の概念を導入した 1960 年の原爆医療法改正では，傷病罹患が要件とされたが，これを放射能影響被爆者の要件としたのは，本文で述べた衛発 402 号通達が初めてである。

(16) 1974 年の原爆二法改正にあたり厚生省公衆衛生局が作成した「昭和 49 年第 72 回国会原子爆弾被爆者の医療等に関する法律および原子爆弾被爆者に対する特別措置に関する法律の一部を改正する法律案想定問答」には，次のような記述がある。「原子爆弾投下の際，長崎県の旧長与村及び旧時津村にあった者については，地元及び県の要請に基づき地元提出の資料等により調査したところ，従来の一般被爆者とほぼ同様に原子爆弾の放射能による影響があるものと認められたが，これらの者は，従来，定期健康診断の対象ではなく，健康の状況も必ずしもは握されておらず，一般被爆者が特別被爆者となるという今回の改正措置を直ちに適用する必要があると断定するには若干の疑問が残ったので，当面，従来の一般被爆者と同様の措置を行うこととしたものである。」

この説明は，原爆医療法上の「被爆者」は「特別被爆者」と同じものとする立場にたっていると解される。しかし，本文 III「特別被爆者」で述べたように，そもそも「特別被爆者」の概念は，同法の「被爆者」と異なるものである。したがって，この想定問答の説明は正確と言い難い。

第 2 章　原爆「被爆者」の概念

との態度をとるようになった。

　原爆医療法制定の当初，放射能影響被爆者の数はわずかであったが，みなし被爆者の制度が定められたことにより増加し，広島市の場合，2022 年 3 月末で全被爆者に占める割合は，12.3 ％である[17]。

(3)　健康被害の可能性 —— 裁判例にみる放射能影響被爆者

　ここでは，裁判所はどのように放射能影響被爆者を理解したか，および，裁判における放射能影響被爆者の該当性の立証のあり方について，判例を紹介し検討する。

　放射能影響被爆者に該当するかどうかが争われた裁判で裁判所は，放射能影響被爆者の意義について，次のように 3 通りの理解を示した。⑦救護被爆者裁判広島地裁 2009（平成 21）年 3 月 25 日判決（裁判所ウェブサイト）は，「身体に放射線の影響を受けたことを否定できない事情が存する者」と理解した[18]。⑦長崎「被爆体験者」訴訟長崎地裁判決（2012 年 6 月 25 日判決『訟務月報』59

---

(17)　2002（平成 14）年 6 月，被爆者援護法施行令が改正され（政令 148 号），新たな「みなし被爆者」が定められた（政令附則 2 条・別表第 4）。すなわち，長崎原爆の爆心地から 12 キロメートルの範囲内の地域を被爆者援護法附則 17 条の健康診断の特例に係る区域とし，原爆投下の際この区域内にあった者に第二種健康診断受診者証を交付し，年一回の健康診断（一般検査のみ）を行うとした（平成 14 年厚生労働省令 60 号により追加された同法施行規則附則 2 項以下）。注(11)で述べた厚生省公衆衛生局長通達は，このみなし被爆者に適用されず，被爆者健康手帳交付の途は開かれていれない。

(18)　同判決は，このように解する理由について，次のように判示した。
　「①(1)……原爆医療法の趣旨・目的が，放射線の影響が未解明な中で，被爆者の不安を一掃し，また，原爆後障害を予防するべく，被爆者に対する健康管理を行うことにあったこと，(2)現に，原爆医療法制定当時，『被爆者』に該当することと直結する効果は，唯一，都道府県知事による健康診断（一般検査及び精密検査）が受けられることであったこと……からすれば，放射線の影響が肯定できなければ『被爆者』であると扱わないというのはそもそも本末転倒であるといわざるを得ない。このことに，②原爆医療法 2 条 3 号の制定過程，特に，(1)厚生省の原案の段階から，放射線の影響を受けた『おそれ』という文言を用いることが検討されたところ，その後法案が成立するに至る過程の中で，同号の基礎となる考え方について実質的な意味での修正が加えられたとは認められないこと，(2)原爆医療法 2 条 3 号への該当性に関する判断をするに際しては，原爆医療法制定当時の科学的知見に拘泥することなく，最新の科学的知見が考慮されるべきことが想定されていたことがうかがわれること，③原爆医療法自体が，付随的にではあれ，被爆者に対する健康管理を積み重ねることで，放射線の影響に関する科学的知見が積み重ねられることをも想定していたと解されることを併せ勘案すれば，原爆医療法 2 条 3 号に該当するか否かは，最新の科学的知見を考慮した上で，個々の者について，身体に放射線の影響を受けたことを否定できない事情が存するか否かという観点から，判断されることが予定されていたといえる。」

25

巻 12 号，2016 年 2 月 22 日『判例時報』2333 号），同訴訟控訴審福岡高裁判決
（2016 年 5 月 23 日『最高裁民事裁判例集』71 巻 10 号，2018 年 12 月 10 日「裁判所
ウェブサイト），および，「黒い雨」訴訟広島地裁判決（2020 年 7 月 29 日『判例
時報』2488・2489 合併号，裁判所ウェブサイト）は，「原爆の放射線により健康
被害を生ずる可能性がある事情の下あったことをいう」と理解した。⑦「黒い
雨」訴訟広島高裁判決（『判例時報』2521 号，『賃金と社会保障』1793・1794 合併
号，裁判所ウェブサイト）は，「『原爆の放射能により健康被害が生ずる可能性
がある事情の下に置かれていた者』と解するのが相当であり，ここでいう『可
能性がある』という趣旨をより明確にして換言すれば，『原爆の放射能により
健康被害が生ずることを否定することができない事情の下に置かれていた者』
と解され」るとした。

　⑦と⑦は表現が異なり，意味するところに微妙な違いがあるといえなくもな
いが，それはニュアンスの違いの程度のものであるから，⑦のように⑦と⑦は
言い換えたものであるとする理解に異を唱える必要はない。したがって，私見
は⑦と同意である[19]。

　ところで，被爆者健康手帳交付申請却下処分取消訴訟では，原告が放射能影
響被爆者に該当することの立証責任を負うが，立証の程度について，前述の長
崎「被爆体験者」訴訟の 2 件の長崎地裁判決は，高度の蓋然性によることが求
められるとした。これに対して同訴訟控訴審の 2016 年 5 月 23 日福岡高裁判決
は次のような注目すべき見解を示した。

　　「『健康被害を生ずる可能性』の可能性は，単に可能性の有無ではなく，正確に
　は蓋然性，すなわち確率の問題であり，一定の幅を持った概念といわざるを得な
　い。なお，控訴人らが立証すべき事実は，『原爆の放射線により健康被害を生ずる
　可能性がある事情の下にあった』ことであり，本件申請者ら各自が健康被害を受
　けた高度の蓋然性を証明することは要しない。」（2018 年 12 月 10 日福岡高裁判決
　も同旨）

　つまり，2 件の福岡高裁は，放射能影響被爆者に該当するとの立証にあた
り，原告に求められるものは原爆放射能により健康被害を生じる可能性である
ところ，この立証にあたって高度の蓋然性によることは求められないとした。
　「黒い雨」訴訟広島高裁判決の次の判示も同趣旨であるといってよい。

---

(19)「黒い雨」訴訟の広島地裁判決と同高裁判決とでは，放射能影響被爆者の判断基準に
　　ついて違いがあった。すなわち，前者は注(11)の厚生省公衆衛生局長通達のいう「疾病
　　に罹患していること」を基準としたが，後者はこれを失当であるとして退けた。

第2章　原爆「被爆者」の概念

　「（放射能影響被爆者に）該当すると認められるためには，その者が特定の放射
線の曝露態様の下にあったこと，そして，当該曝露態様が『原爆の放射能により
健康被害が生ずることを否定することができないものであったこと』を立証すれ
ば足りる」「広島原爆の投下後の黒い雨に遭った」という放射線の曝露態様が『原
爆の放射能により晩発的に健康被害を招来すると考えられる程度に有意なもので
あったこと』までを立証する必要はない」

　以上のように3件の高裁判決は，放射能影響被爆者該当の立証に際し，健康
被害を受けたこと（招来すること）を立証する必要はなく，また，健康被害の
可能性の立証は高度の蓋然性による必要はないとしたのである[20]。この放射
能影響被爆者該当性の立証のあり方は，判例として確立したものであるといえ
るだろう。

おわりに

　放射能影響被爆者が「被爆者」の基本概念であることを指摘しておわりにか
えたい。

　放射能影響被爆者は，直接被爆者および入市被爆者のような類型化された
「被爆者」概念では捉えられない者を「被爆者」ととらえるためであり，この
意味で補足的・補充的なものである考えられてきた。このような理解に異を唱
えたのが，2007年および2011年に長崎地裁に提起された長崎「被爆体験者」
裁判訴であった。両裁判の原告らは，長崎原爆の際，爆心地から約7.5km～
12kmの範囲内の地域に存在した者（「被爆体験者」と呼ばれる）であり，放射
能影響被爆者に該当すると主張して被爆者健康手帳交付申請却下処分の取消し
等を請求した。いずれの裁判も最終的には原告らの敗訴で終わったが，この裁
判の原告らは，放射能影響被爆者を定める被爆者援護法1条3号は被爆者の
「一般原理」を定める規定であり，同条1号（直接被爆者）・2号（入市被爆者）
は例示的な「類型化規定」である旨を主張した。この主張に対し，前述の福岡
高裁2018年12月10日判決は，「身体に原子爆弾の放射能の影響を受けるよう
な事情の下にあった」ことは被爆者援護法1条1号ないし3号に「通底する同
法上の『被爆者』の基本概念というべきである」と判示した。「黒い雨」訴訟
広島地裁判決も，同趣旨の見解を示している。

　このように放射能影響被爆者を捉えることができるとすれば，それは決して
補充的・補足的なものでなく，時と所在場所により類型化・限定された直接被

---

(20)　このように考えれば，科学的・合理的な根拠による立証は求められないことになる。

爆者および入市被爆者の概念で捉えられない者を，広く被爆者とすることを可能とするものである。「直接被爆者」および「入市被爆者」の概念の変更，範囲の拡大を期待できない状況において，「被爆者」の基本概念とされる「放射能影響被爆者」は，今後，重要性を増すと考えられる。

第3章 「黒い雨」被爆者に対する
被爆者健康手帳の交付

本章は 2011 年 8 月発行の『ヒバクシャ』28 号に掲載したものであり，執筆の時期は同年 6 月頃である。その前年の 7 月，広島県，広島市ほか 7 市町は，政府に対し「原子爆弾被爆地域の拡大に関する要望書」を提出し，「平成 20 年度の調査で判明した黒い雨降雨地域（筆者注記，いわゆる大瀧雨域を指す）の全域を第一種健康診断特例区域に早急に指定すること」を求めていた。本稿は，これを意識しながら書かれたものであり，「黒い雨」雨域にいた者には被爆者健康手帳が交付されるべきであるとした。広島地裁に「黒い雨」訴訟が提起されるのは，本章執筆の 4 年後の 2015 年 11 月である。

なお，筆者は 2009 年発行の『ヒバクシャ』26 号掲載の「最近の被爆者裁判から考えたこと」（本書未収録）で，既に同じ趣旨のことを述べていた。

1 被爆者の要件

被爆者健康手帳は，被爆者援護法 1 条に基づき交付される。手帳交付の要件は同条の各号に定められている。1 号（直接被爆）には「原子爆弾が投下された際」，2 号（入市被爆）には「……政令で定める期間内」という時間要件が，また，1 号には「当時の広島市若しくは長崎市の区域内または政令で定めるこれらに隣接する区域内」，2 号には「前号に規定する区域のうちで政令で定める区域内」という区域要件が定められている。4 号は，胎児要件のほか，「……各号に規定する事由に該当した当時」という時間要件を定めている。

3 号（救護看護被爆者・放射能影響被爆者）は「原子爆弾が投下された際又はその後」という時間要件のほかに，「身体に原子爆弾の放射能の影響を受けるような事情の下にあった」という要件（放射能影響要件）を定める。放射能影響要件を明記するのは 3 号だけであるが，この要件は他の手帳交付要件に通底するものである。すなわち，1 号，2 号および 4 号の時間要件と区域要件は，いずれも「身体に原子爆弾の放射能の影響を受けるような事情の下にあった」ことを判断するために定形化されたものである。言い換えれば，時間要件と区域要件という定形要件に該当すれば手帳交付要件を満たすとし，行政に裁量の余地を与えないことにしたのである。

2 放射能影響要件

3号の定める原爆放射能の影響を受けるような事情は，行政に一定の判断の余地（裁量）を認めていると考えられる。広島市は，2009年11月27日，この裁量の基準を次のように定めた。

「昭和20年8月20日までに，
（一） 15人以上（病室などの閉鎖された空間の場合は5人以上）の被爆して負傷した者が収容されている収容施設等におおむね2日間以上とどまった人
（二） 被爆して負傷した者5人以上（1日当たり）と接触した人
（三） （一），（二）には該当しないが，それらに相当する被爆事実が認められる人」

この基準の策定により，放射能影響要件について行政に認められる裁量の範囲は大幅に狭められた。しかし，（三）は一般条項であり，この要件には，行政に裁量の余地が残されている。いわゆる「黒い雨」被爆者は，この一般条項の解釈運用に関わる事柄である。

原爆の爆発の直後に，「黒い雨」の降った区域（「黒い雨」区域）がある。「原子爆弾が投下された際」この「黒い雨」区域内にいた者は残留放射能の影響を受けた可能性があると考えられ，現在，被爆者健康診断（被爆者援護法7条）については被爆者とみなされ（同法附則17条），第一種健康診断受診者証が交付される（同法施行規則附則2条1項）。第一種健康診断受診者証の交付を受けた者が健康診断の結果，特定の疾病があると認められた場合，被爆者援護法1条3号に該当するとされ，被爆者健康手帳の交付を受けることができる（1974年7月22日，衛発402号，厚生省公衆衛生局長通達）。こうして「黒い雨」に遭った者は「被爆者」となる。

「黒い雨」の降雨区域にいただけでは，被爆者健康手帳の交付を受けることができない。すなわち，この区域にいただけでは，原爆放射能の影響を受けるような事情の下にあったとはみなされず，特定の疾病にかかっていることが明らかになってはじめて原爆放射能の影響を受けるような事情の下にあったとされるのである。

前述のように，被爆者援護法1条の1号，2号，4号の規定は，原爆放射能の影響を受けるような事情の下にあったことを判断するために，手帳交付の要件を定形化したものである。これらの要件では，原爆放射能の影響を受けて疾病が発症していることは考慮されていない。また，救護看護活動に従事した者は同条3号の手帳交付の要件に当たるとされるが，この場合も疾病の発症は考

第3章 「黒い雨」被爆者に対する被爆者健康手帳の交付

慮されない。

　ところが，「黒い雨」区域にいた者については，手帳交付の他の要件とは異なる扱いがなされ，疾病の発症が手帳交付の要件とされているのである。これはどのようなことなのであろうか。

3 「黒い雨」被爆者制度

　旧原爆医療法のもとでは，当初，「黒い雨」区域にいた者は被爆者健康手帳の交付を受けることができなかった。「黒い雨」区域にいた者が原爆放射能の影響を受けるような事情の下にあったと考えられていなかったのである。

　これを改めたのが1974年の同法改正（法律86号）による附則第3項の追加である。これにより，「黒い雨」区域にいた者は同法による健康診断を受けることができるようになった。この法改正を受けて厚生省は，前述の通達を発し，健康診断の結果により被爆者健康手帳の交付を受けることができるようにした（旧原爆医療法および同法施行令・施行規則は改正されなかった）。厚生省が手帳交付の要件の解釈運用を変更した結果，前述のような手帳交付の要件の扱いに違いが生じたのである。問題は厚生省通達にある。

　「黒い雨」区域にいた者だけ疾病の発症を手帳交付の要件とするのは，同条各号の手帳交付の要件の理解として正しくない。特定の疾病を発症しているかいなかにかかわらず，「黒い雨」区域にいた者に対し被爆者健康手帳が交付されなければならない。もちろん，「黒い雨」区域（原爆放射能の影響を受けるような事情の下にあった区域）がどの区域かは明確にされなければならない。そのための判断基準が必要である。具体的には，前述の，2009年11月27日に広島市が策定した基準の(三)を改正することになる。

4 健康診断受診者証制度

　原爆が投下された際，「黒い雨」区域にいた者は，被爆者援護法7条の健康診断を受けることができる。「健康診断の特例」という見出しが付いた被爆者援護法附則17条に定められていることは，これだけである。ところが，厚生省・厚生労働省は，「黒い雨」区域にいた者が受ける健康診断を，手帳交付の第一段階の手続としようとしている。このような手続的位置づけは，被爆者援護法，同法施行令および同法施行規則にはまったく定められていないものである。

　2002年の被爆者援護法施行規則の改正（厚生労働省令74号）により，健康診

断受診者証は「第一種」と第二種」に区別された。健康診断の結果が手帳交付に繋がるのは，第一種健康診断受診者証の交付を受けた者についてであり，第二種健康診断受診者証の所持者は手帳の交付を受けることができない。この区別は，厚生労働省の法解釈によるものである（2002年4月1日，健発040006号，厚生労働省健康局長通知による前述の厚生省公衆衛生局長通達の読み替え）。

5　ま　と　め

筆者の考えるところによれば，「黒い雨」区域にいた者に対する被爆者健康手帳の発行の具体的な手順は，以下のようになる。

① 　第一種健康診断受診者証を所持しているかどうか，健康診断の結果特定の疾病が確認されたかどうかにかかわらず，被爆者健康手帳の交付申請を行う。

② 　都道府県知事・広島市長・長崎市長は，被爆者援護法1条3号の判断基準（行政手続法5条の審査基準）により，「身体に原子爆弾の放射能の影響を受けるような事情の下にあった者」に該当するかどうかを判断する。

③ 　該当すると判断されたとき，被爆者健康手帳が交付される。

第4章　被爆者健康手帳裁判

1　被爆者健康手帳裁判とは

　被爆者援護法による諸給付を受けることができる者は，被爆者健康手帳の交付を受けた被爆者（1条，2条）である。つまり，被爆者健康手帳所持者が同法にいう被爆者であり，援護を受けることができる。

　被爆者援護法1条1号〜4号は，次のように被爆者を定義する。

　　一　原子爆弾が投下された際当時の広島市若しくは長崎市の区域内又は政令で
　　　定めるこれらに隣接する区域内に在った者
　　二　原子爆弾が投下された時から起算して政令で定める期間内に前号に規定す
　　　る区域のうちで政令で定める区域内に在った者
　　三　前二号に掲げる者のほか，原子爆弾が投下された際又はその後において，
　　　身体に原子爆弾の放射能の影響を受けるような事情の下にあった者
　　四　前三号に掲げる者が当該各号に規定する事由に該当した当時その者の胎児
　　　であった者

　第1号は「直接被爆者」と呼ばれる者であり，原爆投下の際当時の広島市もしくは長崎市の区域内または被爆者援護法施行令別表第一に掲げる区域内（「直接被爆区域」内）に所在した者である。なお，同別表第一（原爆医療法施行令別表第一）は，当初，祇園町についてはその一部の区域のみを定めていた（直接被爆区域として定めていた）が，1972年の同別表改正（政令134号）で同町の残余の区域を定めた。この改正により同町は全域が直接被爆区域となった。

　第2号は「入市被爆者」と呼ばれる者であり，広島では1945年8月20日までに，長崎では同月23日までに同法施行令別表第二に掲げる区域内（「入市被爆区域」内）に所在した者である。同別表には，爆心地から2km以内の地域が，広島市・長崎市の町名で定められている。

　以上の2か号によれば，㋐広島市・長崎市の区域内または政令で定める区域内に所在したこと（第1号・第2号。区域要件），㋑「原子爆弾が投下された際」（第1号），あるいは，原爆投下時から「起算して政令で定める期間内」（第2号）に所在しこと（時間要件）が「被爆者」の要件である。区域要件および時間要件については，裁量の余地はない。

33

これに対して第3号は，原爆投下の際またはその後「身体に原子爆弾の放射能の影響を受けるような事情の下にあった者」（「三号被爆者」あるいは「放射能影響被爆者」と呼ばれる）という定めであり，区域要件及び時間要件によるものでなく，裁量の余地がある。

　第4号は前三者の胎児であった者である（胎内被爆者）。

　以上の被爆者援護法1条による「被爆者」の定義は，原爆医療法2条のそれをそのまま受け継いでいる[1]。

　被爆者健康手帳の交付権者は，都道府県知事・広島市長・長崎市長（以下では「知事等」という）であり，交付申請を受けた知事等は，申請の内容を審査し，申請者が以上の各号のいずれかに該当していると認めるときは被爆者健康手帳を交付し（被爆者援護法2条3項），いずれにも該当しないと判断したときは，申請を却下する。

　被爆者健康手帳裁判は，この申請却下処分に不服の者が原告となって，被爆者健康手帳の交付を求める裁判である。裁判の形式は行政訴訟（取消訴訟，義務付けの訴え）であり（場合によっては国家賠償請求訴訟），原告が被爆者援護法1条各号にいう「被爆者」に当たるかどうかが主な争点である。

　本稿では，直接被爆者に当たらないとして被爆者健康手帳交付申請を却下された者による裁判，入市被爆者に該当しないとされた者が争う裁判，および三号被爆者（放射能影響被爆者）に当たらないとされた者による裁判を順次紹介しつつ，意義と問題点，課題を検討するが，その前に，在外被爆者による被爆者健康手帳裁判を紹介，説明する。

---

(1) 被爆者の定義ついては，まずは1号の直接被爆者と2号の入市被爆者があり，これらではとらえ切れない者について補足的に三号被爆者が定められていると説明されることがあった。ところが，長崎「被爆体験者」裁判第2陣福岡高裁 2018 年 12 月 10 日判決（裁判所ウェブサイト）は，「身体に原子爆弾の放射能の影響を受けるような事情の下にあった」ことは被爆者援護法1条1号ないし3号に「通底する同法上の『被爆者』の基本概念というべきである」という。同じ見解は，「黒い雨」訴訟広島地裁 2020 年 7 月 29 日判決も示している。このような被爆者の理解は，長崎「被爆体験者」裁判（第一陣）の第一審における原告の次の主張に見られたものである。
　「被爆者援護法1条の趣旨は，身体に原爆の放射能の影響を受けるような事情の下にあった者を被爆者として定めることにある。同法は，多様な被爆態様を前提としており，身体に原爆の放射能の影響を受けるような事情の下にあった者を『被爆者』とする同条3号が一般原理を定める規定であり，同条1号，2号は例示的な類型化規定として置かれた規定である。」（長崎地裁 2012 年 6 月 25 日判決より引用）。

2 在外被爆者による被爆者健康手帳裁判

韓国人の孫振斗（ソン・ジンドウ）は，広島原爆の被爆者である。戦後，外国人登録をしていなかったため，韓国に強制送還された。その後，原爆症の治療を目的として密入国し，逮捕・訴追されて有罪となった。収監中の1971年，支援者たちの援助を受けて，福岡県知事に対し被爆者健康手帳の交付を申請したが却下されたので，翌年10月に同知事を被告とする同処分の取消訴訟を福岡地裁に提起した。最初の被爆者健康手帳裁判である。

この当時，国・厚生省は，日本国内に居住しない者，言い換えれば韓国などの外国に居住する被爆者（在外被爆者）には原爆二法（原爆医療法と原爆特別措置法）を適用しないという方針をとっていた。福岡県知事は，同省の指示のもとで，密入国者の孫振斗は日本国内に適法に居住しているといえないから原爆医療法は適用できないとして，手帳交付申請を却下した。そこで，孫振斗は手帳交付の根拠法である原爆医療法の適用を求めて提訴した。

この裁判は，一審の福岡地裁（判例時報736号，判例タイムズ306号裁判所ウェブサイト），控訴審の同高裁1975(昭和50)年7月17日判決（判例時報789号，判例タイムズ325号，裁判所ウェブサイト），上告審の最高裁1978(昭和53)年3月30日判決（最高裁判所民事裁判例集32巻2号，判例時報886号，判例タイムズ362号，裁判所ウェブサイト）ともに孫振斗の勝訴であった。最高裁判決は，原爆医療法は社会保障法の性格を有するとともに，国家補償的配慮を制度の根底に有する「複合的性格」の立法であると判断した。このような原爆医療法の法的性格に関する判断は，その後に続く被爆者裁判に大きな影響を与えた。この意味で最高裁判決は，被爆者裁判史上の金字塔である。

この裁判の被告の福岡県知事（実質的には厚生省）は，広島原爆の直接被爆者であるとの孫振斗の主張は証明されていないと主張していたが，福岡地裁，同高裁ともに同知事の主張を退け，孫振斗の直爆の事実を認めた（最高裁では争点とならなかった）。この意味で，この裁判は，まぎれもなく被爆者健康手帳裁判であった。

広島地裁2008(平成20)年7月31日判決（判例時報2046号），長崎地裁2008(平成20)年11月10日判決（判例時報2058号），長崎地裁2009(平成21)年6月18日判決（判例時報2072号，判例タイムズ1322号，裁判所ウェブサイト）も在外被爆者裁判であったが，「被爆者」に該当するかいなかの前に，被爆者援護法が適用されるかどうかが争点となった。いずれの判決も同法の適用を認め，手帳申請却下処分を取り消し，その交付を命じた。

在外被爆者による被爆者健康手帳裁判は，日本国外に居住する被爆者には原爆二法・被爆者援護法は適用されないという日本政府の態度のもとで，国内の被爆者による支援を受けながら韓国およびブラジルに居住する被爆者が提訴したものである。このような一連の在外被爆者による手帳裁判は，その後に続く被爆者健康手帳裁判を切り開いたということができる。

　なお，2008 年の被爆者援護法改正（法律 78 号。同年 12 月 15 日施行）により，日本国外の居住地から被爆者健康手帳の申請ができるようになったため，これ以降，「在外被爆者裁判」（同法の国外適用の可否を争点とする国外居住者による裁判）としての被爆者健康手帳裁判はなくなった。

3　直接被爆者・入市被爆者による被爆者健康手帳裁判

(1)「被爆者」該当の判断・確認

　被爆者援護法施行規則 1 条 1 項は，「被爆者健康手帳の交付を申請しようとする者は，申請書……に，その者が法第 1 条各号のいずれかに該当する事実を認めることができる書類（当該書類がない場合においては，当該事実についての申立書）を添えて……提出しなければならない。」と定める。そして，厚生省公衆衛生局長通達（1957(昭和 32)年 5 月 14 日，衛発 387 号）は，手帳交付申請にあたっての添付書類とは，おおむね①被爆当時の罹災証明書などの公的な証明書，②当時の書簡，写真等の記録書類，③市町村長等の証明書，④第三者 2 人以上の証明書，⑤本人以外の者の証明書または本人が当時の状況を記載した申述書・誓約書，であるとする。手帳交付権者の知事等は，これらの書類により，申請者本人が直接被爆者・入市被爆者などに該当する事実（被爆の事実）を認めることができれば，手帳を交付する。したがって，添付された①〜⑤の書類は，申請者が手帳交付の要件（前述の区域要件および時間要件など）をみたしているかどうかを知事等が判断・確認する際に用いられるものである。

　手帳交付を申請する者は，これらの添付書類などにより被爆者の要件をみたしていることを自ら「証明」しなければならないと言われることがあるが，必ずしも正確でない。①および③のような公的機関が発行した証明書が添付されていれば，知事等は容易に要件該当性を認めることができる，という意味において，申請者は要件該当性を自ら「証明」したと言えるかも知れない。しかし，②の記録書類，④の第三者の証明書，⑤の証明書や本人の申述書・誓約書が提出されたからといって，ただちに要件該当性が認められるわけでなく，知事等はこれらの書類を吟味し，また，その他の資料を考慮して要件該当性が認

められるかどうかを判断する。つまり，②④⑤は申請者が被爆者の要件該当性が「証明」できたわけではない。そうだとすれば，被爆者の要件該当性を「証明」する責任が申請者にあるという表現は不正確であり，誤解を招くものである。

　ところで，第三者などによる証明書や本人の申述書・誓約書は，原爆被爆から4分の3世紀もたった現在の時点で，人が記憶をもとにして作成するものであり，作成者の記憶が薄れ，記載内容があいまいであったり混乱したりしていることが少なからずある。また，被爆の事実を語ることのできる第三者が，もはや存在していないことも珍しくない（現在，被爆者は78歳以上であり，被爆の事実を「語る」ことができる者は，これより少なくとも7，8歳以上，年長者である。また，外国居住の者は，そもそも近辺に申請者本人を知る者がいない）。

　被爆者健康手帳の交付を受けるには，以上のような諸困難がある。このために，本来であれば被爆者健康手帳の交付を受けるべき者に手帳交付がされない，ということが起こり得ないとはいえないであろう。行政担当者には，このような「悲劇」を避けるための，いっそうの努力が求められるのである。

（2）裁　判　例

1　まず，直接被爆者の被爆者健康手帳裁判の判決について。

　長崎地裁2013(平成25)年10月29日判決（控訴審福岡高裁2014年2月27日判決。両判決につき TKC ローライブラリー）は，長崎での直接被爆を主張する韓国在住者による被爆者健康手帳交付申請却下処分の取消訴訟であるが，被爆当時6歳であった原告が記憶している居住地（被爆した場所）が被爆当時の事実と一致しないと判断され，原告敗訴であった。

　広島地裁2015(平成27)年11月24日判決（TKC ローライブラリー）は，国内居住の原告（広島被爆，当時13歳）が④の証明書（1人）を添付して行った手帳申請について，原告本人の供述は変遷し被爆の事実の重要な部分を確認できない，あるいは，証明書の内容は原告本人から聞いたものであり，被爆の事実を認めるに足りない，などとして請求を棄却し，控訴審の広島高裁2016(平成28)年7月20日判決（TKC ローライブラリー）も一審判断を是認した。

　長崎地裁2009(平成21)年5月26日判決（TKC ローライブラリー），は，被爆当時12歳の原告（長崎被爆）が1人の第三者による証明書を添付して行った手帳交付申請について，長崎市長が被爆の事実を確認できないとして行った却下処分を取り消した。その理由は，原告の供述は信用でき，また第三者の証言

は原告の供述を裏付ける証拠となるということである。

　長崎地裁 2013(平成 25)年 7 月 9 日判決（TKC ローライブラリー）は，原告（長崎被爆で当時生後 8 か月）は韓国在住であり，手帳交付申請の際の証人は実弟（非被爆者）であったが，40 年以上前に原告と証人が両親から聞いた被爆の事実は信用できるとし，却下処分を取り消し，手帳交付を命じた。

　長崎地裁 2019(平成 31)年 1 月 8 日判決（平成 28 年（行ウ）9 号。裁判所ウェブサイト）の原告 2 人（韓国在住）は被爆当時 19 歳であり，徴用されて三菱重工長崎造船所で就労していた。被告の長崎市は過去の関係資料も証明人等もないため被爆の事実を確認できないとして申請を却下したが，長崎地裁は，原告の被爆の事実を直接裏付ける証拠はないものの，原告の供述の信用性は否定されないとして請求を認め，却下処分を取り消し，手帳交付を命じた。長崎地裁 2019(平成 31)年 1 月 8 日判決（平成 28 年（行ウ）16 号。裁判所ウェブサイト）も，被爆当時 22 歳で三菱重工長崎造船所に徴用されていた原告（韓国在住）についても被爆の事実を認め，手帳却下処分を取り消し，手帳交付を命じた。

2　次に，入市被爆者に関する被爆者健康手帳裁判の判決について。

　以下の 3 件の長崎地裁判決は，いずれも原告の請求を認め，手帳申請却下処分を取り消し，手帳交付を命じたものである。すなわち，同地裁 2012(平成 24) 9 月 18 日年判決（訟務月報 61 巻 3 号）の原告（在韓被爆者）は被爆当時 15 歳であり，長崎原爆の 3 日後，父親を探しに同市内に入ったとの供述について，被告の長崎市は入市被爆の事実を確認できないとしたが，同判決は原告の供述は一貫しており，その信用性に疑いを生じさせるものはないとして原告の請求を認めた。また，同地裁 2019(令和 1)年 5 月 14 日判決（本件は最高裁 2017 (平成 29)年 12 月 18 日判決（裁判所ウェブサイト）により長崎地裁に差し戻された事件である）の原告は，被爆当時 16 歳であり（裁判の途中で死亡。相続人が訴訟承継した），長崎原爆の当日，兄を探して長崎市内に入った旨の陳述書および陳述録取書は信用できるとして，原告の請求を認め，手帳申請却下処分を取り消し，手帳交付を命じた。さらに，35 の長崎地裁 2020(令和 2)年 12 月 14 日判決（TKC ローライブラリー）の原告（被爆当時 11 歳）は認知症のため原告の子が被爆者健康手帳の交付申請書を代筆し，親戚の者による被爆証明書を提出した。同判決は，申請書の記述内容，被爆証明書の内容などは信用できるとし，原告の請求を認めた。

　他方，神戸地裁 2010(平成 22)年 3 月 4 日判決および控訴審の大阪高裁 2010 (平成 22)年 7 月 9 日判決（いずれも TKC ローライブラリー）は，入市被爆（広

島）を主張する原告（被爆当時3歳）および証人の陳述・申述の内容は具体性を欠き，入市被爆の事実を確認できないとして，請求を棄却した。

(3) 困難な被爆事実の証明

被爆者健康手帳裁判では，手帳交付を請求している原告が被爆者の要件（被爆の事実）を証明しなければならないとされる。裁判における証明は，高度の蓋然性（確実性）をもってなされなければならないとされている。

原告が，証拠として前述の①または③のような公的機関が発行した証明書を裁判所に提出できれば別であるが，このような書類がない場合，被爆の事実の証明は第三者の記憶による「証明」（前述の④）や本人の申述（前述の⑤）によることになるが，多大な困難を伴うことは，神戸地裁2010（平成22）年3月4日判決の次の判示に接すると，痛切に感じられる。

　「原告はあたかも当時のことを具体的に記憶しているかに主張するが，当時わずかに3歳であり，そもそも自己の経験に関係する日付，地名等を記銘し，これを現在まで保持していることは通常あり得ず，原告の主張の大半は，自身の経験に基づく本来的な記憶によるものではなく，後年獲得した情報に基づくものと考えるほかない」。

ところで，前述の長崎地裁2013年7月9日判決は，40年以上前に両親から聞いたことの記憶による陳述内容の真実性を認め，また，前述の長崎地裁2019年1月8日判決は，原告の被爆の事実を直接裏付ける証拠はないものの，「原爆投下時から70年以上が経過しており，裏付けの対象が，戦争中の甚大な被害をもたらした原爆投下に係る事項であることに照らせば，関係者が死亡したり，その他の証拠が散逸したりすることも十分にあり得ることであり」，証拠がないとしても不自然でなく，そのことによって原告の供述の信用性が否定されるとはいえないなどと判断している。

以上のいずれの判断のしかたが適切であるかは，即断できない。

付言すれば，知事等が被爆の事実を確認できないと判断して手帳交付申請を却下した事案について，高度の蓋然性による証明という厳しい審査を求められる裁判所が，基本的には知事等が用いた資料に依拠しながら，反対の判断をしている例がある。これはどのように受け止めればよいのだろうか。

4　三号被爆者（放射能影響被爆者）による被爆者健康手帳裁判

（1）原爆医療法制定当時の説明

三号被爆者（放射能影響被爆者）とは，「原子爆弾が投下された際又はその後において，身体に原子爆弾の放射能の影響を受けるような事情の下にあった者」である。三号被爆者について山口正義厚生省公衆衛生局長が，原爆医療法の制定時の国会で，次のように説明している。

> 「たとえば投下されたときに，爆心地から5キロ以上離れた海上で，やはり照射を受けたというような人も，あとでいわゆる原子病を起こしてきております。そういう人を救わなければならないということ，それからずっと離れたところで死体の処理に当った看護婦あるいは作業員が，その後においていろいろ仕事をして，つまり二の方は2キロ以内でございますが，それよりもっと離れたところで死体の処理をして，原子病を起してきたというような人がありますので，それを救うという意味で三を入れたわけでございます。」（「衆議院社会労働委員会議録」29号，1957年3月25日，17頁。引用文中の「二」は入市被爆者を，「三」は三号被爆者を指している）

この説明と基本的には同じであるが，当時の厚生省公衆衛生局が作成した「原子爆弾被爆者の医療等に関する法律案予想質問事項」には，次のような問答が記載されている。

> 「問十一　身体に原子爆弾の放射能の影響を受けるような事情の下にあった者とは例えばどういうものをいうか
> 　答え　例えば投下後に3粁の地点において患者の収容に当つた看護婦が発病したというような事件もあるといわれておりますので，このようなことを考慮して規定をおいた次才であります。要するに，原爆の放射能の影響もいまだ完全に究明されていない現状でありますので，このような例についてもこの法律による医療等を受け得るようにするために，かような規定を設けたわけであります。」

（2）広島市の見解

筆者の手元にある広島市『昭和35年原爆被爆者対策事業の概要書』（5頁）には，三号被爆者の具体例として，次の3項目が記載されている。

> 「イ　当時海上など遮へい物のないところで放射能の直射を受けた人
> 　ロ　応急の救護所で働いていた人（すなわち，多数の被爆者の看護などした人）
> 　ハ　死骸を片づけたりした人」

第 4 章　被爆者健康手帳裁判

　以上のような説明では，具体的にどのような場合であれば三号被爆者に該当するか，直ちには明らかにならない。「三号被爆者」は裁量が認められる概念であるから，被爆者健康手帳の交付権者である知事等は，その判断基準を策定し，明らかにしておく必要がある。

　1968(昭和43)年9月，広島県知事は，厚生省と協議の上で次の三号被爆者の「審査基準」を策定した。

「1　原子爆弾が投下された際当時の広島市の沿岸部と金輪島および似島とを結んだ線内の海上であって，遮蔽物のない場所で被爆した者とする。
　2　原子爆弾が投下されたその後，原爆医療法施行令（以下「政令」という。）第1条第2項に定める期間内に，政令別表第二に掲げる地域以外の地域において，次に掲げる作業に従事した者（当該従事者に背負われた子等を含む）とする。
　(1)　10名以上の被爆した者の輸送
　(2)　10名以上の被爆した者の救護
　(3)　被爆した者の収容施設等における10名以上の被爆した者の看護
　(4)　10名以上の被爆した者の死体の処理」

　他の都道府県知事等も，広島県知事が策定した「審査基準」にならい，ほぼ同様の基準を策定・運用したようであり，広島市長は，1973年8月，広島県知事の審査基準に倣う形で，「被爆者の定義」を策定した（以上については，次に述べる広島地裁2009年3月25日判決によった）。

(3)　救護被爆者裁判

　以上のような三号被爆者の定義・審査基準については，被爆者の間で疑問・不満がくすぶっていた。そうした中で，2005(平成17)年10月，7人の救護被爆者が原告となり，広島市を被告とする三号被爆者裁判（被爆者健康手帳交付申請却下処分の取消訴訟）が広島地裁に提起された。この裁判は，国内居住被爆者による最初の被爆者健康手帳裁判である。

　この裁判の原告らのうち5人は，被爆当時，広島市の郊外に，2人はやや遠方の安芸津町（当時）に居住していた。原告らは2歳から14歳で，避難してきた被爆者と濃密な「接触状態」にあったので，三号被爆者として認められるべきであると主張した。広島地裁2009(平成21)年3月25日判決（裁判所ウェブサイト）は，原告7人全員が三号被爆者として認められるとして広島市長に

41

よる被爆者健康手帳交付申請却下処分を取り消した（確定）。

広島地裁は，三号被爆者の理解のしかたについて，次のような見解を示した。

「①(1)……原爆医療法の趣旨・目的が，放射線の影響が未解明な中で，被爆者の不安を一掃し，また，原爆後障害を予防するべく，被爆者に対する健康管理を行うことにあったこと，(2)現に，原爆医療法制定当時，『被爆者』に該当することと直結する効果は，唯一，都道府県知事による健康診断（一般検査及び精密検査）が受けられることであったこと……からすれば，放射線の影響が肯定できなければ『被爆者』であると扱わないというのはそもそも本末転倒であるといわざるを得ない。このことに，②原爆医療法2条3号の制定過程，特に，(1)厚生省の原案の段階から，放射線の影響を受けた「おそれ」という文言を用いることが検討されたところ，その後法案が成立するに至る過程の中で，同号の基礎となる考え方について実質的な意味での修正が加えられたとは認められないこと，(2)原爆医療法2条3号への該当性に関する判断をするに際しては，原爆医療法制定当時の科学的知見に拘泥することなく，最新の科学的知見が考慮されるべきことが想定されていたことがうかがわれること，③原爆医療法自体が，付随的にではあれ，被爆者に対する健康管理を積み重ねることで，放射線の影響に関する科学的知見が積み重ねられることをも想定していたと解されることを併せ勘案すれば，原爆医療法2条3号に該当するか否かは，最新の科学的知見を考慮した上で，個々の者について，身体に放射線の影響を受けたことを否定できない事情が存するか否かという観点から，判断されることが予定されていたといえる。」

この判決の特徴は，「原子爆弾が投下された際又はその後において，身体に原子爆弾の放射能の影響を受けるような事情の下にあった者」という三号被爆者の定義を「身体に放射線の影響を受けたことを否定できない事情」と理解したところにある。このような理解を踏まえて，広島地裁は7人の原告全員が三号被爆者に当たると判断したが，同判決が各原告についてどのような事実をもとに判断したかを，ごく簡単に紹介する。

被爆時4歳のA原告は，1945年8月6日から15日ころまでの間，自宅から15mしか離れていない寺に，家族とともに出かけ，「最大で50名前後の負傷した被爆者がいた中において，主に，①1日当たり数回，負傷者に水を汲んで回って水を飲ませたり，②負傷者の身体についた蛆を取ったり，③負傷者の近くで団扇を仰いだり，負傷者と話しをしたりした」。

同じく4歳のB原告は，8月10日から18日までの間の数日間，母および叔

第 4 章　被爆者健康手帳裁判

母とともに，自宅近くの国民学校（約 200 人の負傷した被爆者を収容）に行き，
食事の配膳や怪我の手当を行う母や叔母の周りを歩いたり，時には叔母に背負
われたりした。

　C 原告は被爆時に 2 歳であったが，「昭和 20 年 8 月 7 日以降に入院した廿日
市病院には，負傷した被爆者が約 200 人ないし 300 人詰めかけており，C 原告
が約 2 週間にわたって寝込んでいた病院内の部屋においても，ベッドが 1 台し
かないところに，5 人程度の負傷者が横たわってい」た。とすれば，部屋の面
積に比して多くの被爆者が集合した「閉ざされた環境の中に，相応の時間居続
けた」。

　D 原告は被爆時に 10 歳で，8 月 7 日から 10 日にかけて，母親について自宅
近くの寺（最大で約 100 人の負傷した被爆者を収容）へ行き，数時間にわたり，
負傷者の首を支えて水を飲ませ，蛆を取る手伝いなどした。

　E 原告は被爆時 11 歳で，8 月 6 日から同月末日ころまで，自宅近くの国民
学校（最大約 100 人の負傷した被爆者を収容）で，毎日 5, 6 時間，負傷者に飲
食させ，けがの手当やトイレの世話などに携わった。

　被爆時 14 歳の F 原告の自宅は，当時の呉線風早駅（安芸津町）近くにあり，
8 月 6 日から 9 月 15 日ころまで，鉄道で避難してきた者を最大 15 人程度収容
していた。F は負傷者に植物油を塗って包帯を巻いたり，汗を拭いたり，背中
をさすったり，飲食をさせたりした。

　被爆時 2 歳の G 原告の自宅も風早駅の近くにあり，8 月 6 日から 9 月 15 日
ころまで，避難してきた負傷者を最大 15 人程度受け入れていたが，G は母親
に背負われ，あるいは負傷者の近くで遊んでいた。

　広島地裁判決を受け入れた広島市は，三号被爆者に当たるかどうかの判断を
するため，新たに「被爆者援護法第 1 条第 3 号に係る審査方針」およびその
「運用のガイドライン」を策定した[2]。その概要は次のとおりである（広島市
ウェブサイト掲載）。

　「昭和 20 年 8 月 20 日までに，
　　1　15 人以上（病室などの閉鎖された空間の場合は 5 人以上）の被爆して負傷
　　　した者が収容されている収容施設等におおむね 2 日以上とどまった方

---

(2) この「運用のガイドライン」は，2010(平成 22)年 2 月 23 日付けの厚生労働省発出の
　　事務連絡「被爆者援護法第 1 条第 3 号に係る審査の指針について」を受けて策定された
　　ものである。

2　被爆して負傷した者5人以上（1日当たり）と接触した方
　3　1，2には該当しないが，それらに相当する被爆事実が認められる方」

5　長崎「被爆体験者」裁判

　ここでは，三号被爆者（放射能影響被爆者）として，被爆者健康手帳の交付を求めて長崎地裁に提起された2件の集団訴訟ついて述べる。

　これらの裁判の原告は，長崎原爆の際，直接被爆者として認められる区域（直爆区域）の外縁の，爆心地から7・5ないし12キロメートルの範囲内の地域に存在した。したがって，直接被爆者ではない。原告らは，第二種健康診断受診者証の交付を受けて健康診断（年1回の一般検査）を受診できるが（被爆者援護法附則17条，同法施行令附則2条，同法施行規則附則2条・1条の2第3項），被爆者援護法の定めるその他の給付は受けることができない。

　厚生労働省は，2002年度より，被爆体験による精神的要因に基づく健康影響に関連する諸精神疾患を有する者に医療費を支給する法外事業（被爆体験者精神影響等調査研究事業[3]を長崎県および長崎市に委託して実施している。対象者は，第二種健康診断受診者証の交付を受けた者（胎児を除く）であり，この事業の適用を受けようとするときは，さらに「被爆体験者精神医療受診者証」の交付を受けなければならない。交付要件は，被爆体験による要医療性のある精神疾患を有することであり，この「受診者証」の交付を受けた者が「被爆体験者」である。被爆体験者は被爆者援護法にいう被爆者でないから，同法による援護を受けることができない。

　2007年から2008年にかけて，これらの者395人が原告となり，被爆者健康手帳交付申請却下処分を行った長崎市および長崎県を被告として，同却下処分の取消訴訟を長崎地裁に提起した（第一陣）。ついで，同様の事情にある者161人が，2011年から2016年にかけて，同様の裁判を長崎地裁に提起した（第二陣）。いずれの裁判も，原告は三号被爆者に該当するかどうかが争点である。

---

(3)　2002（平成14）年4月1日　健発第0401007号厚生労働省健康局長通知「被爆体験者精神影響等調査研究事業の実施について」の別紙「被爆体験者精神影響等調査研究事業実施要綱」による事業である。この実施要綱により法外援護であるが，第二種健康診断受診者証の交付を受けた長崎県内に居住する者で，要医療性を有する精神疾患がある者は，被爆体験者精神医療受給者証の交付を受けて，その精神疾患に関わる医療費を受給できることになった。なお，2023（令和5）年3月29日　健発第0329第6号厚生労働省健康局長通知「被爆体験者精神影響等調査研究事業の適正な実施について」により新たな実施要綱が定められ，2023年4月1日より適用されている。

第4章　被爆者健康手帳裁判

(1) 第　一　陣

第一陣の原告は，被爆者援護法1条の「被爆者」について，次のように主張した。

・身体に原爆の放射能の影響を受けるような事情の下にあった者を「被爆者」とする被爆者援護法1条3号は，「被爆者」についての「一般原理を定める規定であり，同条1号，2号は例示的な類型化規定」である。
・1号の直爆区域は，爆心地から12キロメートルの範囲内の地域に存在した者は身体に原爆放射能の影響を受けるような事情の下にあったことを立法機関が認めたことを意味する。
・そうだとすれば，爆心地から12キロメートルの範囲内の地域であるにもかかわらず政令で1号の「隣接する区域」として定められなかった地域に存在した者は，三号被爆者に該当する。

これに対して長崎地裁2012(平成24)年6月25日判決（訟務月報59巻12号）は，三号被爆者とは「原爆の放射線により健康被害を生ずる可能性がある事情の下にあったことをいう」と理解し，このような事情の下にあったとの事実の存否については「最新の科学的知見に基づき判断すべきことは，当然である」とし，原告は三号被爆者に該当する事実の存在を高度の蓋然性をもって証明しなければならないとした。同判決は，長崎原爆の直接被爆者の区域要件を爆心地から12キロメートルの距離の地点まで定めたのは科学的知見によるものでなく，当時の長崎市の行政区画がそのようになっていたことによるものである，原告が爆心地から12キロメートルの範囲内の区域内に在ったことだけでは三号被爆者に該当することを証明したことにならない，として原告の請求を退けた。

原告は控訴したが，福岡高裁2016(平成28)年5月23日判決（最高裁判所民事裁判例集71巻10号，訟務月報64巻9号）は棄却した。控訴審で控訴人（原告）は内部被爆の可能性を主張したが，同判決は12キロメートルの「範囲内の地域にいた者に健康被害が発生する可能性があるとの確たる証拠は見出せない」とした。なお，同判決は，控訴人の立証すべき事実について，各控訴人が原爆放射線により「健康被害を受けた高度の蓋然性を証明することは要しない」との判断を示した（この点は第一審長崎地裁判決とは異なる）。

控訴人（原告）は最高裁に上告した。

45

(2) 第　二　陣

第二陣の長崎地裁 2016(平成 28)年 2 月 22 日判決（判例時報 2333 号）は，三号被爆者の意義および三号被爆者に該当することの立証の程度などについて，第一陣の長崎地裁判決と同じ判断をした。その上で，原爆による放射線の年間積算線量が 25mSv 以上の地域の住民は健康被害を生じる可能性があると判断し，戸石村および矢上村の一部地域に在った原告 10 人については，三号被爆者に当たる判断し，その他の者については，三号被爆者と認められないとした。

この判決については，原告・被告双方が，それぞれ敗訴した部分について福岡高裁に控訴した。同高裁 2018(平成 30) 12 月 10 日判決（裁判所ウェブサイト）は，一審敗訴の原告による控訴を棄却し，一審勝訴の原告 10 名について，外部被曝と内部被曝の合計線量は年間積算で約 18.7mSv を上回るものでなく，また，100mSv 以下の被曝線量による健康への影響について確立した科学的知見はないとして，一審判決を取り消し，控訴人（原告）敗訴の判断を出した。

原告・控訴人は，最高裁に上告および上告受理申立てをしたが，最高裁 2019(令和 1)年 11 月 21 日（裁判所ウェブサイト）決定はいずれも退けた。

(3) 最高裁判決

最高裁は，「被爆者体験者」裁判第一陣の上告受理申立てに対し，2 件の判決を出した。

最高裁 2017(平成 29)年 12 月 18 日判決（平成 28 年行（ヒ）404 号の 1。最高裁判所民事裁判例集 71 巻 10 号，判例時報 2382 号，判例タイムズ 1451 号，裁判所ウェブサイト）は，「長崎原爆が投下された際，爆心地から約 5km までの範囲内の地域に存在しなかった者は，その際に一定の場所に存在したことにより直ちに原爆の放射線により健康被害を生ずる可能性がある事情の下にあったということはできない」などと判示して，原審の判断を是認した（引用部分の「一定の場所」とは爆心地から 7.5km 以上 12km 以下の範囲内の地域を指す)[4]。

---

(4) この判示について，後述の「黒い雨」訴訟広島高裁 2021 年 7 月 14 日判決は，一定の場所に存在したことをもって「直ちに原爆の放射線により健康被害を生ずる可能性がある事情の下にあったということはできないとした原判決（福岡高裁判決を指す。筆者）の説示を是認したにとどまるものであり，『広島原爆の投下後の黒い雨に遭った』ことをもって，原爆の放射能により健康被害を生ずる可能性がある事情の下にあったということができるかについては，何らの判断をしているものではない。」と述べている。

第4章　被爆者健康手帳裁判

　同日付けのもう1件の最高裁判決(平成28年行(ヒ)404号の2。裁判所ウェブサイト)は，訴訟係属中に死亡した1人の原告（控訴人）の訴訟継承を認めなかった（訴訟終了宣言）福岡高裁判決を取消し，訴訟承継を認め（この問題について後述7)，原告の被爆者援護法1条2号該当性の審理を尽くさせるため第一審の長崎地裁に差し戻した（前述の長崎地裁2019(令和1)年5月14日判決が差戻審判決である）。

　なお，2件の最高裁判決はともに，被爆者援護法は「特殊の戦争被害について，戦争遂行主体であった国が自らの責任によりその救済を図るという一面をも有するものであり，その点では実質的に国家補償的配慮が制度の根底にあることは否定することができない」との判断を示した。最高裁は，孫振斗裁判判決で・原爆医療法について同趣旨の判断を示しているが（前述），現行の被爆者援護法ついては初めての判断である。

6　広島「黒い雨」訴訟[5]

(1)「黒い雨」被爆者の要求

　「黒い雨」被爆者とは，広島原爆の直後に，爆心地付近および当時の広島市の周辺で，原爆に由来する放射性降下物を含む「黒い雨」に曝露した者をいう。広島原爆による「黒い雨」降雨の範囲は，爆心地の北西方向の長径29km・短径15kmの長卵形の地域（「宇田雨域」と呼ばれ，「大雨地域」と「小雨地域」に区別されている）であるとされてきた。「黒い雨」大雨地域は被爆者援護法附則17条，同法施行令別表第三により「健康診断特例区域」とされ，この区域に所在した者には第一種健康診断受診者証が交付される（同法施行規則附則2条）。この受診者証を所持する者は，被爆者援護法7条による健康診断（年2回の一般検査・精密検査）を受けることができる。健康診断の結果11種類の傷病に罹患していると診断されると，三号被爆者（放射能影響被爆者）に該当するとして被爆者健康手帳が交付される[6]。しかし，「黒い雨」小雨地域については，以上のような取扱いはされていない。

---

(5) 広島地裁で争われた「黒い雨」被爆者による被爆者健康手帳裁判について，詳しくは，田村和之・竹森雅泰編『原爆「黒い雨」訴訟』（本の泉社，2023年）の第3章（竹森弁護士執筆）を参照されたい。

(6) 1974年7月22日 衛発402号，厚生省公衆衛生局長通達「原子爆弾被爆者の医療等に関する法律及び原子爆弾被爆者に対する特別措置に関する法律の一部を改正する法律等の施行について」による行政措置である。

「黒い雨」はより広い範囲の地域で降ったといわれ，元気象研究所室長の増田善信氏による「増田雨域」（日本気象学会誌『天気』36巻2号，1989年），広島大学原爆放射線医科学研究所教授（当時）の大瀧慈氏による「大瀧雨域」（広島市第2次原子爆弾被爆者実態調査研究「原爆体験者等健康意識調査報告書」，2010年）が提示されている。

原爆の当時，「黒い雨」小雨地域にあった人，あるいは，その外部の「増田雨域」「大瀧雨域」に所在した人たちは，1970年代の後半より，これらの「黒い雨」降雨地域もまた健康診断特例区域に指定されるべきであるとし，厚生省・厚生労働省に特例区域の拡大（「黒い雨」降雨区域指定の拡大）を求めてきた。この要求運動は広島県，広島市および周辺町村を巻き込んで行われたが，同省はまったく耳をかさなかった。

(2) 広島地裁判決

2015年11月，64人の「黒い雨」被爆者が原告となり，広島県および広島市を被告として，広島地裁に，被爆者健康手帳交付申請却下処分の取消訴訟，第一種健康診断受診者証交付申請却下処分の取消訴訟を提起するとともに，義務付けの訴えを併合提起した。その後，第2次・3次提訴があり，原告の総数は88人となったが，結審までに13人が死亡し，最終の原告数は訴訟承継をしたものを含めて84人であった。結論を先にいうと，広島地裁は2020（令和2）年7月29日に判決を出し（判例時報2488・2489号，裁判所ウェブサイト），原告84人全員の請求を認め，被爆者健康手帳交付申請却下処分を取り消すとともに，その交付を命じた。

裁判では，手帳申請却下処分取消請求が主位的請求，第一種受診者証交付申請却下処分取消請求が予備的請求とされた。広島地裁では主位的請求を中心にして審理された。原告らは，原爆当時「黒い雨」降雨域に在って，放射線降下物を含む「黒い雨」に曝露し，「身体に原子爆弾の放射能の影響を受けるような事情の下にあった」ので，三号被爆者に該当すると主張した。

この裁判の被告（厚生労働大臣が訴訟参加）は，三号被爆者とは原爆によって現実に健康被害が発生したと科学的にいえる場合と同様の被爆状態にあったと認められる者であると主張していたが，広島地裁判決は，「原爆の放射線により健康被害を生ずる可能性がある事情の下にあった」者が三号被爆者に当たるとの見解をとった。敷衍すれば，被告らは健康被害が発生したと科学的にいえる場合と同様の状況にあったかどうかを問題としたのに対し，広島地裁は健康

第 4 章　被爆者健康手帳裁判

被害を生じる可能性がある状況にあったかどうかにより三号被爆者該当性を判断しようとしているのである。このような三号被爆者の理解のしかたは，前述の，救護被爆者裁判広島地裁判決および 2 件の「被爆体験者」裁判長崎地裁判決・福岡高裁判決でとられたものである。

　広島地裁は，①「黒い雨」には放射性微粒子を含む「黒い雨」に遭ったことによって健康被害を生ずる可能性があると認められるので，「黒い雨」に遭ったことは三号被爆者の認定根拠の一つである，とする。そして，「黒い雨」に遭ったかどうかについては，「宇田雨域」「増田雨域」「大瀧雨域」に単純に依拠することなく，原告が被爆当時に所在した場所を確定し，その場所の「黒い雨」降雨の蓋然性と程度を踏まえつつ，原告の供述の内容を吟味して判断すべきであり，また，各雨域に含まれない地域についても，直ちに「黒い雨」が降った事実を否定すべきでない，とする。また，同地裁は，②前述の 402 号通達による取扱いが確固とした制度として長年行われてきたことを踏まえ，原爆の影響との関連が想定される疾病に罹患していることを要件として，三号被爆者に該当すると認めるべきであるとする。こうして，原告全員が①および②に該当しているとし，原告の請求を認めた。

　広島県・市および厚生労働大臣が控訴した。

（3）広島高裁判決

　控訴審の広島高裁 2021（令和 3）年 7 月 14 日（判例時報 2521 号，賃金と社会保障 1793・1794 号，裁判所ウェブサイト）は，控訴を棄却し，「黒い雨」被爆者である原告（被控訴人）全員が勝訴した（確定）。同高裁は，三号被爆者の意義について，「原爆の放射能により健康被害を生ずる可能性がある事情の下に置かれていた者」，言い換えれば，「原爆の放射能により健康被害を生ずることを否定できない事情の下に置かれていた者」をいうと解し，これに該当すると認められるためには，その者が「特定の放射線の曝露態様の下にあったこと，そして，当該曝露態様が『原爆の放射能により健康障害が生ずることを否定することができないものであったこと』を立証することが必要になる」とした。このように解して同高裁は，原告たちは「黒い雨」降雨域に所在して「黒い雨」に遭ったので三号被爆者と認められると判断した。なお，同高裁は，原判決のように三号被爆者に「該当するとの判断の根拠として 402 号通達を用いる」のは失当であるとした。つまり，疾病罹患は三号被爆者認定の際の考慮すべきでないとしたのである。

49

7 被爆者健康手帳裁判の途中での原告死亡

裁判を提起したが，結論が出る前に原告が死亡した場合，死亡した者の相続人が裁判を承継する（原告の地位を受け継ぐ）ことが認められることがある。ところが，裁判で争っている権利や利益が，原告に固有のもの（一身専属的なもの）で他人への譲渡や相続になじまないものである場合，裁判を争う地位の承継はあり得ないとされ，裁判所は原告死亡により裁判は終了したと宣告する。

高齢の被爆者が原告となっている被爆者健康手帳裁判の場合，時に裁判の途中で原告が死亡する場合がみられ，裁判承継の可否について，裁判所の判断が分かれていた（例えば広島地裁 2008(平成 20)年 7 月 31 日判決，大阪地裁 2009(平成 21)年 6 月 18 日判決）は認め，長崎地裁 2013(平成 25)年 10 月 29 日判決などは否定）。

前述の長崎「被爆体験者」裁判の 2 件の最高裁判決は，以上のような下級審の判断の不統一を改め，健康管理手当は一身専属的な権利でなく相続の対象になるとし，同一の原告が被爆者健康手帳交付申請却下処分取消訴訟と健康管理手当認定申請却下処分取消訴訟を同時に争っているときは，裁判の承継が認められると判断した。

「黒い雨」訴訟の広島地裁判決および広島高裁判決も，訴訟の承継を認めた。それによれば，手帳申請却下処分取消訴訟で原告の「黒い雨」被爆者に対する処分が取り消されたときには，原告は申請日に遡って一般疾病医療費を受給できる法的地位を有すると解されるところ[7]，この法的地位は相続の対象になるとし，原告が死亡した場合に訴訟が終了するのでなく，相続人がこれを承継するとした。

---

(7) 厚生省は，1962(昭和 37)年 4 月 16 日 衛発 278 号公衆衛生局長通達「原子爆弾被爆者の医療等に関する法律施行令の一部を改正する政令の施行について」で，被爆者健康手帳の交付年月日はその申請日とする旨を指示していた。したがって，被爆者健康手帳は申請を受け付けた日付で交付されることになる。そして，健康管理手当の認定申請も同時に受け付けられているから，認定日も申請受付日となり，したがって，同手当は認定日の翌月から支給される。なお，厚生労働省は，2019(平成 31)年 3 月 29 日 健総初0329 第 1 号健康局総務課長通知を発出し，被爆者健康手帳の交付申請の際，被爆者援護法に定められている諸手当の申請を同時に受理してよいとした（この通知は地方自治法 245 条の 9 に基づく「処理基準」とされている）。

おわりに

現在，「被爆者」といえば被爆者健康手帳を保持している者を指すことは，社会常識化している観がある。しかし，被爆者が被爆者健康手帳の交付申請を行い，申請が認められて手帳を取得するには，少なからざる困難がある。筆者は，「二度申請したが駄目だったので，三度目の申請をした。どうすればよいか」という相談を在米被爆者から受けたことがある。被爆の事実を「証明」する人など一人もいない環境で，黙々と記憶をたよりに，手帳交付申請に添付された詳細な申述書をみると，ウソは書かれていないと思うが，本人の「言い分」だけで被爆の事実を確認できるか，筆者は何ともいえなかった。三度目も駄目だったら，裁判提起を勧めようと考えていたところ，この人から幸い手帳交付の知らせが入り，安堵した。

この人の場合，被爆時の年齢が10歳代の半ばで，記憶が鮮明であったことが幸いしたが，10歳以下で被爆した人の場合，記憶が不鮮明で，しかも既に4分の3世紀が過ぎ，記憶を失わせるに十分な時間が経過している。このような人の被爆の事実の確認は至難である。

第5章　在外被爆者に対する被爆者法の適用

　日本国外に居住する広島・長崎原爆の被爆者（在外被爆者）に，被爆者援護法が適用できるかどうかを調べ始めたのは1992年の春ごろであった。その歩みは遅々としていたが，私見がある程度まとまってきた1998年春ごろ，三菱広島工場・元徴用工被爆者裁判を担当している弁護士から，原告側の主張を補強するための「意見書」の執筆を要請された。作成した「意見書」は広島地裁に提出したが，これを踏まえて執筆したのが本稿である。

　今日では，在外被爆者に対する原爆二法・被爆者援護法の適用の問題は解決済みであり，したがって，本章の考察はすべて「過去の問題」であるが，この問題の検討を開始したころ，何が問題となっており，何をどのように検討したか（しなければならなかったか）を明らかにできるので，本書に収録することにした。

は じ め に

　韓国人の郭貴勲氏（韓国在住）は，1945年8月，広島に投下された原子爆弾の被爆者であり，1998年5月に来日して「原子爆弾被爆者に対する援護に関する法律」（平成6年法律117号，以下「被爆者援護法」という）に基づき，大阪府知事から被爆者健康手帳の交付を受ける（2条）とともに，同年6月分および7月分の健康管理手当を受給したが（27条），同知事は同年7月に同氏が帰国したことを理由にその支給を打ち切った。同氏はこれを違法として，1998年10月，大阪府知事，大阪府および国を被告として，その取消し等求める訴え（以下「郭貴勲訴訟」という）を大阪地裁に提起した[1]。

　被爆者援護法は，広島および長崎の原子爆弾被爆者に対する医療や諸手当の給付等について定める法律である。同法は「被爆者」が日本国籍を有することを求めていない。換言すれば，外国人であっても同法1条の規定する被爆者の定義に該当すれば，同法は適用される。このような法適用のあり方は，同法の前身である旧「原子爆弾被爆者の医療等に関する法律」（昭和32年法律41号，

---

(1) 郭貴勲訴訟は，第一審大阪地裁平成13年6月1日判決（判時1392号31頁，判タ1084号3頁など）および控訴審大阪高裁平成14年12月5日判決（判タ1111号194頁など。確定）ともに郭貴勲氏の勝訴で決着した（本書収録にあたり注記を書き改めた）。

以下「原爆医療法」という）および旧原子爆弾被爆者に対する特別措置に関する法律」（昭和43年法律53号，以下「原爆特別措置法」という。以上の2法律を併せて「原爆二法」という。被爆者援護法を含めた3法律を「被爆者法」という）においても同様であった。しかし，これまでのところ，被爆者法は外国に居住する被爆者には適用されていない。

　厚生省は，昭和49年7月22日衛発402号公衆衛生局長通達「原子爆弾被爆者の医療等に関する法律及び原子爆弾被爆者に対する特別措置に関する法律の一部を改正する法律の施行について」において，原爆特別措置法は「日本国内に居住関係を有する被爆者に対して適用されるものであるので，日本国の領域を越えて居住地を移した被爆者には同法は適用がないものと解されるものであ」るとの見解（以下「厚生省見解」という）を示し，これが今日に至るまで行政実務による被爆者法の適用のあり方を支配してきた。そのため，現在においても，外国人被爆者はもとより日本国籍を有する被爆者であっても，ひとたび居住地を日本国外に移せば，被爆者援護法の適用外とされる。したがって，日本国内において同法による諸給付を受けていた被爆者が国外に居住地を移すと，給付は打ち切られる。また，日本国籍を有するか否かを問わず，もともと国外に居住する被爆者に被爆者法は適用されていない。したがって，在韓被爆者はもとより，在米被爆者（その中には日本国籍を有するものが少なくない）なども被爆者法の適用外とされている[2]。

　冒頭に紹介した郭貴勲訴訟は，右のような行政実務の中で生じた事件である。すなわち，郭氏は帰国して居住地を韓国内に移したために被爆者援護法の適用外とされ，「失権」の取扱い[3]がなされて健康管理手当の受給権が消滅したとされ，その支給が打ち切られたのである。

　本稿は，以上のような国外に居住する被爆者（以下「在外被爆者」という）に対する被爆者法の不適用について考察しようとするものである。

1　国・厚生省の説明

　厚生省の当局者が，厚生省見解の原型のようなものを最初に明らかにしたの

---

(2) 現在，被爆者は韓国，北朝鮮，中国，台湾，アメリカ合衆国，カナダ，メキシコ，ブラジル，ペルー，アルゼンチンなどに在住しているとされ，南米の被爆者は大半が，北米の被爆者は3割程度が日本国籍を保有しているとのことである。
(3) 厚生省によれば，被爆者は出国と同時に被爆者援護法の適用外とされ，いわば自動的に権利が消滅するので，行政処分は存在しないとのことである。

第 5 章　在外被爆者に対する被爆者法の適用

は 1969（昭和 44）年の衆議院社会労働委員会においてである。村中俊明厚生省
公衆衛生局長は原爆二法について次のようにいう。

　「法のたてまえが地域社会の福祉の維持と増進を目的とする社会保障立法であ
る，したがって，この法の適用を日本人以外が受けられないという排除はないけ
れども，国内で生業を営んでおる，すなわち居住の本拠が日本にあるというふう
なことが前提条件になっている。言いかえますと，この法律は属人主義ではなく
て属地主義のたてまえをとっておるというふうなことで，たとえば一時的に日本
を訪れたというふうな外国人に対しては適用にならないわけであります[4]」。

　この説明から，原爆二法は社会保障法であるから属地主義がとられ，在外被
爆者には適用されないという考え方をみてとることができる。
　厚生省当局者が次に語るのは，久しく間をおいた 1994（平成 6）年である。被
爆者援護法案が審議された衆議院厚生委員会において，谷修一厚生省保健医療
局長は以下のようにいう。

　「これは現行二法でも同じでございますけれども，現在御審議をいただいており
ます新法の適用におきましても，同法に基づきます給付が，いわゆる社会保険と
違いまして拠出を要件とせず，公的な財源により行われるということ，また他の
制度との均衡というようなことから，日本国内に居住する者を対象とするという
立場をとっているわけでございまして，我が国の主権の及ばない外国において，
日本の国内法である新法を適用することはできないというふうに考えておりま
す[5]」。

　この谷局長の説明は，被爆者援護法が社会保障法であることを前提として行
われており，同法による給付は拠出を要件とせず公的財源により行われるこ
と，および，他の制度（つまり他の社会保障制度）との均衡，の 2 点をあげて在
外被爆者への被爆者援護法の適用を否定している。

---

(4) 『第 61 回国会衆議院社会労働委員会議録』16 号（昭和 44 年 5 月 8 日）6 頁。
(5) 『第 131 回国会衆議院厚生委員会議録』9 号（平成 6 年 11 月 29 日）30 頁。谷局長は，
　　次のように同趣旨の答弁もしている。「現在御審議をいただいております政府案の適用
　　につきましては，同法に基づきます給付というのが，拠出を要件としない公的財源に
　　よって賄われるものであるということ，それから他の制度との均衡を考慮する必要があ
　　るということから，日本国内に居住する者を対象として手当を支給するということで考
　　えているわけでございます。したがいまして，手当であるかあるいは年金という名前で
　　あるということを問わず，我が国の主権の及ばない外国において日本の国内法である新
　　法を適用することはできないというふうに考えております」同前 10 号（同年 12 月 1 日）
　　12 頁。

1995 年，三菱重工広島工場の元徴用工の韓国人被爆者らは，被告の三菱重工に対しては未払賃金の支払いと損害賠償請求を，被告の国に対しては被爆者法を韓国在住の被爆者に適用してこなかったこと等を理由にした損害賠償を求める訴え（以下「三菱広島・元徴用工被爆者裁判」という）を広島地裁に提起した[6]。被告の国は，被爆者法の国外不適用について種々の主張をしているが，それらは郭貴勲訴訟における被告の主張に整理された形で展開されているので，次に紹介する[7]。

第 1 に，「被爆者援護法の構造」と題して，「我が国に居住も現在もしていない者……に対する支給等に係る規定は，被爆者援護法には何ら設けられていないのであって，同法が，我が国の領域内に居住も現在もしていない者を支給対象としていないことは明らかである」という。つまり，被爆者援護法を国外居住者に適用するという法規定が存在しないということである（法規定不存在論）。

第 2 に，「立法者意思」と題して，「被爆者援護法は，国の戦争責任を肯定するものでないこと及び我が国に居住も現在もしていない者に対して適用されないことがその制定時の国会審議において明らかにされた上で可決・成立したものであることに照らせば，同法の立法者意思は……同法は国外に居住する者に適用されないというものであったことは明らかである」という。つまり，被爆者援護法を国外居住者に適用しないことは同法の「立法者意思」であるということである（立法者意思論）。

第 3 に，「被爆者援護法の性質」と題して，「立法者意思によれば，被爆者援護法は国の戦争責任を肯定した法律ではなく，むしろ，社会保障法の一種として立法されたといえるところ，受給者に拠出を求めない社会保障制度は，社会連帯ないし相互扶助の観念を基礎として社会構成員の税負担に依拠して成立していることにかんがみると，我が国に居住も現在もしていない外国人には，明文の規定がない以上，被爆者援護法が適用される根拠はないというべきである」という。つまり，被爆者援護法は社会保障法の一種であり，それゆえに国外居住の外国人には適用されないということである（社会保障法論）。前述の村

---

(6) 三菱広島・元徴用工被爆者裁判は，第一審広島地裁平成 11 年 3 月 25 日判決（訟務月報 47 巻 7 号 1677 頁。原告敗訴），控訴審広島高裁平成 17 年 1 月 19 日判決（判時 1903 号 23 頁，判タ 1217 号 157 頁ほか。被爆者法の不適用についてのみ原告ら勝訴），上告審最高裁平成 19 年 11 月 1 日判決（民集 61 巻 8 号 2733 頁ほか。上告棄却）（本書収録にあたり注記を書き改めた）。

(7) 郭貴勲訴訟第一審における被告準備書面による。

第 5 章　在外被爆者に対する被爆者法の適用

中および谷両厚生省局長の見解も，結局のところ同趣旨である。

　以下では，まず「社会保障法論」を，次いで「法規定不存在論」を取り上げて検討する。「立法者意思論」については，関係する事項を考察する部分で取り上げることにする。

　なお，郭貴勲訴訟では，国外居住外国人への被爆者援護法の不適用の理由として上記 3 点が述べられているが，厚生省は，これまで同様の理由をあげて国籍を問わず国外居住のすべての被爆者に同法が適用されないとしてきており，また，現在の行政実務もそうであるので，本稿の考察は，国外居住のすべての被爆者に同法が適用されないことについて行うことにしたい。

2　被爆者法の社会保障法論

　厚生省は，被爆者法は社会保障法の一種であり，社会連帯ないし相互扶助の観念を基礎として拠出制でなく公的財源（税負担）により行われるものであることをあげて，被爆者法は在外被爆者に適用されないとする。この考え方は，これまで厚生省が最も強調してきたものである。

　被爆者法を単なる社会保障法と理解するのは，最高裁昭和 53 年 3 月 30 日判決（以下「孫振斗裁判最高裁判決」という[8]）の判示を否定するものである。同判決によれば，原爆医療法は社会保障法としての性格をもつとともに，「国家補償的配慮が制度の根底にある」「国家補償の趣旨を併せもつ」とされ，原爆医療法は単なる社会保障立法とは理解されていない。ところが，厚生省は同判決について異なる理解をし，郭貴勲訴訟の被告準備書面において，同判決は原爆医療法が「基本的に社会保障法としての性格を有していると判示している[9]」という。これが正しい理解であるかどうかを確かめるため，少し長くなるが同判決の関係部分を引用・紹介しよう。

　　「原爆医療法は，被爆者の健康面に着目して公費により必要な医療の給付をすることを中心とするものであつて，その点からみると，いわゆる社会保障法として

----

(8)　民集 32 巻 2 号 435 頁，判時 886 号 3 頁，判タ 362 号 196 頁。本件は不法入国した韓国人被爆者の孫振斗氏が提起した被爆者健康手帳不交付処分取消訴訟であり，第一審の福岡地裁昭和 49 年 3 月 30 日判決（行集 25 巻 3 号 209 頁，判時 736 号 29 頁），控訴審の福岡高裁昭和 50 年 7 月 17 日判決（行集 26 巻 7・8 号 879 頁，判時 789 号 11 頁ほか）および最高裁判決ともに孫振斗氏が勝訴した。

(9)　孫振斗裁判最高裁判決についてのこのような理解は，三菱広島・元徴用工被爆者裁判の被告国の主張でもある。

57

の他の公的医療給付立法と同様の性格をもつものであるということができる」。しかし，同法は「被爆による健康上の障害がかつて例をみない特異かつ深刻なものであることと並んで，かかる障害が遡れば戦争という国の行為によってもたらされたものであり，しかも，被爆者の多くが今なお生活上一般の戦争被害者よりも不安定な状態に置かれているという事実を見逃すことはできない。原爆医療法は，このような特殊の戦争被害について戦争遂行主体であつた国が自らの責任によりその救済をはかるという一面をも有するものであり，その点では実質的に国家補償的配慮が制度の根底にあることは，これを否定することができない」。

本判決は，このように述べたのち，原爆医療法は「国家補償の趣旨を併せもつ」「このような原爆医療法の複合的性格」と表現している。すなわち，原爆医療法が社会保障法であるとともに「国家補償の趣旨を併せもつ」ことをとらえて「複合的性格」といっているのである。したがって，本判決は，同法は社会保障法と国家補償法の複合的な性格の法律であると理解しているということができる[10]。そうだとすれば，原爆医療法が「基本的に」社会保障法であるという前述の厚生省による本判決についての理解は，まったく独自のものであるというほかなく，とうてい賛成できない。

前述のように，厚生省は，「被爆者援護法は，国の戦争責任を肯定するものではない」と述べ，これが同法の立法者意思であるとする。この指摘は，被爆者援護法前文の「国の責任において」援護施策を講じるという部分について，同法案が審議された衆議院厚生委員会において井出正一厚生大臣が，「国の戦争責任を意味するものではない」と答弁したこと[11]を根拠としている。厚生省は，明言しているわけでないが，この「立法者意思」を根拠にして，原爆二法はともかく，被爆者援護法は国家補償法的性格を有しないとするようである。

被爆者援護法案の提出者は内閣であり，厚生大臣がこのような答弁をしたのは確かであるが，だからといって同法が国家補償の趣旨を有しないと判断することは早計である。法の解釈は常にいわゆる立法者意思に拘束されなければな

---

(10) 孫裁判最高裁判決については，多くの判例研究がこのように理解している。例えば，外間寛・昭和53年度重要判例解説（『ジュリスト』693号，1979年）29頁，橋本公亘・行政判例百選Ⅱ〔第1版〕1979年）293頁，又坂常人・行政判例百選Ⅱ〔第2版〕1987年）314頁，同〔第3版〕1993年）338頁など。なお，荒木誠之「原爆医療法の性格と受給要件」（『ジュリスト』667号，1978）66頁は，本判決は「国家補償的性格に重点をおいた把握のしかたをしているとみてよい」と指摘する。

(11) 『第131回国会衆議院厚生委員会議録』9号（平成6年11月29日）27頁。

第5章　在外被爆者に対する被爆者法の適用

らないものではなく，また，被爆者援護法は原爆二法の後継法として制定された
ものであるからである。後者については厚生省自身が明言するところである。すなわち，平成7年5月15日発健医158号厚生事務次官通知「原子爆弾被爆者に対する援護に関する法律の施行について」の「第一　新法制定の趣旨」において，「今回の新法は……原爆医療法及び原爆特別措置法を一本化し，現行の施策の充実発展を図り，総合的な被爆者対策を実施する観点から制定されたものである」と述べる。このように同法は原爆二法の後継法であり，その主旨・目的：仕組み・内容のすべてについて原爆二法を受け継ぐとともに，給付内容を拡充したものである。そうだとすれば，孫振斗裁判最高裁判決の趣旨を否定しない限り，被爆者援護法は原爆二法の国家補償の趣旨を当然に引き継いでいると理解するのが妥当である[12]。

　厚生省は，被爆者法は社会連帯の法であり，同法による給付は無拠出制であって，その財源が租税収入からなることを理由にして，国外居住者への同法の適用を否定しようとする。これらの理由はいずれも同法が社会保障法であることをいうものである。しかし，繰り返し述べるように，同法は国家補償の趣旨を併せもつと解される法律であるから，同法を拠出制の社会保障法と同列に扱うことは適当でない[13][14]。

3　国外居住者への適用規定の不存在論

　被爆者法には，在外被爆者が同法に基づき給付を受けようとするときの手続規定が定められていない。また，同法の諸給付を国外居住者が受けることができるとする規定も見当たらない（少なくとも明示的には規定されていない）。これらのことは，同法が国外居住者に適用されないことを意味するのであろうか。

　被爆者法のうち最初に制定された原爆医療法は，受給者たる被爆者に日本国籍を要求しなかった。同法制定当時の少なからざる社会保障立法は外国人に適

---

(12)　ちなみに，孫振斗裁判最高裁判決は，原爆医療法について「立法者は同法を意識的に社会保障法として立法したものと考えられる」との上告理由を退けて，本文に述べたような「複合的性格」の法律であると判示した。

(13)　無拠出制である戦傷病者戦没者遺族等援護法に基づく年金は，国外居住者であっても支給される（ただし，日本国籍を有する者に限られる）。この法律がそのような仕組みをとっている理由の1つは，同法が国家補償の精神に基づく法律である（1条）ことに求められよう。その他に，同法の給付が「年金」の形式をとっているからであるという考え方もあり得るが，公的年金制度は一般には拠出制である。

(14)　厚生省は被爆者法を国外居住者に適用しないのが「立法者意思」であるともいう。しかし，それは実は同法が社会保障法であることを理由とする議論である。

59

用しないという仕組みであったにもかかわらず，同法が外国人被爆者への適用を認めていたのは，被爆者の中に外国人（その多くは韓国人である）が少なからず存在し，かれらを排除することは国家補償の趣旨を併せもつという同法の目的・性格からみて適当でないと考えられたからである。しかし，同法は被爆者への医療の給付を定める法律であるため，制定当時においてはこれを国外に適用・実施することはほとんど考える余地がなかったということができよう。付言すれば，在外被爆者の多数を占めるのは韓国在住者であるが，当時，韓国と日本国とは国交を有していなかったので，韓国在住被爆者を考慮に入れる必要がなかったという事情もあったであろう。

以上が国外居住者への給付の手続規定が原爆医療法に定められなかった理由であろう。このような法的な仕組みがそのまま原爆特別措置法に引き継がれ，同法も当然のように国外適用を考慮に入れた手続規定を定めなかった。そして，原爆二法を引き継いだ被爆者援護法もこれを受け継いだのである。しかしながら，国外適用のための手続規定の不存在が，ただちに被爆者法の国外への全面的な不適用を意味すると解するのは早計にすぎるのではないだろうか。

同法による諸給付を受給できるのは被爆者（被爆者援護法1条，原爆医療法2条）である。被爆者が同法の諸手当などの給付権限を有する行政庁（厚生大臣，都道府県知事，広島市長，長崎市長）により給付要件に該当すると判断されたとき，諸給付の受給権が成立する。

被爆者法は，被爆者の要件として日本国籍および日本国内の住所（居所，現在地 。以下同じ）を求めていない[15]。被爆者の要件に日本国籍・国内住所が規定されていないのは，繰り返し指摘しているように被爆者法が単なる社会保障法でなく，原爆被害という特殊な戦争被害に対する戦争遂行主体による国家補償の趣旨を併せもつものであるからであると解される。

以上のように考えれば，被爆者法の国外適用のための手続規定の不存在は，被爆者の要件の問題でないということができる[16]。

被爆者法には被爆者が国外で諸給付を申請・請求するための手続規定が用意されていない。例えば，同法に基づき被爆者健康手帳の交付を申請しようとす

---

(15) 社会保障立法の中には，受給権・受給資格の要件として，日本国内に住所を有することを求めたり（児童手当法4条1項），受給権や資格の消滅理由として日本国内の住所の喪失（児童扶養手当法4条2項1号，特別児童扶養手当等の支給に関する法律3条3項1号，国民年金法9条2号など）を規定するものがある。このような例では，各法律が国外居住者に適用されないことは明らかである。

第5章　在外被爆者に対する被爆者法の適用

れば，被爆者の居住地または現在地の都道府県知事に申請することになっている（被爆者援護法2条1項，原爆医療法3条1項）。また，同法に基づく各種の手当の給付は，被爆者の居住地の都道府県知事が行うことになっている（同法施行規則の29条・44条・52条など）。そのため，国内に居住池を有しない被爆者は，手続規定の不存在によりこれらの申請を行うことができないとされている。その結果，同法により保障されている被爆者としての権利の行使が阻害されている。

被爆者の居住地の国内外の別によりその権利の行使に違いか生じることは，被爆者法の重大な矛盾を意味するだけでなく，実体法的には被爆者として同じ権利が保障されているにもかかわらず，その行使が合理的な理由なく異なる扱いをされることを意味すると考えれば，そのような被爆者法における国外居住者の権利行使の手続規定の不備は，憲法14条の法の下の平等の原則に違反するものであるということになる。

権利行使のための手続規定の不備が憲法違反となるというそしりを回避しようとすれば，明示的な手続規定はないが，国外居住の被爆者もまた被爆者法に基づきその権利を行使きる途を同法の解釈・運用により開くことを考えなければならない。その際参考になるのは，戦傷病者戦没者遺族等援護法の運用である。同法の障害年金等を受ける権利の裁定請求（6条）を国外居住者が行うことができるとする明示の手続規定は同法に存在しないが，現在，厚生省はこれを認めている[17]。また，外国人労働者が帰国後に日本国外から労働者災害補償保除法に基づく保険給付を請求することもできるとされているが，同法にこれを認める明文の規定は存在せず，労働省の解釈・運用により行われている[18]。以上のような法の解釈・運用ができるのであれば，被爆者法について同様の解釈・運用ができないはずはなく，憲法違反のそしりを回避しようとすれば，そうしなければならないのである。

---

(16) 現在の行政実務によれば，被爆者が出国（一時的な出国を除く）した場合，被爆者法の適用外とされて同法にいう「被爆者」でなくなり，被爆者健康手帳は無効となるとされている。このような行政実務のあり方は，日本国内の住所を「被爆者」の要件としていることを意味するが，本文に述べたように，被爆者法はそのような仕組みではない。付言すれば，法律に明文の根拠がない限り，法律により与えられた権利利益，資格などが出国により当然に失われるということはないと考えるべきである（ただし，外国でその権利等を行使し，あるいは，利益を享受する機会が制限されることがあるのは当然である）。筆者の承知している限り，多くの行政実務もこのように処理されている。

(17) 昭和62年4月1日援発191号厚生省援護局長通知別添「戦傷病者戦没者遺族等援護法施行事務取扱準則」。

61

次に，被爆者法には申請や請求の手続が規定されていないので，被爆者の申請権・請求権の行使は国内居住者でなければできないという仕組みであるとの前提に立って，同法の解釈・運用を考えてみる。この場合の検討課題は，いったん成立した受給権に基づき両法による給付を実際に受けることは，必ずしも国内居住者に限定されないのではないか，という問題である。

　被爆者であることは被爆者法の給付を受けることができる実体法的な要件であるが，この要件が国外に居住する者には認められないとか，国外に居住地を移せば失われるなどということはあり得ない。国外居住に伴う問題は，被爆者としての申請・請求，受給などに生じる実際上の制約である。例えば，被爆者援護法 10 条（原爆医療法 7 条）の医療の給付（いわゆる認定被爆者に対する医療の給付）は，指定医療機関が国外に存在しないため，これを受けることは不可能である。しかし，被爆者援護法 17 条によれば，「緊急その他やむを得ない理由により，指定医療機関以外の者から」医療を受けた場合，医療の給付に代えて医療費の支給がなされる（原爆医療法 14 条も同じ）。また，同法 18 条によれば，「緊急その他やむを得ない理由により被爆者一般疾病医療機関以外の者からこれらの医療受けたときは」一般疾病医療費の支給がなされる（原爆医療法 14 条の 2 も同じ）。これらの医療費・一般疾病医療費が国外居住の被爆者に支給できない理由はないように思われる。

　参考のために，健康保険法の場合をみてみよう。同法 44 条の 2 によれば，療養の給付または特定療養費の支給が困難であると保険者が認めた場合，療養費の支給が行われる。被保険者または被扶養者が国外において療養の給付を受けたときは療養費の支給が行われる[19]。また，同法による傷病手当金（45 条～47 条）も国外居住者であっても受給できる。このような取扱いは，国民健康保険を例外（国民健康保険法 59 条 1 号）として，他の健康保険でも同様に行われている[20]。なお，労働者災害補償保険法 13 条 2 項の療養の費用の給付につ

---

(18) 実はこのことを明示する労働省の通達はなく，行政実務は海外派遣者の特別加入に係わる保険給付の請求等の手続を示す昭和 52 年 8 月 24 日基発 481 号労働省労働基準局長通達に従って行われている。

(19) 昭和 56 年 2 月 25 日保発 7 号・庁保発 3 号厚生省保険局長・社会保険庁医療保険部長通知。

(20) このような健康保険法の取扱いは，昭和 55 年法律 108 号による同法の改正によって昭和 56 年 4 月から行われるようになったものである。そうだとすれば，少なくともこの健康保険法の改正にあわせて前述の原爆医療法・被爆者援護法の医療費・一般疾病医療費の支給の取扱いも改革されなければならなかったということができよう。

第5章　在外被爆者に対する被爆者法の適用

いても同様の取扱いが行われている[21]。

　被爆者法に基づく諸手当の受給権が成立した後に被爆者が居住地を国外に移した場合，国外でその手当を受給することはできないのであろうか。厚生省は国外に居住地を移した者の手当は「失権の取扱いとなる[22]」としてこれを否定するが，このことを明示する規定はない。いうまでもなく国内居住が手当を受け取る要件であるなどという規定も被爆者法には存在しない。しかも，手当も医療費・一般疾病医療費も同様に金銭の受給であり，これを区別しなければならない理由は見当たらない。そうだとすれば，手当受給権を有する被爆者が居住地を国外に移したとしても，受給権は消滅しないから，引き続き手当は支給されなければならない。したがって，上記の厚生省の失権の取扱いは被爆者法の誤った運用であるというほかない。

　参考までに付け加えれば，周知のように，現在，国民年金など各種の年金は国外から裁定を請求し，国外でこれを受け取ることができる。

お わ り に

　被爆者法は国家補償の趣旨を併せもつ法律である。それは，原爆被害という特殊な戦争被害について戦争遂行主体の国がその責任において被害者（被爆者）の救済を図ろうとする独特の法律であり，救済の対象たる被爆者の国籍を問うものでない。しかも，孫振斗最高裁判決が判示したように，外国人被爆者については「わが国に正規の居住関係を有しない」者であっても同法を適用すべきである。そして，本稿で縷々検討してきたように，同法の国外不適用についての厚生省の見解には妥当性が認められない。そうだとすれば，同法は国籍の別や居住地の別を問わず，可能な限りひとしく被爆者に適用されるべきであるといわなければならない。居住地の国内外の別により被爆者が受けることができる諸給付に違いが生じているとすれば，それは合理化しがたいものであり，かりにそれが被爆者法の法的仕組みに由来するとすれば，仕組みそのものの合憲性が問われなければならない。また，かりにそこまでは言えないとした場合，同法の解釈・運用により被爆者の受給権の行使に差別が生じないようにすることが必要である。

　孫振斗裁判最高裁判決は，原爆医療法が「被爆者の置かれている特別の健康

---

(21)　注(18)の通達。
(22)　昭和49年7月22日衛発402号厚生省公衆衛生局長通達。

状態に着目してこれを救済するという人道的目的の立法」であることを指摘し，不法入国した外国人である孫振斗氏に対して同法を適用することが「同法のもつ国家補償の趣旨にも適合する」という。この判示に注目したある論者は，本判決は「人道的見地からの救済目的を中心に置き」，これに国家補償の趣旨等を加えて結論を出しているという[23]。判決文の文脈からみれば，本判決のこのような理解は可能であると筆者も考える。また，被爆者法の人道目的性を強調すれば，同法の適用にあたり被爆者の居住地の国内外を区別すべきでないとの結論を出すことが可能のように思えなくもない。しかし，「人道的目的」が法の理解にあたりどのような意味と役割をはたすかは，現在，必ずしも十分には解明されていない。したがって，安易にこのような結論を出すことは控えることにするが，被爆者法の人道目的性は重要な指摘であり，今後，検討を深める必要がある[24]。

---

(23) 佐藤繁・最高裁判所判例解説民事篇昭和53年度137頁（法曹会，1982年）。内野正幸・法学協会雑誌98巻1号（1981年）122頁も，本判決は原爆医療法の「国家補償法的性格でなく……人道的目的の立法たることを根拠にして」結論を導いたと読めるとする。ただし，荒木・前掲注(10)67頁は，本判決のいう人道的目的は「原爆医療法の複合的性格に付加される第三の性格といったものではなく，その国家補償的性格について一般の国家補償法にプラスされる特殊性を根拠づけるものとしていわれているようである」とし，又坂・前掲注(10)315頁は，人道的目的は結論に対する補強的な論拠であるとする。

(24) 荒木・前掲注(10)68頁は，孫振斗裁判最高裁判決のいうように原爆医療法が人道的目的をもつとするならば，「さらに一歩進んで現行の原爆二法が人道的目的にふさわしい内容をそなえている……かが問われることになろう」と指摘している。

第6章　在外被爆者に対する被爆者援護法の
医療援護規定の適用

本章は，2010年6〜7月に執筆したものであり，在外被爆者に対し被爆者援護法の医療援護関係の適用を求める裁判が可能であることを提唱した。これを受けて，在外被爆者支援組織の努力により，2011年6月に大阪地裁に（原告は在韓被爆者），翌年3月に広島地裁（原告は在アメリカ被爆者）と長崎地裁に（原告は在韓被爆者）が，一般疾病医療費支給申請却下処分取消訴訟を提起した。その結果が在韓被爆者医療費裁判最高裁2015年9月8日判決（民集69巻6号，判時2283号，判タ1420号ほか）である。この判決により，長年にわたった在外被爆者に原爆二法・被爆者援護法の適用を求める裁判（在外被爆者裁判）は，いわば完全勝利で決着した。

本章では，被爆者援護法は，基本的にはすべての規定が在外被爆者に適用されるべきであるという立場から，まず初めに，同法の在外被爆者への適用状況を整理し，次に，同法3章3節の定める医療援護に関する規定が在外被爆者に適用されるべきであることを述べ，最後に，在外被爆者に同法の医療援護に関する規定の適用を求める新たな在外被爆者裁判の可能性とその意義について論じる。

1　被爆者援護法の在外被爆者への適用の状況

2002年まで，旧法の原爆医療法，旧法の原爆特別措置法および現行法の被爆者援護法は，在外被爆者にまったく適用されていなかった。ところが，在外被爆者が提起した裁判で原告勝訴があいつぎ，敗訴した日本政府・厚生労働省は，そのつど政省令改正や法解釈の変更を行い，被爆者援護法の諸規定を在外被爆者に対して適用することとした。また，2008年には議員立法により被爆者援護法が改正され（同年法律78号，同年12月施行），在外被爆者が居住地から被爆者健康手帳の交付申請を行うことが可能となった。

こうして，被爆者援護法は部分的に在外被爆者に適用されるようになり，2010年3月現在でいえば，第1章「総則」の全2か条，同章4節「手当等の支給」（24条〜36条）の第31条（介護手当の支給）を除くすべての規定が在外

被爆者に適用されるようになった（これ以外は未適用である）。

　もう少し具体的に説明しよう。被爆者援護法は，「高齢化の進行している被爆者に対する保健，医療及び福祉にわたる総合的な援護対策を講じ」る（同法前文）法律である。「保健」に関する施策として健康診断と指導が定められているが（第3章2節），これらは在外被爆者に対して実施されていない。「医療」に関する施策は同法3章3節「医療」に定められているが（10条～23条の2），この節の規定はすべて在外被爆者には適用されない。「福祉」に関する施策は，同法3章4節「手当等の給付」および同章5節「福祉事業」（37条～39条）に定められている。同章4節については，介護手当の支給を定める第31条を除き他のすべての規定が在外被爆者に適用されているが，同章5節の諸規定は不適用である（つまり在外被爆者に対し「福祉事業」は実施されていない）。

　2010年4月1日，被爆者援護法施行令および同法施行規則が改正され，同法3章3節のうち第11条のみが在外被爆者に適用されることになった。この法適用のあり方の改革は，2008年の同法改正法附則2条2項により政府が在外被爆者による原爆症認定申請の在り方の検討を求められたことを踏まえて行われたものである。この法改正の結果，現在，被爆者の「医療」に関する施策を定める同法3章3節のうち第11条のみが在外被爆者に適用され，他の諸規定は適用されないという「異常な」状態にある。言い換えれば，同法の定める「医療」に関する諸規定（第10条の医療の給付，第17条の医療費の支給および第18条の一般疾病医療費の支給）は，依然として在外被爆者に対し適用されていないのである。

　被爆者援護法11条により厚生労働大臣の原爆症認定を受けることは，医療の給付を受けるための要件である。この医療の給付（およびその代替措置としての医療費の支給）を在外被爆者に対して行わないにもかかわらず，在外被爆者に対して原爆症認定を受ける道を開いたのは，それが在外被爆者にも適用される同法24条の医療特別手当または同法25条の特別手当の受給要件であるからである。

2　被爆者援護法3章3節の規定の適用

　被爆者援護法11条以外の同法3章3節の諸規定は，なぜ在外被爆者に対して適用されないのであろうか。この点について厚生労働省はほとんど語っていないが，次の一文に理由の一端がうかがわれる。

　「在外被爆者の方々への医療費助成の御要望につきましては，それぞれの国

第6章　在外被爆者に対する被爆者援護法の医療援護規定の適用

によって医療保険制度や医療供給体制が異なっていることから，法律に基づかない予算事業により医療費の助成を行っているところであります。」（厚生労働省ホームページ：パブリックコメント：結果公示案件詳細（2010年3月17日）「『原子爆弾被爆者に対する援護に関する法律施行令の一部を改正する政令案』に関する意見募集に対して寄せられた御意見等について」の番号2の「当省の考え方」）

　これによれば，厚生労働省は，国によって医療保険制度や医療供給体制が異なるため，被爆者援護法の医療援護に関する規定の適用は困難であると考えているようである。はたしてそうであろうか。

　筆者は，被爆者援護法を在外被爆者に適用するうえでの「困難」は，国によって医療保険制度や医療供給体制が異なること，言い換えれば外国の事情にあるわけではないと考える。

　同法3章3節の諸規定を詳しくみると，医療の給付は指定医療機関に委託して行うことになっている（10条3項）。ところが，現在，外国には指定医療機関は存在しないから，在外被爆者は医療の給付を受けることができない。この問題を解決するためには，外国に指定医療機関を置けばよい。もちろん厚生労働大臣が外国の医療機関を指定することには難しい問題があるであろうが，不可能であるとまでは考えられない。

　外国に指定医療機関が置かれたとして，次に生じる問題は，被爆者援護法14条1項により指定医療機関は「健康保険の診療方針及び診療報酬」により医療を給付することになっていることである。外国の医療機関が，わが国の健康保険制度により医療を行うことは期待できないであろう。しかし，同条2項には，指定医療機関が「健康保険の診療方針及び診療報酬」により医療を給付することができないとき，またはこれによることが適当でないときの診療方針と診療報酬は，厚生労働大臣が定めることができる旨が定められている。したがって，外国に指定医療機関を置き，同条2項により厚生労働大臣が診療方針と診療報酬を定めれば，在外被爆者は居住国で被爆者援護法による医療の給付を受けられることになる。

　ところで，被爆者援護法17条1項には，「厚生労働大臣は，被爆者が，緊急その他やむを得ない理由により，指定医療機関以外の者から……医療を受けた場合において，必要があると認めるときは……医療の給付に代えて，医療費を支給することができる」と定められている。この規定を活用すれば，指定医療機関が置かれていない外国において，在外被爆者は，医療の給付に代えて医療費の支給を受けることができる。筆者は，この「医療費の支給」制度の活用を

67

図ることが，在外被爆者に同法に基づく医療援護を行う近道であると考える。

被爆者援護法18条の一般疾病医療費の支給は，被爆者が，①都道府県知事が指定する「被爆者一般疾病医療機関」から医療を受けたとき，または②「緊急その他やむを得ない理由により被爆者一般疾病医療機関以外の者からこれらの医療を受けたとき」，当該医療に要した費用を支払うことにより行われる（1項）。①について，都道府県知事が外国の医療機関を被爆者一般疾病医療機関として指定することはあり得ないから，在外被爆者が被爆者一般疾病医療機関から医療を受けることはない。②について，在外被爆者が外国において被爆者一般疾病医療機関以外の医療機関から医療を受けることは，もちろんあり得ることである。現在，この場合も，厚生労働省は在外被爆者に対し一般疾病医療費の支給を行っていないが，理由のない取扱いである。厚生労働省は，ただちに被爆者援護法18条の解釈運用を改める必要がある。

3　在外被爆者に対し医療援護の実施を求める裁判

2010年6月，筆者が代表世話人をつとめる「在ブラジル・在アメリカ被爆者裁判を支援する会」は，次の2種類の裁判を提起することを在外被爆者に呼びかける文章を発表した（文末に「資料」として「呼びかけ文」を収録した）。1つは，原爆症認定を受けた在外被爆者による認定疾病に関する「医療費の支給」（17条）を請求する裁判であり，もう1つは，被爆者健康手帳を所持する在外被爆者による「一般疾病医療費の支給」（18条）を請求する裁判である。これらの経費は都道府県・広島市・長崎市から支給されることになっているので（被爆者援護法施行令22条1項により都道府県・広島市・長崎市の法定受託事務である），被告は都道府県・広島市・長崎市である。

「呼びかけ」によれば，原爆症認定を受けた在外被爆者は被爆者援護法施行規則22条に定められている「医療費の支給の申請」手続きを，一般の在外被爆者は同規則26条に定められている「一般疾病医療費の支給の申請」手続を行い，これらの申請が却下されたとき，裁判（経費の支払いを請求する裁判であれば民事訴訟，申請「却下処分」の取消しを求めるとすれば行政訴訟となる）を提起することになる。なお，この裁判は，法外事業として行われている「在外被爆者保健医療助成事業」による医療費助成について争うものではない。したがって，この事業による医療費助成を受けている在外被爆者でも裁判の原告となることができる。

これらの新たな裁判は，現行法のもとでも，在外被爆者が被爆者援護法によ

第6章　在外被爆者に対する被爆者援護法の医療援護規定の適用

る医療援護を受けられること，言い換えれば，同法3章3節の諸規定の適用を
受けられることの確認を求めるものである。勝訴できれば，原爆医療法以来，
被爆者援護の中核的な施策であり，被爆者援護の「原点」である医療援護が在
外被爆者に対しても実施されることになる。筆者としては，この新たな在外被
爆者裁判で勝訴できれば，長く続けられてきた在外被爆者裁判は終結を迎える
ことになると考えている。

〔資料〕（呼びかけ文）

2010年6月

新たな在外被爆者裁判の提起について

在ブラジル・在アメリカ被爆者裁判を支援する会

1　2010年4月より在外被爆者の原爆症認定申請ができるようになった。原爆症と
　して認定された被爆者は，被爆者援護法24条の医療特別手当を申請・受給できる
　が，日本政府は在外被爆者に対しては10条の「医療の給付」を行わない方針であ
　る。また，同法17条1項には，「厚生労働大臣は，被爆者が，緊急その他やむを
　得ない理由により……医療を受けた場合において，必要があると認めるときは
　……医療の給付に代えて，医療費を支給することができる」と定められているが，
　政府は在外被爆者に対してこの規定を適用しない方針のようである。

2　被爆者援護法18条1項によれば，厚生労働大臣は，被爆者健康手帳を所持する
　被爆者が医療を受けた場合，医療費の自己負担の部分について「一般疾病医療費」
　を支給することになっているが，政府は在外被爆者に対してこの規定を適用して
　いない。

　※被爆者援護法17条1項及び同法18条1項の厚生労働大臣の権限は，同法施行
　　令22条1項により都道府県知事（広島市長，長崎市長）に委任されている（法
　　定受託事務）。

3　被爆者援護法2条が改正され，日本国外に居住する在外被爆者も同法にいう「被
　爆者」として扱われるようになったにもかかわらず，上記の諸規定が在外被爆者
　に適用されていないこと，言い換えれば被爆者援護法の定める医療援護に関する
　規定が在外被爆者に対して実施されていないことは，同法に違反する在外被爆者
　に対する差別的な扱いである。

　　被爆者に対する医療援護は，原爆医療法以来，被爆者援護の中核的な施策であ
　り，被爆者援護の「原点」である。現在，在外被爆者に対して行われている「医
　療費助成」は法外事業であり，これをもって法律に基づく被爆者に対する援護と
　いえないことはいうまでもない。

4　そこで，私たちは，在外被爆者が次の2種類の裁判を提起し，在外被爆者に対
　して被爆者援護法を正しく適用して医療援護措置を講じることを求めることを提
　案する。
　①　原爆症認定を受けた在外被爆者が提起する裁判
　　　未支給となっている認定疾病に関する医療費を都道府県（広島市，長崎市）に
　　対して支払うよう請求する民事訴訟（厚労省の態度によっては行政訴訟を提起す
　　ることもあり得る）
　②　被爆者健康手帳を所持する在外被爆者が提起する裁判
　　　未支給となっている「一般疾病医療費」を都道府県（広島市，長崎市）に対し
　　て支払うよう請求する民事訴訟（厚労省の態度によっては行政訴訟を提起するこ
　　ともあり得る）
　①を提訴した在外被爆者が，同時に②を提訴することもあり得る。
　　　なお，現在，法外事業として行われている「在外被爆者保健医療助成事業」に
　　よる医療費助成を受けている者であっても，この裁判を提起できる。
5　前項で提案した①を提起するにあたって，原爆症認定を受けた在外被爆者は，
　被爆者援護法施行規則22条に定められている「医療費の支給の申請」手続きを，
　また，②を提起するにあたって，被爆者健康手帳を所持する在外被爆者は，同規
　則26条に定められている「一般疾病医療費の支給の申請」手続きを行わなければ
　ならない。これらの申請が却下されたとき，前項の裁判を提起することになる。
　　　　　　　　　　　　　　　　　　　　　　　　　　　　　　　　　　　以上

第7章　在外被爆者裁判

1　在外被爆者とは

　法律上，「被爆者」とは，1945年8月に広島市および長崎市で原子爆弾に被爆したとして，被爆者健康手帳（以下では「手帳」ということがある）の交付を受けたものをいう（被爆者援護法1条，原爆医療法2条）。国籍は問わない。この被爆者が日本国外に居住している場合，「在外被爆者」という（法律上「在外被爆者」という文言は，「原子爆弾被爆者に対する援護に関する法律の一部を改正する法律」2008年法律78号の附則2条1項に「被爆者であって国内に居住地及び現在地を有しないものをいう」と定義されている）。

　広島・長崎が原爆の爆撃を受けたとき，両市内とその周辺にはかなり多くの朝鮮人がいた。戦後，死を免れた2万人以上の朝鮮人が帰国した。また，中国（台湾）出身者や日本人などで，被爆後，出身国に帰り，あるいは北米・南米に移住した者も相当数いるといわれている。これらの国外居住者は，日本政府の法解釈と運用により，被爆者健康手帳の交付を受けられず，原爆に被爆した者でありながら，法律上は被爆者と扱われなかった。その結果，在外被爆者は原爆二法・被爆者援護法（以上の3法を合わせて「原爆三法」ということがある）に定められている援護措置を受けられなかった。

　在外被爆者の中には，日本に入国（渡日）し，日本国内に居住・現在している間に手帳を取得した者もいたが，政府は出国すると手帳は失権（失効）したとしたため，出国後は法律上の被爆者でないとされ，法律による援護を受けられなかった（受けていた援護は打ち切られた）。

2　在外被爆者裁判とは

　原爆医療法は1957(昭和32)年に，また，原爆特別措置法は1968(昭和43)年に制定された。1994(平成6)年には，この2つの法律を一本化した被爆者援護法が制定された。原爆二法や被爆者援護法は，日本国籍を有することや日本国内に住所・居住地を有することを被爆者の要件として定めていない。それにもかかわらず，政府，厚生省・厚生労働省（厚労省）は，これらの法律は在外被爆者には適用されないと解釈・運用してきた。その理由として，かつて厚生省

公衆衛生局長は，原爆二法が社会保障立法であるので居住の本拠が国内でなければならないこと，あるいは，属地主義の法律であるから一時的な日本訪問者には適用されないこと，などをあげた（1969年5月8日衆議院社会労働委員会）。

　在外被爆者が法律上の被爆者であることは，後述のように，在外被爆者が裁判で勝訴することにより確定する。しかし，その後も，政府・厚労省は，在外被爆者に対する被爆者援護法による給付には制限があるという態度をとり続けたので，これを打破するための裁判が数多く争われた。原告の在外被爆者がこれらの裁判で勝訴したことにより，在外被爆者は同法による諸給付を受けられるようになった。

　以上のように，国外居住の被爆者が，原爆二法・被爆者援護法にいう被爆者であること，および，諸給付を受ける法的地位・権利を有することを確立するために争った裁判が，在外被爆者裁判である。言葉を変えていえば，在外被爆者裁判とは，国外居住の被爆者に原爆三法の適用を認めさせる裁判である。

3　孫振斗裁判

　この裁判は，広島原爆の被爆者である在韓被爆者の孫振斗（ソン・ジンドゥ）が密入国して捕えられ，獄中（正確にいえば病院）から提起した被爆者健康手帳交付申請却下処分取消訴訟であり，福岡県知事を被告として福岡地裁に提起された。

　この裁判で被告側は，国内に適法な居住関係を有しない孫振斗には原爆医療法は適用されないなどと主張した。このような被告の主張は，その後1990年代に入ってから続々と提起される在外被爆者裁判における被告側（国・厚労省）の主張と通じるものがあり，この意味で孫振斗裁判は最初の在外被爆者裁判であった。

　密入国による不法滞在者である孫振斗は，支援者の援助を受けながら，福岡県知事に対して原爆医療法により被爆者健康手帳の交付申請を行ったが，同知事は応答しないため，1972(昭和47)年3月，行政訴訟の不作為の違法確認の訴えを福岡地裁に提起した。この裁判の審理が始まった同年6月，同知事は孫振斗の申請を却下したので，同年10月に改めて被爆者健康手帳交付申請却下処分取消訴訟を同地裁に提起した。第一審の福岡地裁1974(昭和49)年3月30日判決（判例時報736号，判例タイムズ306号，裁判所ウェブサイト），控訴審の同高裁1975(昭和50)年7月17日判決（判例時報789号，判例タイムズ325号，裁判所ウェブサイト），上告審の最高裁1978(昭和53)年3月30日判決（民集32巻

2 号，判例時報 886 号，判例タイムズ 362 号，裁判所ウェブサイト）ともに孫振斗（原告，被控訴人，被上告人）の勝訴であった。

厚生省は，福岡地裁での敗訴後，短期滞在の外国人被爆者について，治療目的であること，1 か月以上滞在することを条件に，被爆者健康手帳を交付することにした。また，福岡高裁での敗訴後は治療目的を問わないとし，さらに最高裁判決の後には「わが国に現在する者である限りはその現在する理由等のいかんを問わず」原爆医療法を適用して手帳を交付すると改めた（1978 年 4 月 4 日衛発 288 号）。

この裁判がとりわけ注目されたのは，最高裁が，原爆医療法（ひいては原爆特別措置法）は社会保障法としての法的性格を有するとともに，国家補償的配慮が制度の根底にあり，また，人道的目的の立法であると判示したからである。このような原爆二法ひいては被爆者援護法の法的性格の理解は，その後に続く在外被爆者裁判や原爆症認定を求める裁判などの被爆者裁判に大きな影響を与えることになる。この意味で筆者は，この最高裁判決は被爆者裁判における金字塔であると考えている。

4 三菱重工広島・元徴用工被爆者裁判，郭貴勲裁判

孫振斗裁判最高裁判決から 17 年たった 1995 年，戦時中に三菱重工業広島工場の徴用工であった在韓被爆者 46 名が，三菱重工業，菱重および日本国を被告として，強制連行・強制労働等の補償，未払い賃金の支払いを求めるとともに，在韓被爆者に対し原爆二法および被爆者援護法を適用せず放置してきたとして，被告の日本国に対して損害賠償を請求して広島地裁に提訴した。この裁判の背景には，1990 年代に入り，韓国，中国などアジア諸国の人々から提起された「戦後補償」を求める裁判があるが，原告らが広島原爆の被爆者であったことから，日本国に対し原爆二法・被爆者援護法の不適用の違法性をも争ったところに独自性があった。

3 年後の 1998 年，1 人の在韓被爆者が大阪府と日本国を被告とする裁判を大阪地裁に提起した。原告の郭貴勲（クァク・クィフン）は，来日して大阪府知事から被爆者健康手帳の交付を受け，あわせて健康管理手当を受給していたが，韓国に帰ると手帳は失効，手当受給権は失権したとされ，手当支給が打ち切られた。厚生省は，孫振斗裁判第一審敗訴後，短期滞在の外国人被爆者にも被爆者健康手帳を交付するとしたが，他方で被爆者が出国すると手帳は失効し手当受給権は失権するとした（1974 年 7 月 22 日衛発 402 号，公衆衛生局長通達。

以下では「402号通達」ということがある）。郭貴勲に対する手当支給の打切りは
この通達によるものであった。

　郭貴勲はこの取扱いに異を唱えて提訴し，日本国内で交付された手帳は出国
しても失効していないことの確認を求めるとともに，打切り後の未支給分の健
康管理手当の支払いを求めた。この裁判で原告側は，出国後も法律上の被爆者
となった者には被爆者援護法が適用されると主張した。これは，原爆二法および被爆者援護法の解釈・適用のあり方についての新しい考え方であった。

　以上の2件の裁判のうち，郭貴勲裁判が先に決着した。大阪地裁2001(平成
13)年6月1日判決（判例時報1392号，判例タイムズ1084号，裁判所ウェブサイ
ト）および控訴審の同高裁2002(平成14)年12月5日判決（判例タイムズ1111
号，裁判所ウェブサイト）ともに原告の請求を認め，郭貴勲が勝訴した（確定）。
この結果，政府・厚生労働省は，国内で手帳を取得し，手当の支給認定を受け
た者に対し，出国後も手当ての支給を行うこととし，被爆者援護法施行令，同
法施行規則を改正した（2003年3月1日施行）。これに伴い，国内で取得した手
帳は，出国後も有効であるとされた（以前に交付された手帳も有効とされた）。
この変更は被爆者援護法の解釈・運用を改めることにより行われたが，ともあ
れ政府・厚労省が被爆者援護法の国外適用を認めたものであり，被爆者援護行
政の大転換を意味し，この後に続く在外被爆者裁判に大きな影響を与えること
になった。

　この政省令の改正を機に，長い間厚生省・厚労省が在外被爆者への原爆二法
および被爆者援護法の適用を否定する根拠としてきた402号通達の関係部分
は，削除された（これを「402号通達の廃止」ということがある。2003年3月1日
健発0301002号健康局長通知）

　郭貴勲の提訴や第一審の勝訴に触発された形で，日本出国後の未支給手当の
支給を求めて，在韓被爆者の李康寧（イ・ガンニョン），森田隆など在ブラジル
被爆者10人，在韓被爆者の李在錫（イ・ジェソック），さらには廣瀬方人の提
訴が続く（個々の事件により判決は必ずしも一様でないが，結果的にはいずれも原
告が勝利した）。

5　国外からの手当て等支給申請裁判

　郭貴勲裁判の結果，被爆者健康手帳は国外でも有効であるとされ，日本に渡
航して被爆者健康手帳の交付を受けた者は，国外に居住していても被爆者の地
位を失わないことが確定した。しかし，厚生省・厚生労働省は，手当などを受

第 7 章　在外被爆者裁判

給するためには，日本に渡航し，日本国内の居住地・現在地で支給申請をしなければならないという取扱いを続けた。その理由として，手当などの支給権者は都道府県知事・広島市長・長崎市長であると被爆者援護法に定められおり（24 条 1 項ほか），これを受けた同法施行規則などには申請は居住地の都道府県知事に対して行う旨が定められていること（当時の 29 条ほか）のほか，支給の適正確保（手当等の支給要件の存否を調査しやすい都道府県知事を申請先としていること，提出される国外の医師・医療機関の診断書は「類型的な信用性があるとはいえ」ないこと，医師の意見を聞くことなどが困難であること，申請の審査に必要な対面審査が困難であること，都道府県知事が指定した被爆者一般疾病医療機関の診断書により「類型的に診断の適正と信用性を担保しようとするものである」こと）などがあげられた。

　厚生省・厚労省のこのような被爆者援護法の解釈運用を改めさせ，手帳を所持する在外被爆者がその居住地から手当などの支給申請を行うことができるようにするために，裁判が提起されることになる。2003 年 12 月，在米被爆者が，その居住地から行った手当等の支給申請に対する広島市長の却下処分の取消しを求める訴えを広島地裁に提起した（原告は当初 2 名，最終的に 4 名）。2004 年 2 月には，在韓被爆者の崔李澈（チェ・ゲチョル）が長崎市長を被告として居住地から行った健康管理手当支給申請を却下した処分の取消訴訟を長崎地裁に提起した。同年 9 月には 2 名の在韓被爆者の遺族が大阪府知事を被告として葬祭料支給申請却下処分の取消訴訟を大阪地裁に提起した。これらの裁判で出された判決はいずれも原告の在外被爆者の勝利であり，崔李澈裁判福岡高裁 2005(平成 17)年 9 月 26 日判決（判例タイムズ 1228 号，裁判所ウェブサイト）により，問題は決着をみた。同判決は次のように説示した。

　　「（被爆者援護法）の目的等に照らせば，法は，在外被爆者に対しても援護を行うことを想定しているというべきであるにもかかわらず，施行規則 52 条 1 項は，健康管理手当認定申請書の提出先を『居住地の都道府県知事』に限定することによって，在外被爆者の国外からの申請を一律に不可能にしているのであって，その限度において，同条項は，法 52 条の委任の範囲を超えた無効なものといわざるを得ない」

この判決を受け入れた政府・厚労省は，2005 年 11 月 30 日に被爆者援護法施行令および同法施行規則を改正し，同日施行した。

　こうして，被爆者健康手帳を所持する在外被爆者は，その居住地から手当な

75

どの支給申請をすることができるようになった。

6　在ブラジル被爆者未払手当支給請求裁判 —— 消滅時効の問題

　郭貴勲裁判大阪地裁判決の後に，在ブラジル被爆者の森田隆など10名により提起されたこの裁判は，郭裁判大阪高裁判決の確定により，被告の広島県が未払い手当の支給に応じたため，原告7名は裁判を取り下げた。しかし，広島県（厚労省）は，3名の原告について5年以上前の未払い手当は地方自治法236条（消滅時効）により受給権が消滅したとして，支払いに応じなかったため，裁判を継続したところ，広島地裁2004(平成16)年10月14日判決（裁判所ウェブサイト）は被告の主張を認め，原告の請求を退けた。

　地方自治法236条には地方自治体の金銭債権の消滅時効は5年であり，援用を要しないと定められているため（1項・2項），5年より前の未支給手当の支払いを認めさせることは至難であると考えられたが，廣瀬方人裁判長崎地裁2003年3月19日判決は，402号通知によって在外被爆者には原爆三法が適用されないとの誤った解釈に従った行政実務が主たる原因となって在外被爆者の権利行使が妨げられたというような場合，被告（長崎市）による消滅時効の主張は，「権利の濫用として許されない」との判断を示した（崔李澈裁判長崎地裁2005(平成17)年12月20日判決（判例タイムズ1250号）も同じ判旨）。この判断は，控訴審の福岡高裁2004年2月27日判決で覆されたが，ブラジル被爆者裁判では，消滅時効についてあらためて裁判所の判断を問うため，広島高裁に控訴した。

　広島高裁2006(平成18)年2月8日判決は，原告らの逆転勝訴だった。同高裁は，本件に地方自治法236条を適用することは著しく正義に反する，被控訴人（被告）広島県による時効の主張は「信義則に反し，権利の濫用に当たり，許されない」とした。厚労省は，広島高裁の判断が福岡高裁と異なっていることなどを理由として，広島県に上告させた。

　2007(平成19)年2月6日，最高裁第三小法廷判決（判例時報1964号，判例タイムズ1237号，裁判所ウェブサイト）は広島県の上告を棄却した。最高裁は，まず402号通達およびこれに基づく失権の取扱いには「何ら法令上の根拠はなかった」と，つまり違法であったと指摘する。その上で本判決は，次のように，広島県による消滅時効の主張は信義則に反し許されないとした。

　「上告人が消滅時効を主張して未支給の本件健康管理手当の支給義務を免れよう

第7章　在外被爆者裁判

とすることは，違法な通達を定めて受給権者の権利行使を困難にしていた国から
事務の委任を受け，又は事務を受託し，自らも上記通達に従い違法な事務処理を
していた普通地方公共団体ないしその機関自身が，受給権者によるその権利の不
行使を理由として支払義務を免れようとするに等しいものといわざるを得ない。
そうすると，上告人の消滅時効の主張は，402号通達が発出されているにもかかわ
らず，当該被爆者については同通達に基づく失権の取扱いに対し訴訟を提起する
などして自己の権利を行使することが合理的に期待できる事情があったなどの特
段の事情のない限り，信義則に反し許されないものと解するのが相当である。本
件において上記特段の事情を認めることはできないから，上告人は，消滅時効を
主張して未支給の本件健康管理手当の支給義務を免れることはできないものと解
される。」

　「地方公共団体は，法令に違反してその事務を処理してはならないものとされて
いる（地方自治法2条16項）。この法令遵守義務は，地方公共団体の事務処理に
当たっての最も基本的な原則ないし指針であり，普通地方公共団体の債務につい
ても，その履行は，信義に従い，誠実に行う必要があることはいうまでもない。
そうすると，本件のように，普通地方公共団体が，上記のような基本的な義務に
反して，既に具体的な権利として発生している国民の重要な権利に関し，法令に
違反してその行使を積極的に妨げるような一方的かつ統一的な取扱いをし，その
行使を著しく困難にさせた結果，これを消滅時効にかからせたという極めて例外
的な場合においては，上記のような便宜を与える基礎を欠くといわざるを得ず，
また，当該普通地方公共団体による時効の主張を許さないこととしても，国民の
平等的取扱いの理念に反するとは解されず，かつ，その事務処理に格別の支障を
与えるとも考え難い。」

　以上のように述べて最高裁は，402号通達の発出以降の在外被爆者行政が違
法であり，在外被爆者の権利を侵害してきたことを最大級の強い言葉を用いて
指弾した。

　本判決により，在外被爆者の被爆者手当の受給権について消滅時効が適用さ
れるとの主張は許されないことが確定した。この結果，各都道府県および広島
市・長崎市は，30年近くさかのぼって，未払いとなっている被爆者手当を支
給することになった

7　三菱重工広島・元徴用工被爆者裁判最高裁判決

　1995年に提訴されたこの裁判の第一審広島地裁1999(平成11)年3月25日判
決（訟務月報47巻7号）は，原告の元徴用工・在韓被爆者の請求を全面的に退
けたが，控訴審の広島高裁2005(平成17)年1月19日判決（判例時報1903号，

77

判例タイムズ 1217 号, 裁判所ウェブサイト）は, 強制連行・強制労働については損害賠償請求を認めず, 402 号通達の発出とこれに従った取扱いによって原告・控訴人に精神的損害が生じたことを認め, 国に対し一人あたり 100 万円（弁護士費用 20 万円を加えて合計 120 万円）の損害賠償の支払いを命じた。この逆転勝訴は, 郭貴勲裁判など在外被爆者裁判における在外被爆者側の連続的な勝訴を背景にしたものである。

被告・被控訴人の国が上告したが, 最高裁 2007(平成 19)年 11 月 1 日判決（民集 61 巻 8 号, 裁判所ウェブサイト）は上告を棄却した。本判決は, 被爆者の居住地が日本国内であることは原爆三法の援護措置を受けるための要件でなく, 日本国外に居住地を移した場合, 被爆者は受給権を失う旨の規定がないにもかかわらず, いったん健康管理手当等の受給権を取得した「被爆者」が日本国外に居住地を移した場合, 受給権は失権するとした 402 号通達による失権取扱いは, 原爆三法の解釈を誤る違法なものであったとする。ついで, 402 号通達の発出とこれに従った取扱いにあたり, 厚生省の担当職員には「職務上通常尽くすべき注意義務を尽く」さなかったことが認められるとし, 次のように判示した。

　「402 号通達は, 被爆者についていったん具体的な法律上の権利として発生した健康管理手当等の受給権について失権の取扱いをするという重大な結果を伴う定めを内容とするものである。このことからすれば, 一般に, 通達は, 行政上の取扱いの統一性を確保するために上級行政機関が下級行政機関に対して発する法解釈の基準であって, 国民に対して直接の法的拘束力を有するものではないにしても, 原爆三法の統一的な解釈, 運用について直接の権限と責任を有する上級行政機関たる上告人の担当者が上記のような重大な結果を伴う通達を発出し, これに従った取扱いを継続するに当たっては, その内容が原爆三法の規定の内容と整合する適法なものといえるか否かについて, 相当程度に慎重な検討を行うべき職務上の注意義務が存したものというべきである。」

本判決は, 職務上の注意義務の違反があったかどうかについて, 402 号通達発出の前の段階ではこれを否定するが, 厚生省の担当者は同通達の発出の時点において, それまでの在外被爆者への原爆二法不適用などの取扱いが違法であることを認識するに至ったとしつつ, 次のように判示した。

　「402 号通達発出当時, 上告人の担当者は, そもそも在外被爆者に対してはこれらの法律が適用されないものとする従前の解釈を改め, 一定の要件の下で在外被

第 7 章　在外被爆者裁判

爆者が各種手当の受給権を取得することがあり得ることを認めるに至りながらも，なお，現実にこれらの手当の受給権が発生した後になって，『被爆者』が日本国外に居住地を移したという法律に明記されていない事由によって，その権利が失われることになるという法解釈の下に，402号通達を発出したこととなるのである。

　このような法解釈は，原爆二法が社会保障法としての性格も有することを考慮してもなお，年金や手当等の支給に関する他の制度に関する法の定めとの整合性等の観点からして，その正当性が疑問とされざるを得ないものであったというべきであり，このことは，前記のとおり，402号通達の発出の段階において，原爆二法の統一的な解釈，運用について直接の権限と責任を有する上級行政機関たる上告人の担当者が，それまで上告人が採ってきたこれらの法律の解釈及び運用が法の客観的な解釈として正当なものといえるか否かを改めて検討することとなった機会に，その職務上通常尽くすべき注意義務を尽くしていれば，当然に認識することが可能であったものというべきである。」

　以上のように述べて，最高裁は，厚生省・厚生労働省の担当者が，402号通達を発出したこと，および，同通達に従って失権取扱いを継続したことは，「公務員の職務上の注意義務に違反するものとして，国家賠償法1条1項の適用上違法なものであり，当該担当者に過失があることも明らかであって，上告人には，上記行為によって原告らが被った損害を賠償すべき責任がある」と断定した。そして，在外被爆者に対し原爆二法および被爆者援護法を適用しなかったことによる精神的損害（「法的保護に値する内心の静穏な感情を侵害され」た精神的損害）の発生を認め，損害賠償を命じた。

　本裁判の原告のなかには，被爆者健康手帳を所持しない者が10人含まれていた。最高裁は，これら被爆者健康手帳不所持者と被爆者健康手帳所持者（原爆二法・被爆者援護法上の被爆者）とをまったく区別せずに扱い，法律上の非被爆者であっても，実質的に同法の被爆者の要件（現行の被爆者援護法1条各号所定）に該当する者であれば，原爆二法および被爆者援護法の不適用による損害賠償を支払うよう命じている。言い換えれば，最高裁は，被爆者健康手帳を所持しているかどうかにかかわらず，在外被爆者に被爆者援護法を適用しなければならないと判断したのである。

　原告ら以外の在外被爆者に対する損害賠償の支払い方法について，2008年6月4日，舛添厚労大臣は，「昨年の11月1日の最高裁判決を受けての対応なんですが，問題は，国家賠償にかかわるものですから，どうしても今の法制上，司法の判断をいただかないといけない。／ですから，個々個別のケースについ

79

て司法の方で判断していただければ、例えば直ちにそれを和解して迅速にお支払いする、賠償をお支払いするという形ができます。」と答弁し（『衆議院厚生労働委員会議録』19号（2008年6月4日）38頁）、各在外被爆者に国家賠償請求訴訟の提起を求め、裁判上の和解により賠償金を支払うとした。在外被爆者の間からは「また裁判をせよということか」という不満が出されたが、本裁判の原告弁護団と支援グループは、この問題で争っていては損害賠償の支払いが先送りになるため、厚労省の「方針」にそって国家賠償請求訴訟を提起することにし、厚生労働省によれば2022年10月までに4090件（人）の和解が成立している。

8 被爆者健康手帳交付申請裁判、被爆者援護法の改正

在外被爆者に対する被爆者援護法の適用についての次の課題は、在外被爆者の居住地から被爆者健康手帳交付申請ができるようにすることであった。政府・厚労省は、同法2条1項は手帳の交付を受けようとする者はその居住地・現在地の都道府県知事に申請しなければならないと定め、申請者が日本国内に居住・現在することを前提としているとして、国外の居住地からの手帳申請を認めようとしなかったため、この問題も裁判で争われることになった。

国外居住地からの手帳交付申請に対する都道府県知事・広島市長・長崎市長による却下処分がなされ、被爆者健康手帳交付申請却下処分取消訴訟が提起された。すなわち、2005年6月、在韓被爆者2名が、翌年7月、在ブラジル被爆者2名が、それぞれ広島県を被告として広島地裁に提訴した。また、2006年8月、在韓被爆者7名が大阪府を被告として大阪地裁に提訴し、さらにその翌年2月には1名の在韓被爆者が長崎県を被告として長崎地裁に提訴した。これらの裁判で、被告（実質的には厚労省）は、手帳交付申請の審査にあたり申請者本人と直接面談する必要があることなどをあげて、被爆者援護法2条1項に合理性があると主張した。

この頃、一連の在外被爆者裁判における原告・在外被爆者の勝訴、被告の政府・厚生労働省の敗訴を背景にして、国会内では超党派の国会議員によって組織されている「在外被爆者に援護法の適用を実現させる議員懇談会」（議員懇）を中心に、国外居住地からの被爆者健康手帳の交付申請を可能とするために、被爆者援護法を改正しようとする動きが強まっていた。2006年12月、与党（自由民主党、公明党）は議員提案により被爆者援護法改正法案を168回国会に提出した（次の169回国会で継続審査）。野党側もこの法案に異存はなかったの

第 7 章　在外被爆者裁判

で，議員懇の調整により，新たな法案を提出することで合意し，2008 年 6 月，
与党案は撤回され，全党合意による新たな改正法案（同法 2 条の改正が主な内容
である）が衆議院厚生労働委員長により提出され，成立した（法律 78 号）。こ
の改正法は，同年 12 月 15 日に施行された。

　もともと被爆者援護法（前身の原爆医療法も）は，国内の居住・現在を「被
爆者」の要件としていないが，厚生省・厚生労働省は国内に居住・現在する者
でなければ同法は適用されないと解釈・運用し，事実上，国外に居住する者を
「被爆者」と扱わなかった。このような同省の法解釈・運用は，この被爆者援
護法改正により否定されることになった。

　3 地裁に提起されていた，上述の被爆者健康手帳交付申請却下処分取消訴訟
は，広島地裁では 2008(平成 20)年 7 月 31 日（判例時報 2046 号），長崎地裁では
同年 11 月 10 日（判例時報 2058 号），大阪地裁は 2009(平成 21)年 6 月 18 日（判
例時報 2072 号，判例タイムズ 1322 号，裁判所ウェブサイト）に判決が言い渡さ
れ，いずれも原告勝訴で確定した。

　政府・厚生労働省は被爆者援護法施行令および同法施行規則を改正した（政
令 381 号，厚生労働省令 170 号）。その主なものは，同法施行令 1 条の 2 の追加
である。これによれば，改正被爆者援護法 2 条 2 項にいう「国内に居住地及び
現在地を有しないもの」が被爆者健康手帳の交付を申請しようとするときは，
その者の住所を管轄する領事官または最寄りの領事官を経由して，都道府県知
事に申請することとされた（1 項）。この場合の都道府県知事とは，申請者が被
爆したとする場所を管轄していた都道府県知事（つまり，広島県知事・市長，長
崎県知事・市長）である（改正法 2 条 2 項）。

9　在外被爆者による医療費支給を求める裁判

　被爆者援護法改正により，国外に居住する在外被爆者も，国内居住の被爆者
と同じように，被爆者援護法上の被爆者となった。ところが，依然として在外
被爆者には同法 3 章 3 節医療援護の関係規定がほとんど適用されていなかっ
た。具体的にいえば，医療の給付（10 条），医療費の支給（17 条），一般疾病医
療費の支給（18 条）などの諸規定は在外被爆者には適用されず，在外被爆者は
被爆者援護法の医療援護の対象から外されていた。つまり，被爆者援護の中核
である医療援護は，在外被爆者に対しては実施されていなかった（ただし，
2010 年 3 月の被爆者援護法施行令及び同法施行規則の改正により，原爆症の認定申
請は国外の居住地から行うことができるようになっていた）。そこで，これらの医

81

療援護に関する規定を在外被爆者に適用させるために，在外被爆者による医療費裁判が提起された。

　提訴に至る経緯は次のようである。日本国外の居住地の医療機関で医療を受けた被爆者は，領収書等を添えて都道府県知事に付して一般疾病医療費支給申請（医療費の支給申請）を行い，申請を受けた知事は，医療援護関係の規定は在外被爆者には適用されないとして，これを却下した。この却下処分の取消訴訟が在外被爆者医療費裁判である。

　2011 年 6 月，在韓被爆者 3 名が大阪地裁に一般疾病医療費支給申請却下処分取消訴訟を，翌年 3 月には，在韓被爆者 3 名が長崎地裁に一般疾病医療費支給申請却下処分取消訴訟（3 名ともに）と医療費支給申請却下処分取消訴訟（うち 2 名）を，在米被爆者 13 名が広島地裁に一般疾病医療費支給申請却下処分取消訴訟（当初は申請不受理処分取消訴訟）を提起した。被告は，大阪府，長崎県，広島県であった。

　いずれの裁判でも，被告（実質的には厚労省）は，日本国の主権の及ばない外国の医療機関に対して，被爆者一般疾病医療機関の指定制度を押し及ぼすことはできず，被爆者援護法に規定された医療費の適正性の担保を図ることができないので，同法の医療援護関係の規定を在外被爆者に適用することはできないなどと主張した。

　以上の 3 件の裁判のうち，最初に大阪地裁 2013（平成 25）年 10 月 24 日判決（民集 69 巻 6 号，裁判所ウェブサイト）が出された。原告勝訴のこの判決で，同地裁は「医療費の適正性の担保」について，次のように判示した。

　　「被爆者援護法は，適正性の制度的な担保が働かない場合には，被爆者に対し一般疾病医療費を支払わない旨を明文の規定をもって定めてはいない。実際，平成 12 年通知は，日本国内に居住する被爆者が海外旅行等の一時的な出国をしている間に，緊急その他やむを得ない理由により海外において療養等を受けた場合の費用については，一般疾病医療費の支給対象となる旨の解釈を明らかにしているが，国外の医療機関に対して被爆者援護法上の権限を行使して，報告を求めたり，診療録等の検査を行ったり，診療録等の提示を命じたり，質問をすることは，対他国家不干渉義務との関係で許されないと解されるところであるから，同法に定められた適正性の制度的な担保が働かない場合においても，一般疾病医療費は支払われているといえる。」

　被告の大阪府が大阪高裁に控訴した。同高裁 2014（平成 26）年 6 月 20 日判決

第 7 章　在外被爆者裁判

（民集 69 巻 6 号，判例地方自治 402 号，裁判所ウェブサイト）は，控訴を棄却し，再び原告が勝訴した。この判決は，被爆者援護法は外国に居住する被爆者に適用しないとする明文規定を定めていないにもかかわらず，法解釈により「法文上明記されていない要件」を付加し，法の適用を国内被爆者に限定するのが適切かどうかを検討する必要があるとし，次の 3 点について検討し，結論として「国外に居住する被爆者が国外の医療機関で医療を受けた場合を一般疾病医療費の支給対象から除外するものと限定解釈することが合理的なものということはできない。」とした。

①　被爆者援護法 18 条 1 項は，国内にのみ置かれている被爆者一般疾病医療機関で医療を受けることを原則としており，例外的な場合である同医療機関以外の者から常に医療を受ける在外被爆者に，この規定を適用すると原則と例外が逆になるので，そのような法の適用はできない，との大阪府（実質的には厚労省）の主張を次のように退けた。

　「同条は，被爆者が被爆者一般疾病医療機関において医療を受ける限り，その場において医療費を支払う必要がないものとするという被爆者の便宜を図るために設けられたものであるから，同条の適用対象者が限定されているか否かを検討するに当たり，被爆者が受けた医療が特定の医療機関におけるものか否かを特段重視する必要はないし，被爆者一般疾病医療機関以外で医療を受けた場合に一般疾病医療費が支給される『緊急その他やむを得ない理由があるとき』を狭く解する必要もない。国外の医療機関で医療を受けることを常態とする国外に居住する被爆者に一般疾病医療費を支給することが原則と例外を逆転することで被爆援護法の予定しているところではないとすることは合理的ではない。」

②　在外被爆者が国外医療機関から医療を受けた場合，被爆者援護法には医療の適正性を確保する仕組みが設けられていないから，在外被爆者が国外医療機関から医療を受けた場合に同法を適用することはできない，との大阪府（厚労省）の主張についても，大阪高裁は退けた。

　「被爆者援護法が，被爆者の救済を図るために，被爆者の資力や国籍を限定せずに援護の対象とする法律であること等を考慮すると，国外に居住し，我が国の公的医療保険制度の被保険者ではない者が国外の医療機関で医療を受けた場合において，国内の医療機関で医療を受けた場合や我が国の公的医療保険制度の被保険者が国外で医療を受けた場合と比較すると支給の適正性を確保する手段が十全のものではないとしても，そのことを理由として，在外被爆者からの一般疾病医療

83

費の支給申請については，適正な支給申請があった場合を含めて，一切の支給を行わないことを予定しているものとは解し難い。」

③　在外被爆者が医療を受けた場合，居住国から医療費の支給が行われることがあり得るので，医療費の重複受給になることがある。このような「過剰給付」を避けるため，被爆者援護法は調整規定を定めているが，この規定は在外被爆者に適用されることを想定していない，との大阪府（厚労省）の主張も，大阪高裁は退けた。

「被爆者援護法は，18条1項ただし書で，一般疾病医療費の支給と社会保険各法等による給付との調整を図っているが，国外に居住する被爆者が，各居住国において公的な医療保障制度に加入し，その国において医療を受けた場合に当然想定される当該制度による給付に対しては，併給調整のための明文の規定を設けていない。しかし，被爆者援護法18条の解釈を通じて，在外被爆者に対する過剰給付を避けることが可能と解され，被爆者援護法が，在外被爆者の居住国における公的医療保障制度による給付額との個別の併給調整規定を設けなかったのは，同法が在外被爆者に対して一般疾病医療費を支給することを予定していないことによるものと解することはできない。」

要するに，大阪高裁は，法の趣旨・目的，構造・仕組みからみれば，被爆者援護法は，被爆者の国籍や居住地の国内外を問わず適用されるものであるという考え方を大前提としていたのである。

ところで，在韓被爆者医療費裁判で2014（平成26）年3月25日に長崎地裁が，在米被爆者医療費裁判で2015（平成27）年6月17日に広島地裁が，いずれも原告敗訴の判決を出した。2つの判決は，国・厚労省側の主張を全面的に受け入れたものであったが，そのような考え方は，次の最高裁判決で退けられることになった。

10　在韓被爆者医療費裁判最高裁2015年9月8日判決

大阪地裁，同高裁で原告が勝訴した在韓被爆者医療費裁判の最高裁判決は，2015（平成27）年9月8日（民集69巻6号，判例時報2283号，判例タイムズ1420号，裁判所ウェブサイト）に出され，被告・控訴人の大阪府（厚労省）の上告は退けられた。医療費裁判は終結することになり，長崎地裁，広島地裁で争われていた裁判は，長崎県および広島県が一般疾病医療費支給・医療費の支給申請却下処分を裁判外で取り消したので，原告により取り下げられた。

最高裁判決のあらましを紹介しよう。

第 7 章　在外被爆者裁判

　まず，被爆者援護法の趣旨・目的について，「被爆者援護法は，原子爆弾の
放射能に起因する健康被害の特異性及び重大性に鑑み，被爆者の置かれている
特別の健康状態に着目してこれを救済するという目的から被爆者の援護につい
て定めたものであ」ると述べ，孫振斗裁判最高裁 1978 年 3 月 30 日判決をかっ
こ書きした。孫裁判最高裁判決は，原爆医療法が社会保障法の性格を有すると
ともに国家補償の趣旨を併せもつとしたものであり，最高裁はこの趣旨が現行
法である被爆者援護法についても認められることを明らかにした。
　最高裁は，続けて次のようにいう。

　　被爆者援護法は居住地の国内外を区別することなく同法による援護の対象とし
　ている。そのため，国内に居住地を有していない者も被爆者健康手帳の交付を受
　けることによって被爆者に該当するものとなる。「一般疾病医療費の支給について
　定める同法 18 条 1 項は，その支給対象者として被爆者と規定するにとどまり，被
　爆者が日本国内に居住地若しくは現在地を有すること又は日本国内で医療を受け
　たことをその支給の要件として定めていない。」また「同法 18 条 1 項にいう一般
　疾病医療機関以外の者につき，日本国内で医療を行う者に限定する旨の規定はな
　い。そして，在外被爆者が医療を受けるため日本に渡航することには相応の困難
　を伴うのが通常であると考えられるところ，在外被爆者が日本国外で医療を受け
　た場合に一般疾病医療費の支給を一切受けられないとすれば，被爆者の置かれて
　いる特別の健康状態に着目してこれを救済するために被爆者の援護について定め
　た同法の趣旨に反することとなるものといわざるを得ない。」

　最高裁は以上のように述べたうえで，被告大阪府（厚労省）の主張をことご
とく退け，結論として「被爆者援護法 18 条 1 項の規定は，在外被爆者が日本
国外で医療を受けた場合にも適用されるものと解するのが相当である。した
がって，在外被爆者が日本国外で医療を受けた場合につき，同項所定の要件に
該当するか否かについて判断することなく同項の規定を適用する余地がないこ
とを理由としてされた本件各却下処分は，違法である。」とした。
　こうして，被爆者援護法の医療援護関係の規定は，在外被爆者に適用される
ことが確定した。厚生労働省はただちに被爆者援護法施行規則を改正し，2016
年 1 月 1 日より施行し，在外被爆者がその居住地の医療機関で医療を受けた場
合，一般疾病医療費および医療費の支給の申請先を長崎県（在韓被爆者関係）
と広島県（その他の国）と定めた。

85

11 在外被爆者で勝訴できた理由 —— おわりにかえて

最後に，在外被爆者裁判が勝利的に進められた理由を，筆者なりに整理しておきたい。

第1に，在外被爆者裁判を担当した裁判所のほとんどが，次のような認識にたっていたこと指摘したい。すなわち，在外被爆者もまた「原爆の被爆という他に例を見ない深刻な被害」を受けたものであり，「被爆に対するいわれのない差別を受けながら，適切な医療も受けることができずに募っていく健康や生活への不安，そのような境遇に追いやられ，在韓（在外。筆者）被爆者であるがゆえに何らの救済も受けられずに放置され続けていることへの怒りや無念さといった様々な感情を抱いていた」（広島高裁 2005 年 1 月 19 日判決）といった被爆者観，原爆被害認識である。また，このような認識をもとに，被爆者援護法の趣旨・目的について，多くの判決は「被爆者援護法は，原子爆弾の放射能に起因する健康被害の特異性及び重大性に鑑み，被爆者の置かれている特別の健康状態に着目してこれを救済するという目的から被爆者の援護について定めたものであ」る（最高裁 2015 年 9 月 8 日判決）ととらえている。

第2に，国外に居住する被爆者もまた広島・長崎原爆の被爆者であり，国内に居住する被爆者と同じように救済され，援護の対象にされなければならないことは，きわめて分かりやすい道理であったことである。

第3に，原爆二法・被爆者援護法にいう被爆者や同法による諸給付を受給する資格・要件に，日本国籍，国内住所（居住地）が定められていなかったことである。最初の被爆者援護立法の原爆医療法が制定されたのは 1957（昭和 32）年であるが，この時期の法律でありながら日本国籍や国内居住が受給資格・要件として規定されなかったことは，特筆に値するだろう。

第4に，1981 年の難民条約締結に伴い多くの国内法（社会保障立法）が外国人に適用されるようになり，さらに，必要に応じて国外居住者への適用が図られるようになっていたことがあげられよう。

第5に，国会内に超党派の議員により「在外被爆者に援護法適用を実現させる議員懇談会」が結成され，現在も活動していることである。「在外被爆者」問題について国会議員の理解を得るうえで，また，政府・厚生労働省へ働き掛けるうえで，この懇談会は大きな役割を果たした。

第6に，小さな積み木を重ね上げるように，一つ一つ階段をあがるように，段階的に裁判を積み上げたことである。こうした戦術がとられた結果，在外被爆者裁判が決着をみるまでに大変長い時間を要したが（三菱重工業広島・元徴

用工被爆者裁判の提起が 1995 年であり，在韓被爆者医療費裁判の最高裁勝訴判決が 2015 年である），原告側勝訴は簡単でないといわれるわが国における行政訴訟の実情からすれば，政府の牙城に一気に迫る裁判を避けたのは正解だったのではないだろうか。

第 7 に，在外被爆者裁判に敗訴した厚生労働省が，法外の援護事業を具体化したことである。たとえば，国外に居住する者に対する被爆確認証の発行は，同人が渡日しなければ被爆者健康手帳の交付申請を認めないという国・厚労省の言い分が，いかにも形式的なものであるかを鮮明にさせるに十分であった。あるいは，法外事業の在外被爆者保健医療助成事業による医療費助成には，国・厚労省のいうような法律に裏付けられた行政上の監督権限による適正性の担保の仕組みがないにもかかわらず公費を支払えるのに，なぜ被爆者援護法による在外被爆者に対する医療費支給（公費の支払い）は行えないのか，などである。在外被爆者裁判の敗訴によって追い詰められた厚労省が打ち出した新たな施策を，逆手にとったわけである。

第 8 は，在外被爆者裁判では，しばしば被告側（厚生労働省）の主張が変遷した（田村和之編『在外被爆者裁判』130 頁）。原爆二法・被爆者援護法を在外被爆者に適用できない理由を事案に応じてあれこれ変化させる政府・厚労省の言い分について，裁判所はご都合主義的なものであると受け止めたに違いない。

第 9 に，マスコミの支持を得られたことがある。提訴のたびに，また，判決が出されるたびに，マスコミが大きく報じ，批評し，次なる課題を示した。また，在外被爆者が国外に「放置」されている状況を，繰り返し取材し，報道した。これにより世論が喚起されただけでなく，原告を中心にした在外被爆者がどれだけ勇気づけられたことであろうか。

第8章　原爆症認定要件の要医療性
—— 最高裁 2020(令和2)年2月25日判決について

はじめに

　本章では，原審・名古屋高裁に対する最高裁判決(平成30年(行ヒ)215号。賃社1758号，民集74巻2号，判タ1480号，判時2473号ほか)について検討する。

　本件は，被爆者援護法11条1項に基づく原爆症認定申請に対し，処分庁である厚生労働大臣が行った却下処分の取消訴訟である。本判決は，原爆症認定の要件は，被爆者の傷病が原爆放射線の傷害作用に起因すること(放射線起因性)と，被爆者が現に医療を要する状態にあること(要医療性)であると理解している(理由の1)。本件の争点は，被爆者(被上告人)に要医療性が認められるか否かである。

　本判決は，被爆者援護法による医療特別手当，特別手当および健康管理手当は，いずれも放射線起因性が認められる被爆者に対し支給されるものである，医療特別手当が「手厚い水準である」のは他の手当と異なり被爆者が「現に医療を要する状態にある」からである，そのような手厚い援護を受けるための要件である要医療性は「その支給の目的に見合う状態にあることをいう」と判示した。この見解は，以下に述べるように，原爆症認定処分の要件の理解としてまったく独自のものであり，筆者はとうてい賛成できない。

　本章では，まず前半で，以上のような本判決の要医療性に関する理解のあり方の問題点を検討したい。ついで後半で，本件の争点にはなっていないが，放射線起因性と要医療性の両者が原爆症認定の要件である否かを検討したい。

　なお，本稿では，本判決の原爆症認定の法的仕組みに限定して考察する。

1　要医療性の理解のしかた

　まず原爆症認定の要件とされる要医療性についての判旨を整理し((1))，ついでその問題点を検討する((2)〜(5))。

(1) 要医療性に関する判旨

　本判決は，要医療性の理解のしかたについて，次のような判断を示した。

判旨①「(被爆者援護)法は，放射線起因性が認められる疾病に罹患している被爆者に対する手当として，健康管理手当(27条)，医療特別手当(24条)及び特別手当(25条)を規定している。上記被爆者のうちまだ要医療性が認められないものに対しては健康管理手当が支給されるところ，同手当は，原子爆弾の放射能の影響による障害を伴う疾病にかかり，健康上特別の状態に置かれて不安の中で生活している被爆者に対し，毎月定額の手当を支給することによって，精神的な安定，療養生活の安定を図り，その健康及び福祉に寄与することを目的とするものである。」(理由の2(1)ア)

判旨②「(被爆者援護)法は，放射線起因性が認められる疾病に罹患している被爆者に対し，要医療性が認められない段階では，健康管理手当を支給し(27条1項)，当該疾病につき要医療性が認められるに至った場合には，原爆症認定をするとともに，医療特別手当を支給し(24条1項)，その後に要医療性が認められなくなった場合には，特別手当を支給する(25条1項，24条4項)という，要医療性の有無に対応した段階的な救済の制度枠組みを採っているということができる。」(理由の4(1))

判旨③ 医療特別手当の額は健康管理手当の4倍強，特別手当の額は健康管理手当の1・5倍である。このように医療特別手当を「手厚い水準」とする趣旨は，同手当は「健康管理手当や特別手当とは異なり，現に医療を要する状態にあることによって余儀なくされている入通院費雑費や栄養補給等の特別の出費を補うこと等により生活の面の配慮をするという，特別の生活上あるいは健康上の状態に対して手当を支給する目的が含まれている点にある」(理由の4(1))

判旨④「上記のような段階的な救済の制度枠組みにおいて，特に手厚い援護として法が位置付けている医療特別手当の支給を受けるための要件の1つである要医療性は，現実に医療行為を必要とする者に対してこれを支給するという，その支給の目的に見合う状態にあることをいうものと解するのが相当であり，これが認められるか否かについては，要医療性が認められる場合にのみ特に手厚い援護をすることとした上記法の趣旨や同手当を支給する目的，同手当が支給されることとなった経緯等に照らして判断するのが相当であると解される。このように解すべきであることは……法が，原爆症認定を受けた被爆者のうち要医療性が認められるものに対してのみ，医療の給付をするという特別の扱いをしていることとも合致する」(理由の4(1))

(2) 健康管理手当と放射線起因性

本判決は，医療特別手当，特別手当および健康管理手当は，いずれも放射線起因性が認められる疾病に罹患している被爆者に支給されるものであるという

第 8 章　原爆症認定要件の要医療性

（判旨①）[(1)]。しかし，健康管理手当についてのこのような見解は，これまで厚生省・厚生労働省もとったことのない特異かつ独特のものであり，以下に述べるように明白に誤りである。

　健康管理手当は，「被爆者であって，造血機能障害，肝臓機能障害その他の厚生労働省令で定める障害を伴う疾病（原子爆弾の放射能の影響によるものでないことが明らかであるものを除く。）にかかっているものに対し」支給される（被爆者援護法 27 条 1 項本文）。この手当は，1968 年に制定された原爆特別措置法により創設されたものである（根拠規定は同法第 5 条であり，そのまま現行の被爆者援護法 27 条に受け継がれた）[(2)]。

　同法案が審議された 1968 年 4 月 2 日の衆議院本会議で，園田直厚生大臣は，同条の趣旨について次のように説明した。「特別被爆者，すなわち原子爆弾の放射線を多量に浴びたと認められる者であって，造血機能障害，肝臓機能障害その他の原子爆弾の影響との関連が想定される障害を伴う疾病にかかっている……者に対し，月額三千円の健康管理手当を支給することといたしております。」（第 58 回衆議院会議録 19 号 2 頁）また，厚生省による同法案の「逐条解説」[(3)]は，同法案 5 条について，「この手当は，原爆の放射線を多量に浴びた被爆者で，造血機能障害，肝臓能障害等，原爆の放射能の影響を疑わしめる障害を伴う疾病にかかっているもの……に対し，支給するものである。これら障害を伴う疾病は，立証前の原爆症ともいい得べく，この中には，そういった意味で，真正の原爆症患者も，又そうでないものも含まれている。」と説明している[(4)]。

　以上のように，健康管理手当は「原子爆弾の影響との関連が想定される」あるいは「原爆の放射能の影響を疑わしめる」障害を伴う疾病にかかっている被爆者に対し支給されるものであり，本判決がいうような「放射線起因性が認められる疾病に罹患している被爆者に対する手当」ではない。「逐条解説」がい

---

(1)　このような見解は，上告人・国「上告受理申立て理由書」の第 2 の 2(2)でとられている。

(2)　制定当時の原爆特別措置法 5 条 1 項柱書は，「都道府県知事は，原子爆弾被爆者医療法第 14 条の 2 第 1 項に規定する特別被爆者（以下単に「特別被爆者」という。）であつて，造血機能障害，肝臓機能障害その他の厚生省令で定める障害を伴う疾病（原子爆弾の放射能の影響によるものでないことが明らかであるものを除く。）にかかつているもののうち，次の各号のいずれかに該当するものに対し，健康管理手当を支給する。ただし，その者が特別手当の支給を受けている場合は，この限りでない。」という定めである。

(3)　この「逐条解説」は，厚生労働大臣に情報公開請求をして入手したものである。

91

うように，健康管理手当は「立証前の原爆症」患者，つまり原爆症としての認定を受けていない被爆者であっても支給されるものである。

なお，松谷訴訟最高裁2000(平成12)年7月18日判決（『判例時報』1724号29頁）は，当時の原爆特別措置法5条1項について，「この規定は，放射線と造血機能障害等との間に因果関係があることを要件とするのではなく，右因果関係が明らかにないとはいえないことを要件として定めたものと解される」と判示した。

(3) 健康管理手当と要医療性

本判決は，健康管理手当は「まだ要医療性が認められないものに対して」支給されるという（判旨①）。以下に述べるように，この見解はおよそ信じがたいものである。

健康管理手当は造血機能障害，肝臓機能障害など11種類の疾病（被爆者援護法施行規則51条）にかかっている被爆者に支給されるものであり（被爆者援護法27条1項），受給しようとするときは，これらの疾病にかかっていることについて都道府県知事の認定を受けなければならない（同前2項）。都道府県知事は「認定を行う場合には，併せて当該疾病が継続すると認められる期間を定めるものとする。」（同前3項第1文）

認定の申請は，健康管理手当認定申請書に医師の診断書を添付して行わなければならない（同法施行規則52条1項）。診断書（同前様式19号(1)・(2)）には，「疾病に係る病状が固定しているかどうかについての意見」を記入する欄があり，医師は不動文字で印刷されている「1 固定化している　2 固定化していない（……疾病により今後医療を必要とする期間は，　年　月間の見込み）」のいずれかを選択・記入する。「1 固定化している」とは，症状が固定し，もはや治療を必要としない状態であり，医師がこれを選択・記入した診断書を添付した健康管理手当認定申請は却下される。健康管理手当が支給されるのは，前記の「2 固定化していない」を選択・記入した診断書を添付した申請がなされた

---

(4) 以上の園田厚生大臣の説明および「逐条解説」において，「原子爆弾（原爆）の放射線を多量に浴びた（と認められる）者（被爆者）」という文言がもちいられているが，これは，同法案の国会提出当時の特別被爆者（原爆医療法14条の2）に則したものである。特別被爆者制度は，1960年の原爆医療法改正により創設され（一般被爆者と特別被爆者の区分の導入），1974年の同法改正により廃止され（同区分の廃止），現行の被爆者援護法では，健康管理手当は放射線を多量に浴びたか否かにかかわらず，同法1条にいう被爆者を対象として支給される。

第 8 章　原爆症認定要件の要医療性

場合である。

　健康管理手当を受給している被爆者は，当該「疾病により今後医療を必要とする」者，つまり要医療の状態にある被爆者である。本判決は何ゆえに「要医療性が認められないものに対しては健康管理手当が支給される」というのか，まったく理解できない。本判決のいう「要医療性」は，日本語の普通の用語法と異なるのであろうか。

（4）要医療性の有無に対応した段階的な救済の制度枠組み

　本判決は，健康管理手当，医療特別手当および特別手当はいずれも放射線起因性が認められる疾病に罹患している被爆者に支給されるものであるが，健康管理手当と特別手当は要医療性が認められない状態（段階）であっても支給されるという。そして，これら 3 手当は要医療性の有無により区別され，被爆者援護法は「要医療性の有無に対応した段階的な救済の制度枠組み」をとっているとする（判旨②）[5]。

　しかし，前述のように，健康管理手当は放射線起因性が認められる疾病に罹患している被爆者に支給されるものでない。また，健康管理手当を受給する被爆者は要医療の状態にある。そうだとすれば，3 手当についての「段階的な救済の制度枠組み」との説明は成り立たないというほかない。

（5）要医療性の理解のしかた

　本判決は，医療特別手当は「特に手厚い援護」と位置付けられているという（判旨④）。確かに同手当は，他の 2 つの手当と比べ高額であり，「手厚い水準」である（判旨③）。本判決は，医療特別手当がそのように位置づけられているのは，同手当だけが「現に医療を要する状態にある」被爆者に支給するものであるからであるとする（判旨③）。しかし，繰り返し指摘したように，この理解は誤りである。

　本判決は，「医療特別手当の支給を受けるための要件の 1 つである要医療性は，現実に医療行為を必要とする者に対してこれを支給するという，その支給の目的に見合う状態にあることをいうものと解するのが相当であり，これが認められるか否かについては，要医療性が認められる場合にのみ特に手厚い援護

---

(5) このような見解は，上告人・国「上告受理申立て理由書」の第 2 の 2(2)でとられている。

をすることとした上記法の趣旨や同手当を支給する目的，同手当が支給されることとなった経緯等に照らして判断するのが相当である」という（判旨④）。この判示は，医療特別手当を受給する被爆者のみが要医療性の認められる者であるとの認識を前提としており，適切でない。

「医療特別手当の支給を受けるための要件の1つである要医療性」という判示にも問題がある。同手当支給の根拠規定である被爆者援護法24条1項は，「都道府県知事は，第11条第1項の認定を受けた者であって，当該認定に係る負傷又は疾病の状態にあるものに対し，医療特別手当を支給する。」という定めであるから，同手当の支給要件は，⑦原爆症認定を受けた者であること，および，④「当該認定に係る負傷又は疾病の状態にある」ことである。④の要件は，要医療性が認められる状態を意味するのであろうか。

前述のように，本判決は，健康管理手当の支給要件である「厚生労働省令で定める障害を伴う疾病……にかかっている」（被爆者援護法27条1項）については，医療を要する状態とは理解しない。このような理解のしかたに従えば，④も同様に医療を要する状態でないことになるのでないか。要医療性についての，このような法文の御都合主義的な解釈には，とうてい同意できない。

本判決は，被爆者援護法11条1項により原爆症該当性を認定するにあたり厚生労働大臣が行う要医療性の判断と，医療特別手当の支給にあたり都道府県知事が行う右記④の判断とは同じであると考えているようである。以下に述べるように，この考え方は不適切である。

本判決は，医療特別手当の支給要件である要医療性は，「特に手厚い援護をする」という被爆者援護法の趣旨・目的，「同手当が支給されることとなった経緯等に照らして判断するのが相当である」という（判旨④）。この判示は④に関するものであり，かりに都道府県知事が行う④の判断についてはこの考え方が妥当であるとしても，本件で争われているのは厚生労働大臣が行う原爆症認定処分の要件としての要医療性であり，同様に判断しなければならないわけでない。

原爆症認定処分を受けた被爆者に対して行われる「医療の給付」（被爆者援護法10条1項）は，「特に手厚い援護」ではない。本判決は，医療の給付を「特別の扱い」と表現しているが（判旨④），原爆医療法を前身の1つとする被爆者援護法による医療の給付は，法の目的を具体化した援護措置であり，これをもって「特別の扱い」というのであれば，同法による援護はすべて「特別の扱い」になってしまう。このような本判決の考え方には，とうてい賛成できな

い。

（6） 小　　括
本判決を出した最高裁第3小法廷の宇賀克也裁判官（裁判長）は，「私は，
被爆者に対する手当の仕組みの在り方については様々な議論があり得ると考え
るが，現行法の解釈論としては法廷意見に賛成せざるを得ない。」と，意味深
長な補足意見を述べている。真意は不明であるが，あるいは（2）～（5）で指摘
したような問題点にうすうす気づいているのかも知れない。

ともあれ，以上に縷々述べた問題のある要医療性についての理解をもとにし
ながら，本判決は被上告人の被爆者が受けている「投薬治療等を伴わない経過
観察」について具体的な判断を行う。その問題点の検討は，他の論稿にゆだね
たい。

2　要医療性は原爆症認定の要件か
冒頭に紹介したように，本判決は，被爆者援護法11条1項に基づく原爆症
認定を行うには，被爆者が現に医療を要する状態にあること（要医療性）と，
その傷病が原爆放射線に起因するものであること（放射線起因性）が必要であ
るという。このように起因性と要医療性が原爆症の認定要件であるとする理解
は，行政実務そして本件「上告受理申立て理由書」で採用されているととも
に，裁判判決においても松谷訴訟最高裁判決（前述）や下級審判決でとられて
おり，定説となっていると言えなくもない。

しかし，以下に述べるように，この見解には疑問を差しはさむ余地がある。

（1） 被爆者援護法11条1項
被爆者援護法11条1項は，「前条1項に規定する医療の給付を受けようとす
る者は，あらかじめ，当該負傷又は疾病が原子爆弾の傷害作用に起因する旨の
厚生労働大臣の認定を受けなければならない。」と定める。したがって，医療
の給付を受けようとする者は，原爆の傷害作用に起因する傷病の有無につい
て，あらかじめ認定を受けなければならない。しかし，同条が要医療性を認定
要件とするかは，条文からは直ちに明らかでない。

他方で，同法10条は「厚生労働大臣は，原子爆弾の傷害作用に起因して負
傷し，又は疾病にかかり，現に医療を要する状態にある被爆者に対し，必要な
医療の給付を行う。」（1項本文）と規定し，同大臣が行う医療の給付の要件と

して要医療性を定めている。

　つまり，被爆者援護法は，厚生労働大臣は原爆起因性が認められ（同法11条1項），要医療の状態にある被爆者に対し，医療の給付を行う（同法10条1項）と定めているのである。そうだとすれば，要医療性は医療の給付の要件であるが原爆症認定の要件ではないというべきであり，このように理解するほうが法文に適合的である[6]。この理解は，実は本件原判決が傍論で示していた。すなわち「原爆症認定の根拠法規である被爆者援護法11条1項……の文言をみる限り，認定の要件は，上記申請者の主観的意図の存在と認定対象事実の存在の2点のみであって，申請者に要医療性があって医療給付を受け得る地位にあることまでを要件とはしていないのではないかとの疑問も生じ得るところである」と[7]。

　この理解に対しては，次のような異論があるかも知れない。すなわち，同法11条1項は「前条第1項に規定する医療の給付を受けようとする者」に認定を受けることを求めているところ，「医療の給付を受けようとする者」とは前条1項にいう「現に医療を要する状態にある」（要医療性がある）者であるから，起因性の認定にあたり同時に要医療性を認定しなければならない，とする見解である[8]。

---

(6)　要医療性該当性をめぐって争われた石田原爆訴訟1976(昭和51)年7月27日広島地裁判決（『判例時報』823号17頁）の下山瑛二「判例批評」（『判例評論』217号10頁）は，要医療性を認定要件とする考え方に疑問を呈していた。このほか，同趣旨の指摘として，樽井直樹「ノーモア・ヒバクシャ訴訟最高裁判決の内容と問題点」（『賃金と社会保障』1758号）第3の5に掲記されている小川政亮，吉岡幹夫，高藤昭の論稿がある。

(7)　名古屋高裁判決は，本文に引用した部分に続けて，「（なお，仮に要医療性の存在は認定の要件ではないと考えた場合，要医療性のない者は結局医療給付を受けることはできないが，何らかの事情により認定申請をせず医療給付を受けないまま疾病が治癒した者は，当該疾病につき放射線起因性がある限り，医療給付を受けて治癒に至った者と同様に特別手当が受給できることとなるのであって，この点において要医療性が認定の要件か否かを論ずる主たる実益がある。）。」と述べる。しかし，特別手当の支給要件は「第11条第1項の認定を受けた者」であるから，「認定申請をせず医療給付を受けないまま疾病が治癒した者」は特別手当の支給要件に当てはまらないと考えられる。

(8)　本件上告人「上告受理申立て理由書」（第2の1）の次の見解は，この異論と同趣旨であろう。「（被爆者援護法）11条1項が規定する『前条第1項に規定する医療の給付を受けようとする者』とは，その文言から，同法10条1項が規定する『原子爆弾の傷害作用に起因して…疾病にかかり，現に医療を要する状態にある被爆者』であって，当該疾病について『医療の給付を受けようとする者』であることは明らかであるし，同法11条1項が規定する『当該負傷又は傷病』も，同法10条1項の給付の対象にしようとする『負傷又は疾病』であって，『現に医療を要する状態にある』負傷又は疾病であることが前提となる。」

第8章　原爆症認定要件の要医療性

　しかし，「医療の給付を受けようとする」は被爆者の目的（主観的意図）であり，厚生労働大臣が行う医療の給付の要件ではない。被爆者援護法は原爆症認定と医療の給付とを区別して規定しているのであり，行政手続として両者は別個である。

　起因性と要医療性を同時的・一体的に認定・判断しなければならない理由はない。要医療性の有無を判断せずに起因性の認定を受けた被爆者が，医療を受けようとする時点で医療を要する状態にないときは，被爆者援護法10条による医療の給付は行われない。また，いったん医療の給付が開始された後に要医療の状態が解消したとき，医療の給付は停止される（打ち切られる）。このように同法を解釈・運用することによって，不都合・不合理な事態が生じるとは考えられない。

(2) 原爆症認定と手当支給の関係

　原爆症認定と被爆者援護法の定める諸手当の支給要件の判断とは，別個の事柄である。

　医療特別手当についていえば，都道府県知事は原爆症認定を受けた被爆者が「負傷又は疾病の状態にある」ときに支給する（同法24条1項）。この場合の「負傷又は疾病の状態にある」は，同法10条1項にいう「現に医療を要する状態にある」つまり要医療性が認められるときと同義であろう。医療特別手当の支給にあたり都道府県知事があらためて要医療性の有無について認定する（同法24条2項）のは，原爆症認定を受けた後に要医療の状態が解消する場合があるからである。この場合，医療特別手当は支給されない。

　次に，特別手当は「第11条第1項の認定を受けた者に対し」支給されるのであり（同法25条1項），要医療性は支給要件でない。同手当は，原爆症認定を受けた後，「現に医療を要する状態」でなくなった被爆者に支給されると解される。このように理解すれば，同手当は，原爆症認定を受けた被爆者が医療の給付を受けて治癒した場合だけでなく，原爆症認定を受けたが医療の給付を受けていない場合にも支給されることになる。

　なお，健康管理手当は，原爆症認定と関わりなく支給される。

おわりに
　本章では詳しく検討していないが，本判決の採用する要医療性に関する見解は，上告人・国の「上告受理申立て理由書」で主張されたものであり，本判決

はこれをほとんどそのまま受け入れていると言ってよい。しかし，その判断には，多くの誤解・誤りがみられる。ひとたび出された最高裁判決が容易に変更されないことは承知しているが，このような誤りに満ちた判決は，すみやかに是正されなければならない。そのための関係者の努力を期待したい。

第9章　原爆症認定審査基準の改定

は じ め に

　原爆症認定とは，被爆者援護法 11 条 1 項に基づき，厚生労働大臣が被爆者の傷病について「原子爆弾の傷害作用に起因する旨」を認定することであり，認定を受けようとする被爆者は，厚生労働大臣に申請書を提出しなければならない（同法施行令 8 条 1 項）。被爆者は，認定を受けた傷病について厚生労働大臣から「必要な医療の給付」（同法 10 条 1 項）または医療費の支給（同法 17 条 1 項）を受けることができる。また，認定を受けた被爆者は，特別手当（同法 25 条）または医療特別手当（同法 24 条）の支給を受けることができる。

　「原子爆弾の傷害作用に起因」する傷病であると認められるとき，厚労大臣はその旨を認定しなければならない。「原子爆弾の傷害作用」とは，原爆放射線の傷害作用と理解されている（この理解は，被爆者援護法の法文から直ちに導き出されるわけではないが，一般にはこのように理解されている）。また，厚労大臣は，被爆者の傷病が現に医療を要する状態である場合に認定を行う（これも通説であるが，認定の要件でなく，医療給付の要件であると理解することも可能である）。

　原爆症認定は 1957(昭和 32)年制定の旧原爆医療法により制度化された。制定当初の同法による給付内容は，被爆者の健康診断と原爆症と認定された傷病に対する医療の給付または医療費の支給だけという貧弱なものであったが，それでも被爆者の同法に寄せる期待は大きかった。1957〜60 年度までの 4 年間は，毎年，1000 件を超える原爆症認定数があり，認定率も 90 ％以上の高率であった。その後，認定数・率ともに下降をたどり，現行法である被爆者援護法が制定された 1994 年度の認定数は 95 件，認定率は 34 ％であった（この年の被爆者数は 32 万 3420 人）。

　このような原爆症認定行政の状況を変えるために，日本被団協は集団訴訟を提起することになる。同訴訟のいっせい提起は 2003 年である。

1　原爆症認定の基準

　以上のような原爆症認定行政の問題点は，明らかに「厳しすぎる」認定基準

にある。そこで，2008(平成20)年3月，厚生労働省の疾病・障害認定審査会原子爆弾被爆者医療分科会は，それまでの審査基準（2001(平成13)年5月策定の「原爆症認定に関する審査の方針」，「原因確率基準」などと呼ばれたものである）を全面的に改定して「新しい審査の方針」と題する原爆症認定基準を策定した（「旧基準」という。2009年6月一部改訂）。

　旧基準は，原爆症認定を求める被爆者の集団訴訟に敗訴し続けた厚生労働省が，判決内容に対応する形で策定したものであり，それ以前の基準が原爆症発症の確率に依拠したものであったのに比べれば，はるかに「合理的」であったが，その後も厚労省は集団訴訟で敗訴を続けたため，審査基準の再検討を迫られることになった。

2　原爆症認定の在り方に関する検討会

　原爆症認定を求める被爆者の集団訴訟を終結させるため，2009(平成21)年8月6日，日本被団協代表委員坪井直，同事務局長田中煕巳および内閣総理大臣・自由民主党総裁麻生太郎の三者は，「原爆症認定集団訴訟の終結に関する基本方針に係る確認書」に調印した。5項目からなる確認書の第4項目には「厚生労働大臣と被団協・原告団・弁護団は，定期協議の場を設け，今後，訴訟の場で争う必要のないよう，この定期協議の場を通じて解決を図る。」，また，第3項目には「議員立法により基金を設け，原告に係る問題の解決のため活用する。」とある。

　後者を受けて，2009年12月，議員立法により「原爆症認定集団訴訟の原告に係る問題の解決のための基金に対する補助に関する法律」（法律99号）が成立した（2010年4月施行）。この法律の附則第2項には「政府は，原子爆弾被爆者に対する援護に関する法律第11条の認定等に係る制度の在り方について検討を加え，その結果に基づいて必要な措置を講ずるものとする。」と定められている。

　附則第2項に基づいて厚生労働省に「原爆症認定制度の在り方に関する検討会」（以下では「検討会」という）が設置され，2010年12月，第1回会合が開催された。検討会開催要項によれば，「原爆症認定制度の在り方について検討を行い，その結果に基づいて必要な措置を講ずることとする」とされた。

　3年間という長い期間を経て，2013年12月4日，検討会は「原爆症認定制度の在り方に関する検討会報告書」を取りまとめた。これを受けて2013年12月16日，疾病・障害認定審査会原子爆弾被爆者医療分科会は旧基準を改訂し

た（改訂された基準を「新基準」という）。

3　行政認定と司法判断の「乖離」

　検討会における最大の課題は，原爆症認定における「行政認定と司法判断の乖離」の解消であった。どういうことかというと，原爆症認定を求める集団訴訟において裁判所は，多くの原告・被爆者の訴えを認めて，厚生労働大臣による認定申請却下処分を取り消してきたにもかかわらず，厚労省の認定審査は厳しく，裁判所が原爆症と認めた傷病であっても，厚労省は認めようとしないという「乖離」をどのようにして解消するかである。

　裁判所も厚労省も，原爆放射線に起因する傷病であることについて「高度の客観性」をもって証明されなければならないという。ここまでは両者は同じ出発点に立つが，厚労省の整理（第5回原爆症認定制度の在り方に関する検討会（2010年7月15日）配布資料）によれば，「科学的合理性（審査の方針）に基づく行政の認定と，個別事案の救済を旨とする司法判断の間に隔たりが生じている」という。

　もう少し厚労省の整理を紹介しよう。行政（厚労大臣）は「最新の科学的知見に基づき，客観的に認定」し，被曝線量および個別疾患の特性が科学的知見に基づく一定範囲のものであれば，起因性ありとして積極的に認定」するのに対し，司法判断は「各事案の個別事情を重視して判断」し，「放射線起因性について，『因果関係が否定できなければ起因性あり』との論理で認定」しているとのことである。要するに，厚労省の基本的な態度は，被爆者の傷病が原爆放射線に起因することが科学的・客観的に明らかにされたものでなければ認定できないとするのに対して，個別事情を重視する裁判所は，起因性を否定できない限り認定するというのである。

　それでは，具体的に裁判所の原爆症認定の判断のしかたをみてみよう。たとえば2009年5月28日の東京高裁判決（裁判所ウェッブサイト。集団訴訟の到達点を示す判決と受け止められている）によれば，科学的知見が対立する場合は，学問的な意味での真偽の見極めでなく，一定水準にある学問成果として是認されたものはあるがままの学的状態で判断の前提とする，法的な判断である放射線起因性は，確立した不動の科学的知見に反することはできないが，対立する科学的知見がある場合は，これを前提として判断する，被爆者援護法の国家補償的性格および被爆者の高齢化に留意する，などという。

　大変難しい言い回し方になっているが，この東京高裁の考え方を筆者なりに

整理すれば，次のようになる。すなわち，被爆者の傷病については，原爆放射線の影響が疑われるものは必ずしも科学的に明確に証明できない場合であっても，これを否定できない限り起因性を認め原爆症と認定すべきである。これは大胆すぎる要約であるとの異論が出てくるかも知れないが，多くの裁判所が法的な「高度の蓋然性」の証明のしかたとして，多かれ少なかれ東京高裁のような見解をとってきたのは間違いない。裁判所は，原告・被爆者側に「高度の蓋然性」をもって原爆放射線起因性の証明を求めているが，科学的に証明されない限り原爆放射線起因性を認めないとの態度はとっていないということができる。

　以上のような司法判断について，厚労省は「科学的には放射線による影響が積極的に証明できない案件」や「現在の科学的知見からは放射線起因性が積極的に証明できない疾病に係る案件」についても訴えを認めているとし，批判的にみている（前掲の「検討会」資料）。

　「司法と行政との乖離」とは，以上のようなものである。

4　「報告書」の検討① —— 司法判断と行政認定の「乖離」

　検討会の「報告書」（厚労省ウェブサイトでみることができる）は，3年もの長い時間をかけたわりには内容のないものであった。

　「報告書」の記述は，全体として被団協委員（坪井代表委員と田中事務局長）の主張・提案を紹介しつつ，これに同意しない他の委員（検討会では多数意見であったが，実は厚労省見解を代弁したものであった）の意見を対置し，結局，前者を退けるという形になっている。そして，肝心の原爆症認定基準（旧基準）の改革・改善については，ほとんど提案を行っていない。

　期待された「司法判断と行政認定の乖離」の解消はどうだったのか。被団協委員は「司法判断は被爆の実態と放射線影響研究の流れを前提に，被爆者援護法の趣旨を踏まえ救済の観点から科学的知見を広くとらえ，個別事情と併せて総合的に考慮するなどとし，法治国家である以上，行政はこうした司法判断に従って，その判断を行政認定に反映させるべき」と主張した。これに対して多数意見は「現在でも行政認定は救済の観点から厳密な科学的知見を超えて放射線起因性を認めており……司法と行政の役割の違いから，判決を一般化した認定基準を設定することは難しい」と反論している。

　筆者は「行政認定と司法判断の乖離」という事態が生じていること自体が異常であると考えている。多数意見は，「司法と行政の役割の違い」を持ち出し

て，「行政認定と司法判断の乖離」を合理化しようとしているが，途方もない強弁である。そもそも司法と行政の「役割の違い」とは何なのか，また，違いがあれば，なぜ原爆症の認定にあたり行政（厚労大臣）の認定が裁判における判断より厳しくなるのか（後者より前者のほうが認定されにくくなるのか）は，まったく説明されていない。

　言うまでもなく，司法と行政の役割には違いがある。司法は当事者間で発生した法的な争い（紛争）の解決を目的・任務とする作用・営みであるから，当事者の主張は「高度の蓋然性」をもって証明されなければならないとされる。この点について，松谷原爆症認定請求訴訟2000年7月18日最高裁判決（判例時報1724号，判例タイムズ1041号）は「訴訟上の因果関係の立証は，一点の疑義も許されない自然科学的証明ではないが，経験則に照らして全証拠を総合検討し，特定の事実が特定の結果発生を招来した関係を是認し得る高度の蓋然性を証明することであり，その判定は，通常人が疑いを差し挟まない程度の確信を持ち得るものであることを必要とすると解すべきである」と判示する。このような最高裁の考え方からすれば，裁判所の原爆症認定は，原告・被爆者からみればかなり厳しいものになる。

　他方，行政の役割・任務は，法を適用・執行して法に定められた目的の実現を図ることであるが，紛争解決を目的・任務としない行政は，高度の蓋然性をもって証明されなければ，法の適用・執行ができないというわけではない。

　以上から，原爆症認定にあたり，行政の判断が司法判断より厳しくなることはあり得ないし，また，あってはならないということができる。より厳格な判断が求められる裁判において原爆症と判定される傷病を，厚労大臣が認定しないという現状は，著しい司法の軽視であり，法治主義の否定というべきものである。

　ところで，前述のように，多数意見によれば「現在でも行政認定は救済の観点から厳密な科学的知見を超えて放射線起因性を認めて」いるという。このような考え方の前提には，「現在」以上に原爆症の認定の範囲を拡大することは，「科学的知見」を著しく超えることになり，到底許されないという認識が存在するようである。

　問題は，原爆症についての科学的知見がどこまで明らかにされているかである。例えば，前述の東京高裁判決が「DS86，放射線被曝治療，放射線防護学等の科学的知見が被爆者の初期症状をすべて説明し尽くしていない」という認識を示したように，原爆症認定を求める集団訴訟の多くの裁判例では，原爆放

射線に起因する傷病に関する放射線医学が被爆者の傷病を解明し切ってはいないという認識がとられている。これに対して，多数意見は，基本的にはこれまでに科学的に明らかにされたところに即して放射線起因性を判断すべきであると考えているのである。このように，司法認定と行政判断の間には，科学的知見のとらえ方に大きな隔たりが存在しているのである。

5 「報告書」の検討② —— 放射線起因性（原爆症）認定の廃止の提案

　被団協委員は，被爆者の傷病が原爆放射線に起因するという原爆症認定制度を廃止して，「全ての被爆者を対象として手当をすべきとの意見」を提出した。具体的にいえば「被爆者援護法を改正して支給される各種手当を一本化し，被爆者健康手帳を有するすべての者に支給する被爆者手当の創設を図るとともに，これまで放射線の影響が認められている一定の疾病について被爆距離や入市の時間に関わらず障害の程度に応じた３つの加算区分をこの手当に上乗せする」というものである。この考え方は，被爆者の傷病が原爆放射線に起因しているかどうか（原爆症かどうか）を問わないものである。

　これに対して多数意見は，放射線起因性は「国民の理解や他の戦争被害との区別といった観点から，制度を実施する上では欠かせず，被爆状況等の事情を問わず原爆症と認定することは適当ではない」として反対した。

　被爆者援護法上の「被爆者」とは，被爆者健康手帳を所持する者であり，「原子爆弾が投下された際又はその後において，身体に原子爆弾の放射能の影響を受けるような事情の下にあった者」（同法１条３号）である。被爆者が原爆の影響を受けて傷病を発症しているかどうかにかかわらず，被爆者は原爆放射能の影響を受けているとみなされているのである。しかも，被爆者の高齢化がますます進行している。このようなこと，および，現在の制度のもとで被爆者の約９割が，被爆者援護法により手当（６種類）を受給していることを考慮すれば，すべての被爆者に手当を支給することは，さほど無理な要求でない。国民の理解や他の戦争被害との区別を持ち出すのは，被団協委員の提案に反対するためのものでしかない。

6 「報告書」の検討③ —— ２つの改善提案

　「報告書」が旧基準の改善を提起している部分は，次の２つの事項にとどまる。

　第１は，旧基準では「悪性腫瘍等について，『3.5km 以内の直接被爆』等の

第9章　原爆症認定審査基準の改定

外見的な標準が示されたが……以上のような趣旨を分かりやすく明示すること
が望ましいという意見が多数であった」である。

　第2は，旧基準において「非がん疾病の放射線起因性に関する認定要件が抽
象的であり，分かりづらいことも考えられることから，当該疾病に関する現行
の要件については，見直すことが適当であるとし，認定範囲を明確化するとい
う観点から，それぞれの疾病について，科学的知見とともに，限られた情報の
下で判断することの限界も考慮しつつ，『放射線起因性が認められる』といっ
た抽象的な文言に代えて一定の距離等の外形的な標準を示し，それを満たして
いるものは柔軟に認定することが適当であるとの意見が多数であった。なお，
外形的な標準を定めるに当たっては，これまでの認定範囲を狭めることがあっ
てはならないと考える」である。

　第1についていえば，新基準は表現を改めただけである。付言すれば，悪性
腫瘍等の3.5km以内という距離基準は，裁判例では繰り返し否定されている
（たとえば，2006年8月4日広島地裁判決（判例タイムズ1270号）は，4.1km被爆
の肺がんや4.0kmの直腸がんを原爆症と認めている）

　第2についていえば，非がん疾病（心筋梗塞，甲状腺機能低下症，慢性肝炎・
肝硬変および放射線白内障）については「外形的な標準」を示すようにすべきで
あるという意見であり，新基準では，心筋梗塞，甲状腺機能低下症，慢性肝
炎・肝硬変は，「ア　被爆地点が爆心地より2.0km以内である者，イ　原爆投
下より翌日までに爆心地から約1.0km以内に入市した者」という文言が新た
に加えられた。また，放射線白内障については，新たに「被爆地点が爆心地よ
り約1.5km以内である者」という文言が加えられた。

　この改訂で被爆距離が具体的に「爆心地より2.0km以内」と明記されたこ
とにより，ブラジル被爆者平和協会会長・森田隆さん（1.3km被爆）の心筋梗
塞が原爆症と認定された（森田さんは，2008年以来広島地裁に提訴して争ってい
た）。このように，非がん疾病については認定の範囲が少し拡大された。しか
し，裁判例では，たとえば3.8km被爆の甲状腺機能低下症が原爆症と認めら
れている（前出の東京高裁2009年5月28日判決）ように，この度の改訂は，司
法判断を無視したものである。日本被団協などは，この改訂によって認定被爆
者数が大幅に拡大することは考えられない，「残留放射線の影響や被爆の実態
をふまえて認定してきた司法判断を無視するものである」，非がん疾病と悪性
腫瘍との区別はないとするのが科学と司法の到達点である，などと批判してい
る（2013年12月16日付「声明」）。

105

7 「報告書」の検討④ —— その他の問題

多数意見は，その他の改革提案をことごとく退けたが，ここでは次の2つだけみておこう。

爆心地から3.5km以内の直接被爆等の者という悪性腫瘍等の認定の距離要件（旧基準）について，「既に科学的には放射線の影響が不明確な範囲まで積極的な認定範囲を広げており，現状以上に緩和することは慎重に考えるべきとの意見が多数であった」という。この考え方は，多くの裁判例と対立するものであり，多数意見および厚労省による裁判所判決の無視の代表的なものである。

残留放射線の影響について，被団協委員からは「内部被曝を含めて考慮すべきである」との意見が出されたが，多数意見は「健康に影響を与えるような量は確認されていないというのが科学的知見である」として，これまた裁判所の判断と異なる見解で前者を退けている。

おわりに

検討会は，課せられた任務をはたしたのか。3年もの長い間，ただ時間かせぎをしただけだったのではないか。

それにしても，理屈にもならない理屈をあれこれ並べて，多くの裁判例を否定するのは，異様である。悪い光景を見てしまったという思いが残る。

集団訴訟の終了後も，被爆者の原爆症認定を求める動きは止まらない。新たに各地の裁判所に提訴する被爆者が出てきており，その数は100人を超えている（ノーモア・ヒバクシャ訴訟）。2013年8月2日の大阪地裁判決（裁判所ウェブサイト）では，2kmを超える地点での入市被爆や心筋梗塞，甲状腺機能低下症などの非がん疾病を原爆症と認定している（原告8名全員勝訴）。いずれの原告も，新基準では認定されないケースである。

これからも，新基準により原爆症認定申請を却下されてやむなく裁判に訴える被爆者が，次々に出てくるのではないかと予想される。検討会で多数意見を述べた委員や厚生労働省は，そのような事態になることを想定したうえで，それもやむを得ないと開き直っているのではないだろうか。おぞましいというほかない。

原爆被爆後69年になろうとしている。被爆者は高齢化し，健康を損なっているものが多くなっている。被爆者の傷病自体は高齢者一般がかかるものと異なるわけでない。それにもかかわらず，一般高齢者以上の援護が被爆者に必要

第 9 章　原爆症認定審査基準の改定

とされるのは，原爆という人間に対して計り知れない破壊・傷害効果を有する兵器の惨禍を受けて，その生活と身体をボロボロにされ，次々に襲ってくる病にさいなまれる苦難の生涯を強いられ，また，これからもそのような人生を強いられ続けるからである。

　被爆者裁判史における名判決である孫振斗裁判 1978 年 3 月 30 日最高裁判決（判例時報 1724 号，判例タイムズ 1041 号）は次のようにいう。

　「（原爆医療法は）社会保障法としての他の公的医療給付立法と同様の性格をもつものであるということができる。しかしながら，被爆者のみを対象として特に右立法がされた所以を理解するについては，原子爆弾の被爆による健康上の障害がかつて例をみない特異かつ深刻なものであることと並んで，かかる障害が遡れば戦争という国の行為によつてもたらされたものであり，しかも，被爆者の多くが今なお生活上一般の戦争被害者よりも不安定な状態に置かれているという事実を見逃すことはできない。原爆医療法は，このような特殊の戦争被害について戦争遂行主体であつた国が自らの責任によりその救済をはかるという一面をも有するものであり，その点では実質的に国家補償的配慮が制度の根底にあることは，これを否定することができないのである。」

　この判決から 40 数年になるが，いわれていることは，今もそのまま当てはまる。このような立場にたって被爆者援護を充実することが求められていることを銘記すべきである。

第10章　被爆二世裁判判決

は じ め に

「被爆二世」とは，父母またはそのいずれかが「被爆者」である者の子をいう。被爆二世は，原爆二法および現行の被爆者援護法にいう「被爆者」に該当しないとされ，これらの法律による援護の対象になっていない。

被爆者の受けた原爆放射線はその子である被爆二世の健康を害するのではないか，つまり，原爆放射線は被爆二世に遺伝的影響を与えるのではないかという問題は，原爆被爆後の早い時期から人びとの間で意識されてきたが，肯定的見解もあれば否定的見解もあり，一般にはいまだ定見は存在しないとみられている。

そのような状況において，2017年2月，被爆二世が原告となり，国（被告）には被爆二世を被爆者援護法の「被爆者」に加えて援護の対象とするなどの立法措置を講じる義務があるのに立法しなかったなどとして，広島地裁および長崎地裁に，国家賠償請求の訴えを提起した（国の立法不作為の違法を理由とする損害賠償請求訴訟。以下では「被爆二世裁判」という。原告の数は各地裁とも20数人である）。

この裁判で原告は，原爆放射線による遺伝的（継世代）影響を否定できず，被爆二世が抱く健康不安について，被爆者援護法による援護を受ける被爆者と同等の国の援護を受ける権利が憲法13条によって保障され，また，被爆者との差別的取扱いが憲法14条に違反すると主張した。

長崎地裁に提訴された事案の同地裁判決（請求棄却）は2022(令和4)年12月12日，また，2023(令和5)年2月7日の広島地裁判決は請求棄却であった（いずれの判決も裁判所ウェブサイトに掲載されている）。

以下では，この裁判で何がどのように争われたか，両判決の内容，問題点および今後の課題について検討したい。なお，この2つの事件の原告側代理人は同じ弁護士であり，争点および原告・被告の主張は基本的には同じである。

1　被爆二世問題についての国などの動き

政府は，原爆放射線の遺伝的影響について，旧・原爆医療法の制定当時か

ら，一定の関心を抱いていた。すなわち，同法案が審議された衆議院におい
て，山口正義厚生省公衆衛生局長は「被爆後に受胎したものについては……遺
伝学的にいろいろ今後検討されまして，そういうものも当然考えなければなら
ないということになって参りますれば，当然対象の中に入れていかなければな
らない。これは今後の学界，特に遺伝の専門家の方々の御意見の推移を見守っ
ていきたいと考えております。」と答弁している（1957年3月25日「衆議院社
会労働委員会議録」18頁）。また，同委員会は，同日採択の「附帯決議」で，
「政府は……被爆時の胎児以外の被爆者の子についても罹病の有無を急速に調
査の上，適切なる処置を講ぜられたい」とした。しかし，国は被爆二世対策を
行おうとしなかった。

　そうした状況において，1969年より広島県市・長崎県市（いわゆる八者協）
は，国宛ての陳情書に「被爆二・三世に対する被爆影響の調査研究の促進」を
挙げるようになる。1972年，川崎市が初めて被爆二世の医療費の独自支給を
開始した。1973年，広島市は独自措置として，希望者に対する「被爆者の子
の健康診断」の実施を開始した。1979年，厚生省は「被爆二世健診」を実施
することにした。その後，地方自治体の中には，国の被爆二世健診を拡充して
行い，あるいは，医療費援助を独自に行うものがみられる（例，東京都，神奈
川県，吹田市，摂津市など）。

　1989年12月15日，第116回国会の参議院は，6野党・会派共同提出の「原
子爆弾被爆者等援護法案」を可決した。その第40条は被爆者の子および孫が
健康診断を受けられるとするとともに，健診の結果一定の疾病にかかっている
と認定されたときは「被爆者」とみなす旨を定めていたが，同法案は衆議院で
審議未了・廃案となった。第123回国会でも参議院は同内容の法案を可決した
が（1992年4月24日），これも衆議院で審議未了・廃案となった。

　現行の被爆者援護法は1994年12月に制定されたが，同法案の審議にあたっ
た衆議院厚生委員会は，同月1日に採択した「附帯決議」で，「被爆者とその
子および孫に対する影響についての調査，研究およびその対策について十分配
慮し，二世の健康診断については，継続して行うとともに，そのおかれている
立場を理解して一層充実を図ること。」とした。

　被爆者援護法案の提出にあたり厚生省保健医療局企画課が用意した「原子爆
弾被爆者に対する援護に関する法律案想定問答（その1）」には，被爆二世対策
について，次のように述べられていた。

110

第 10 章　被爆二世裁判判決

　「これまでの検診や調査の結果からみて，現在までのところ原爆による放射線の遺伝子的影響は医学的，科学的に認められていないことから，被爆二世に対して新法を適用することは考えていない。／なお，被爆二世に対しては，従来から希望者に対して健康診断を実施しており，今後ともこの施策を引き続き行ってまいりたい。」

　厚生労働省の被爆二世に対する施策は，現在も基本的に変わっていない。こうした状況において，被爆二世裁判が提起された。

2　当事者双方の主張

　（1）まず，原爆放射線の遺伝的影響により，被爆二世に健康被害または不安が生じるか，あるいはその可能性があるか否かが争われた。

　被爆二世である原告は，原爆放射線被害の遺伝的影響と考えられる疾病に罹患するなど，親の受けた放射線被害による影響が否定できないことによる健康不安にさいなまれており，被爆者援護法の被爆者等と同等の援護を受ける権利が憲法 13 条により保障され，また，被爆者等と差別的な取扱いをすることは憲法 14 条 1 項（法の下の平等）に違反するところ，被告の国は，被爆二世を援護の対象とする法律の制定や改正を行う義務があるにもかかわらず，これを怠っている，と主張した。親の受けた放射線による子への影響が否定できないことについては，①動物実験によれば，放射線による生物への遺伝的影響は明らかであり，マウス実験で証明されたものはヒトにも生じると推測され，原子放射線の影響に関する国連科学委員会（UNSCEAR）などによる人の放射線防護基準において，マウス実験の結果から推定される数値が用いられている，②ヒトに対する遺伝的影響の可能性は，日本遺伝学会，日本人類遺伝学会も指摘している，③その他の調査でも，放射線に被曝した親の子の白血病等の発症リスクの上昇が指摘されている，ことなどを挙げて主張した。

　これに対して被告の国は，親の放射線被曝により次世代への遺伝的影響が与えられる確率は極めて低く，各種の研究・調査によっても，遺伝的影響は確認されていないなどと反論した。

　（2）以上を踏まえて，被爆二世の援護を定める法律が制定されていないこと（立法の不作為）は，憲法 13 条および 14 条に違反するかどうかが争われた。

　原告は，原爆放射線の遺伝的な影響は否定できない，被爆二世の抱く健康不安は一般的な健康不安と質的に異なり，これに対し国に援護を求めることは個人の人格的な生存に不可欠な基本的な人権に基づくものである，したがって，

111

被告の国が被爆者援護法の被爆者に被爆二世を含めず，援護の対象としないことは，被爆二世の生命・健康を脅かすものであり，憲法13条違反である，と主張した。また，被爆者援護法が被爆者を援護の対象とする趣旨は，原爆放射能の影響を受けている可能性がある者に対し特段の制限なく健康診断を受けさせるというものであるが，遺伝的影響を否定できない被爆二世を被爆者援護法の被爆者に含めず，援護の対象としないことに合理的根拠はなく，同法の趣旨に反する差別的取扱いであり，憲法14条1項に違反すると主張した。（なお，原告は，被爆者援護法附則17条の「みなし被爆者」と被爆二世を対比して現状は差別的であるとも主張するが，本稿では省略する。）

これに対して国は，前述の放射線被曝の次世代への遺伝的影響は確認されていないとの立場から次のように反論した。憲法は戦争犠牲・損害に対する措置を要求する権利を国民に保障していない，これに対する立法措置を講じるかどうかは国会の裁量に委ねられている，原爆放射能による健康被害は他の戦争被害とは異なる特殊な被害であるが，その対策については国の財政事情を無視できず，他の戦争被害者に対する対策と著しい不均衡が生じないようにしながら，公正妥当な範囲による措置を講ずるべきものであり，立法措置を講じるかいなかは国会の裁量的権限に委ねられている，と。このような立場から，国は，憲法13条違反論について，同条は国民に対し何らかの請求権を保障していないから，被爆二世が被爆者援護法の被爆者と同等の援護を受けることを求める権利は保障されていないと主張した。また，憲法14条1項違反の差別的取扱いであるかどうかについては，被爆二世は原爆投下時に実在せず直接被爆した可能性がなく，被爆二世への遺伝的影響は科学的合理的根拠が確認されていないから，被爆二世について被爆者援護法の被爆者と異なる取扱いをしても合理的理由のない不当な差別的取扱いには当たらないと主張した。

3　長崎地裁判決の要旨
(1) 憲法13条違反について
被爆二世への遺伝的影響が否定できないことにより抱く健康不安に対して国の援護を求めることは，憲法13条が保障する基本的人格権に包摂される具体的権利としては，その内容が抽象的であり，何らかの立法措置をとるべきことを求める権利が同条により保障されているということはできない。

第 10 章 被爆二世裁判判決

(2) 憲法 14 条 1 項違反について

「戦争損害の補償の要否および在り方は，事柄の性質上，財政，経済，社会政策等の国政全般にわたった総合的政策判断を待って初めて決し得るものであり，国会財政，社会経済，戦争によって被った被害の内容，程度等に関する資料を基礎とする立法府の裁量的判断に委ねられる」。

「被爆者援護法は，原爆の放射能の影響により健康被害を生ずる可能性がある者についても，これを援護の対象とする趣旨であると解されるが，可能性があるにとどまる者について援護の対象とすることは，純然たる国家補償の見地から導き出すことは困難であり，広い意味での国家補償ないし社会保障法的見地に由来するものと解される。そして，原爆の放射線による影響が未解明な中で，その援護の対象の範囲を定め，外延を画することは，この点に関する高度に専門的技術的な知見を基礎としつつ，上記被爆者援護法の趣旨を踏まえた総合的政策的判断を要するというべきである」。したがって，同法の援護の対象となる者の範囲は立法府の合理的な裁量判断に委ねられているのであり，被爆二世に対する立法不作為が憲法 14 条 1 項に違反するか否かは，被爆者援護法の被爆者等との関係で合理的理由のない差別的取扱いといえるか否かにある。

原爆放射線の遺伝的影響は「未だ知見が確立しておらず，その可能性を否定できないというにとどまる。」

被爆者援護法 1 条 1 号ないし 3 号の被爆者は，被爆時（入市時）に「既に出生していた者を対象」とし，同条 3 号の被爆者は「身体に直接（内部被曝を除外する趣旨ではない。）被爆した原爆の放射能により健康被害が生ずる可能性がある事情の下に置かれていた者をいう」のに対し，被爆二世は，「身体に直接原爆の放射能を被曝したという事情は認められず，原爆の放射線による遺伝的（継世代）影響については，その可能性を否定できないというにとどまる。」

「このような両者の差異に照らすと，上記のような被爆者援護法の趣旨を拡充して，被爆二世を援護の対象に加えるか否かや，その場合の援護の在り方については……立法府の総合的政策的判断を要する合理的な裁量的判断に委ねられているというべきであり，被爆二世を被爆者援護法の被爆者に含めず，同法による援護の対象としないことが，合理的理由のない差別的取扱いに当たるとは認められない。」

4 広島地裁判決の要旨
(1) 憲法 13 条違反について
　被爆二世の原告が自らの健康等につき不安を抱くのは自然なことであるが，戦争損害に対する援護や補償の要否およびその在り方は，事柄の性質上，財政，経済，社会政策等の国政全般にわたる総合的な政策判断を待って初めて決められるものであり，国会の裁量的権限に委ねられている。これは，原爆放射能に起因する健康被害が他の戦争被害とは異なる特殊の被害であっても異ならない。したがって，被爆二世が健康不安に対する措置を国に求める権利が憲法13 条により保障されているとはいえない。

(2) 憲法 14 条 1 項違反について
　放射能に起因する健康被害を含む戦争損害に対する援護や補償の要否等は，国会の裁量的権限に委ねられている。被爆者援護法による援護の根底に国家補償的配慮があることは否定できないが，その一方で，同法による援護は社会保障法としての他の公的医療給付立法と同様の性格を持つので，「原爆の放射能に起因する健康被害を受けた者およびその可能性のある者をどの範囲で援護の対象とするかは，被爆者援護法の趣旨目的を踏まえた，国会の合理的な裁量的判断に委ねられている」。
　「（被爆者援護法は）原爆投下時に爆心地から一定の距離の範囲にいた者や原爆投下後一定の期間内に爆心地に近い場所に入った者が，高度の放射線量を受けて被爆した可能性が高く，被爆による健康被害が生じる蓋然性が高いことから，これらを類型的に原爆放射線による影響を受ける蓋然性が高い者を被爆者（一号被爆者，二号被爆者）とし」，また，「個別の被爆の事情を踏まえて，身体に原爆の放射能の影響を直接受けるような事情の下にあった者を三号被爆者として定めたものと解される。」同法は，個々の者が原爆の放射線の影響を受けたこと自体を「被爆者」認定の要件とせず，原爆放射線の影響により健康被害が発生したことを科学的に立証することも想定していないことからすれば，「原子爆弾が投下された際またはその後において，身体に原子爆弾の放射能の影響を受けるような事情の下にあった者」（同法 1 条 3 号）とは，「原爆の放射線を直接被曝したことにより健康被害が生ずる可能性がある事情の下に置かれていた者」であると解される。
　「ヒトに関する放射線被曝の遺伝的影響については，未だ研究途上にあり，現在の科学的知見において，放射線被曝の遺伝的影響による健康被害の可能性

第 10 章　被爆二世裁判判決

が明確に否定されているとはいえないものの，ヒトに関する放射線被曝の遺伝的影響があることが通説的見解や有力な見解として一般的に認識されているとは認められない。このように，被爆二世は，原爆による放射線の影響を直接受けた者からの遺伝的影響による健康被害の可能性が否定できない者であるが，ここでの『可能性』の実質は，『放射線の遺伝的影響による健康被害の発生が科学的に承認も否定もされていないという意味での可能性』といえる。

　そうすると，被爆者援護法の「被爆者」（特に三号被爆者）と被爆二世とでは，原爆放射線の影響を受けて健康被害が生ずる可能性がある者という広い意味では共通する部分があるものの，その背景にある科学的知見の有無や精度には質的に大きく異なるものがあるといえる。このような事実上の差異の存在からすれば，被爆者援護法の被爆者と同等の措置を被爆二世に行う立法的措置を講じないことが，直ちに合理的な理由のない不当な差別的取扱いであると評価することはできず，憲法 14 条 1 項に違反するとは認められない。」

5　検　討

　2 件の裁判の争点は，親が原爆放射線を被曝したことの遺伝的影響により，その子である被爆二世は「身体に原子爆弾の放射能の受けるような事情の下にあった」と言えるかどうか，もしそのように言えるとすれば，被爆二世に対してなんの施策も講じられていない現状は，被爆者援護法 1 条 3 号に当たる「被爆者」（放射能影響被爆者）との関係で，法の下の平等原則に違反するかどうか，である。以上に焦点をあてて検討する。

（1）被爆二世に対する遺伝的影響

　被爆二世に対する原爆放射線の遺伝的影響について，長崎地裁は「未だ知見が確立しておらず，その可能性を否定できないというにとどまる」とし，広島地裁は「ヒトに関する放射線被曝の遺伝的影響については……健康被害の可能性が明確に否定されているとはいえないものの……通説的見解や有力な見解として一般的に認識されているとは認められない」とする。したがって，両判決ともに明らかに遺伝的影響が認められるとは結論付けていない。

　広島地裁は，付け加えて，被爆者と被爆二世とは原爆放射線の影響を受けて健康被害が生ずる可能性がある者という広い意味で共通性があるが，「背景にある科学的知見の有無や精度には質的に大きく異なるものがある」という。長崎地裁はここまで言っていないが，その根底には同様の認識がないとはいえな

115

いだろう。

　原爆放射線が被爆二世に対し遺伝的な影響を与えることを科学的に証明することは，たやすいことでない。しかし，現在の時点でも被爆二世に対する原爆放射線の遺伝的な影響の可能性を認める研究は存在するし（前述のように長崎地裁も広島地裁も，多かれ少なかれこの「可能性」は承認している），また，今後の研究調査の進展により，遺伝的影響が認められるとする認識は増大すると言えよう。問題は，このような問題について法や行政はどのような態度をとればよいかである。

　問題解決のかぎは，原爆放射線の遺伝的影響の「可能性」が認められるときの対応の仕方にある。参考になるのは「黒い雨」訴訟広島高裁判決（2021 年 7 月 14 日）であり，この判決は，被爆者援護法 1 条 3 号の被爆者とは「原爆放射能により健康被害が生ずる可能性がある事情の下に置かれていた者」と解するべきである，「可能性がある」とは「原爆放射能により健康被害が生ずることを否定することができない事情の下に置かれていた」ことであると判示した。また，同判決は，同号の「被爆者」であるとは「原爆の放射能により晩発的な健康被害を招来すると考えられる程度に有意な放射線被曝をした者」であるとの理解は誤りであると繰り返し指摘している。

　このように考えれば，被爆二世に対する原爆放射線の影響の可能性が認められる（否定できない）限り，法的・行政的には積極的に対応することが求められているというべきではないだろうか。

(2)「原爆放射線を直接被曝した者」

　広島地裁は，原爆放射能による健康被害を受けた者やその可能性のある者をどの範囲とするかは，他の戦争損害に対する援護の要否や在り方と同様に国会の裁量的判断に委ねられているとするが，原爆放射能による健康被害を受けた者やその可能性がある者の範囲などについての国会の裁量的判断は，被爆者援護法の趣旨目的を踏まえたものでなければならないとする。この判示を前提とすれば，被爆二世のような原爆放射線の遺伝的な影響・被害の可能性が否定できない者をどのように取り扱うかについての国会の立法裁量の範囲はかなり狭められていると言えよう。このように考えれば，被爆二世に対し被爆者援護法の「被爆者」と同等またはこれに近い援護を講じる必要があるとの考えも導き出されよう。しかし，広島地裁は，このような考え方をとらない。

　ここで広島地裁が持ち出したのが「原爆放射線を直接被曝した者」である。

116

この文言は長崎地裁も用いている。すなわち，両地裁は，被爆者援護法1条1号ないし3号の「被爆者」は，原爆爆発時またはその後2週間内に存在し，原爆放射線を「直接」被曝した者であり，その当時生まれていなかった被爆二世を含まないと理解しているので，被爆二世を援護の対象とするか，どのように援護するかは立法府の政策的判断・裁量的判断に委ねられている（長崎地裁），あるいは，両者の違いを考慮すれば，被爆者援護法の「被爆者」と同等の措置を被爆二世に行う立法的措置を講じないとしても，合理的な理由のない不当な差別的取扱いであると言えない（広島地裁）とした。

なるほど原爆医療法も被爆者援護法も，被爆二世を援護の対象として制定されていない。しかし，同法1条3号の「被爆者」と被爆二世とは原爆放射線の影響を受けた可能性がある者として本質的に区別できないにもかかわらず，あえて被爆二世を対象にしない被爆者援護法を制定したとすれば，そのこと自体に立法の瑕疵（欠陥，誤り）があったというべきである。あるいは，被爆二世は「被爆者」に含めないとの理解に基づいて被爆者援護法が制定されていたとしても，この立法者の考え方を絶対不変のものと考える必要はなく，立法後の研究調査の進展などを踏まえた法文の合理的な解釈により，被爆二世を「被爆者」と同等に扱うことが求められると理解することは認められてよい。

そうだとすれば，現在，被爆二世に対し何らの援護策を講じていないことは，被爆者援護法の「被爆者」との関係において，不当な差別的な取扱いであるとする余地があると考えられないわけでない。

おわりに

2件の被爆二世裁判は，原爆放射線の遺伝的影響の問題にどのように対応すべきかについての態度決定を，私たちに迫っている。この問題にどのように向き合い，適切な解決策を見出すかは，理論上の問題であるだけでなく，現在に生きる者にとって避けて通れない政治的・行政的な課題であり，法的問題である。

その際私たちがよって立つべきは，原爆（核兵器）の放射線による人体への加害は，他の戦争手段による加害と異なり，人間の染色体・遺伝子に損傷を与え，このために次世代の健康が損なわれることがあり得るという視点である。

医学的に明らかでないのに，被爆の影響を前提として法律を制定して援護の対象とすることは，結婚や就職等の差別につながるおそれがあるのでないかという問題は，被爆者の援護についての古くからの問題である。被爆一世につい

てこの問題は既に過去の問題になったかも知れないが，被爆後79年が過ぎて
も，被爆二世にとって現在の問題である。そして，遺伝的影響の問題は，二世
だけでなく三世，四世も無関係でなく，事柄は深刻である。

第11章　法定受託事務である
被爆者援護事務の実際と問題点

　　ここでは，地方自治法2条9項の法定受託事務の具体的な処理のあり方を素
材にし，同事務が地方自治体の事務であるにもかかわらず，その処理にあたり，
同法に反すると思われる国の関与が行われていることを描出した2編の論稿を1
および2に収録し，問題提起している。

1　在外被爆者裁判敗訴に控訴しなかった大阪府
(1)　大阪府などの控訴断念・控訴取下げ
　在外被爆者の国外からの被爆者健康手帳交付申請に対する大阪府知事の却下
処分（国外からの申請は認められないとする決定）の取消訴訟で，大阪地裁2009
（平成21）年6月18日判決（判時2072号，判タ1322号，裁判所ウェブサイト）は
原告勝訴の判決を出した。同種の裁判で広島地裁2008（平成20）年7月31日判
決（判時2046号）と長崎地裁2008年11月10日判決（判時2058号）も原告勝
訴であった。

　広島地裁で敗訴した被告の広島県は，厚生労働省（厚労省）の意向に従い当
然のように控訴した。長崎地裁で敗訴した長崎県は控訴断念のみちをさぐった
が，結局は控訴した。

　「国の法定受託事務は，県で勝手に判断して何か行うことはできない。国の
判断を待って行動せざるを得ない」（2008年8月4日広島県知事の記者会見記録
の要約），「既に広島県は控訴しており，統一的に扱ってもらわないと法定受託
事務という制度は成り立たなくなるという厚労省の意向には従わざるを得な
い」（2008年11月21日長崎県知事の記者会見記録の要約）というのが，広島県お
よび長崎県の言い分であった。

　こうした経緯から，大阪府も控訴することが予想された。ところが，2009
年6月24日，同府の橋下知事は記者会見の席上で，控訴しないことを表明し
た。同知事は，厚労省から控訴してほしい旨をいわれたが，そもそも原子爆弾
被爆者に対する援護に関する法律（被爆者援護法）の規定またはその運用は違
法であると考えているので，自分の判断で控訴しないと決定したと説明した。

119

もちろんこの判断は弁護士でもある同知事の独自のものであるが，大阪地裁判決が３件目の行政側敗訴であったことも考慮されたのではないかと推測される（なお，2008 年 9 月 2 日の広島高裁判決（裁判所ウェブサイト）は，国家賠償請求に対する判断として，国外からの被爆者健康手帳交付申請を認めないのは違法であると判示している。ただし請求棄却）。

　2009 年 6 月 24 日，長崎県の金子知事は控訴取下げを検討していると発言し，同月 29 日，正式に決定したと発表した。同知事は，厚労省との話合いはついていないが控訴を取り下げる，こういう判断をしても，ほかの対策に影響をあまり及ぼさないと述べた。同知事によれば，原告が 2009 年 5 月に死亡したこと，大阪地裁でも行政側敗訴の判決が出されたこと，および，改正被爆者援護法が 2008 年 12 月 15 日に施行され，国外から被爆者健康手帳の交付申請を行うことができるようになったこと（なお，同改正法は 2008 年 6 月公布），を考慮した結果であるという（記者会見）。

　これらの動きに促されて広島県の藤田知事は，7 月 16 日，控訴取下げを発表した。同知事は，控訴取下げは広島県独自の政治的判断であると強調した。そのように判断した事情として，長崎地裁と大阪地裁の行政側敗訴の判決の確定と，広島県が被爆県・移民県であることをあげたが（記者会見），前者が決定的であったことは推測に難くない。

　要するに，長崎県と広島県は，被爆者援護法に基づく事務は法定受託事務であるから，国の意向に従って処理するほかないと考えて控訴したが，その後，事情に変化があったので，国に逆らう形で控訴を取り下げたというわけである。

(2) 法定受託事務制度

　ここで注目されるのは，法定受託事務の処理に関する厚労省および関係の府県の理解，態度である。

　法定受託事務は，2000 年 4 月施行の地方自治法改正による地方分権改革の一つとして行われた機関委任事務制度の廃止にともない，新たに導入されたものである。機関委任事務の大半は，自治事務と法定受託事務（地方自治法 2 条 8 項）に再構成された（機関委任事務を規定する法律で数えると，その 55 ％が自治事務に，45 ％が法定受託事務に改められたとのことである）。いずれの事務も地方自治体の事務であるから，その処理は地方自治体の自主的な判断に委ねられている。法定受託事務も条例の制定が可能である。この改革が狙いどおりに実施

第11章　法定受託事務である被爆者援護事務の実際と問題点

されれば，地方自治の発展に資するところが大きい。

　従前，社会保障・社会福祉に関する事務のなかには機関委任事務とされていたものが少なからずあったが，この改革により自治事務または法定受託事務に再構成された（法定受託事務は地方自治法別表第1及び同第2に掲げられている）。たとえば，生活保護法に基づく保護事務（84条の4・別表参照），児童手当法に基づき市町村が処理する事務（29条の3参照），社会福祉法に基づく社会福祉法人および共同募金会に係る都道府県（知事）の事務（125条・別表参照）などは，法定受託事務とされた。

　しかし，法定受託事務は，現在，旧機関委任事務とほとんど変わらずに処理されているようである。旧機関委任事務の処理にあたっては，地方自治体（の長）は「主務大臣」（中央省庁）の指揮監督に服することになっていたため，中央省庁から発出される膨大な通達にがんじがらめになっていた。地方自治体で処理する事務でありながら，自らの考えにより処理することはできず，中央省庁から言われたままにするしかなかったといってよい。このような旧機関委任事務の処理のあり方が，法定受託事務にも「受け継がれて」いるのである。

　被爆者援護法により都道府県（広島市および長崎市を含む。以下同じ）が処理することとされている事務のうち，健康管理，医療および手当等の支給に関する事務（同法3章2節～4節）は，都道府県の法定受託事務である（51条の2）。そのため，それらの事務の処理が，他の法定受託事務と同じように，中央省庁の意向に従って行われているのである。このような事務処理のあり方は，地方自治体の実務において常識化・常態化しているとみてよい。

(3) 法定受託事務は地方自治体の事務

　橋下大阪府知事に始まる厚労省の意向に逆らった控訴拒否・控訴取下げは，法定受託事務制度の本来のあり方からみれば至って当然のことであるが，話題性のある出来事であった。橋下知事という特異なキャラクターが先鞭をつけたため，その評価について若干の戸惑いを覚えなくもないが，当り前のことが行われたとみるべきである。

　法定受託事務は，「国が本来果たすべき役割に係るものであって，国においてその適正な処理を特に確保する必要があるもの」（地方自治法2条9項1号）である。そうだとすれば，中央省庁が地方自治体に対してあれこれ指示するのは当然ではないかと考える向きがあるかも知れない。だが，これは現行地方自治法のとる態度ではない。法定受託事務について国が適正な処理を特に確保す

121

る必要があると考えた場合，国は，①技術的な助言又は勧告，②資料の提出の要求，③是正の指示，④代執行の4つの方法により，地方自治体に関与することを定めている（地方自治法245条～245条の8参照）。①と②に従うかどうかは地方自治体の任意である（法的拘束力はない）。③には法的拘束力があり，是正の指示が出されたときは従う義務があるとされている。④は裁判を介して行われる強力なものである。以上の国の関与のほかに，中央省庁（各大臣）は法定受託事務の処理基準を定めることができる（地方自治法245条の9）。この処理基準は，「法定受託事務を処理するに当たりよるべき基準」であるが，法的拘束力を有するとは解されていない（宇賀克也『地方自治法概説』第8版417頁，塩野宏『行政法Ⅲ行政組織法』第5版269頁）。

　結論的にいえば，法定受託事務を処理する地方自治体が，従わなければならないものは③と④であり，日常的に中央省庁から発出されている通知類のほとんどは①または②である。ところが，地方自治体における事務処理の現実は，国の技術的な助言・勧告に逆らえない状態にある。これでは，地方分権改革・機関委任事務制度の廃止が泣くというものである。

(4) 国庫負担金制度の問題

　法定受託事務の処理に関する中央省庁の技術的な助言・勧告に地方自治体が逆らえない事情の1つとして，この事務の処理に要する経費について，国庫負担金が支払われていることをあげることができよう。被爆者援護法に基づく事務処理費の場合，10割国庫負担である（43条。ただし介護手当支給費用は8割国庫負担である）。

　国庫負担金が交付されると，地方自治体は「補助金等に係る予算の執行の適正化に関する法律」（補助金等適正化法）により，その使用方法を厳しく規制される。具体的にいえば，国庫負担金の交付にあたり，中央省庁は条件を附することができる（7条。この条件はしばしば通知の形で示されている）。この条件は国庫負担金の使用条件であり，地方自治体がこれに違反して国庫負担金を使用すると，是正命令が出され（16条），あるいは，交付決定が取り消され（17条），その返還を命じられる（18条）。

　法定受託事務は，地方自治体が自主的に処理できるものである。ところが，法定受託事務の処理費用として交付された国庫負担金の使途を厳しく規制されることにより，地方自治体は事務処理における自主性を喪失させられてしまうのである。国庫負担金（補助金）制度の抜本的な改革を伴わない地方分権改革

が，画餅に帰するゆえんである。

(5) 控訴断念・取下げの意義

このような中で，大阪府，長崎県および広島県が，厚労省の意向をはねのけて控訴の断念・取下げを決定できた事情としては，前述のように，改正被爆者援護法が2008年12月より施行されており，裁判で争われている問題は改正前の被爆者援護法の解釈運用に関してであって，もはや現在の問題でなかったこと（「ほかの対策に影響をあまり及ぼさない」との長崎県知事の説明は，このことを指している），また，かりに国庫負担金交付条件の違反を理由として，厚労省が国庫負担金の返還を命じたとしても，原告に係る事務処理の費用だけの問題であり，その金額は少額であること，などが考えられる。これらの事情は，広島県と長崎県の敗訴・控訴の時点で分かっていたことであったのに，両県は厚労省の圧力に抗することができず，いったんは控訴せざるを得なかった。

こうみてくると，大阪府がこのたび果たした役割は小さくなかったというべきである。控訴断念・取下げは，ほんのささやかな厚労省に対する「抵抗」であるが，法定受託事務の処理について，中央省庁の意向・指示に「従わない」ことができることを示した意義は大きい。

(6) ま　と　め

筆者は，一連の在外被爆者裁判を原告側に密着しながら観察している。これらの裁判で被告となった都道府県および広島市・長崎市の訴訟活動を遂行する者（指定代理人）には，たいていの場合，法務省に所属する「訟務検事」が法務大臣により選任されている。この仕組みは，「国の利害に関係のある訴訟についての法務大臣の権限等に関する法律」により，法定受託事務に関する訴訟について，特に認められているものである（機関委任事務制度があったときもこの仕組みは存在した）。このため，地方自治体の事務である法定受託事務に関する訴訟でありながら，実際の訴訟活動は，訟務検事の主導で行われることになってしまっている。こうして，法定受託事務の処理に関する地方自治体の自主性・主体性が損なわれている。

法定受託事務制度を導入した所期の目的を果たすためには，さらに改革されなければならない問題が少なくないのである。

2　厚生労働省による地方自治体事務（被爆者健康手帳交付事務）への介入・干渉

は じ め に

かつて，実際には地方自治体が実施している事務でありながら，その処理にあたり地方自治体（の執行機関）は国の担当大臣の指揮監督を受ける機関委任事務制度が存在した。この制度のもとでは，地方自治体は自主的に事務を処理できず（国の省庁が発する通達により細部までコントロールされていた），事実上，憲法による地方自治の保障は地方自治体に及んでいないといえる状況にあった。

従前，社会保障・社会福祉の事務はその多くが機関委任事務とされ，地方自治体は厚生大臣の指揮監督のもとに置かれ，自主的に事務を処理する余地は極度に狭められていた。

機関委任事務制度は，2000年の地方自治法および関連法の改正により廃止された。それまで機関委任事務とされていた事務の多くは地方自治体の事務に改められ，一部は国が直接執行する事務とされた。この法制度改革により，地方自治体における社会保障・社会福祉関係の事務は，大幅に自主的に処理できるようになると期待された。

しかし，現在のところ，地方自治体は期待されたほどの自主性を獲得できていないとみえる。その理由の1つとして，地方自治体に交付される国庫負担金・補助金の問題がある。国はこの国庫交付金の支出にあたり通知を発し，隅から隅までといってよいほど微細にわたりその支弁について規制を加えていることを挙げることができる。もう1つの理由として，国の省庁による地方自治体への「関与」（地方自治法245条以下）が「過剰に」行われていることを指摘することができる。

以下では，この国による地方自治体への「過剰」関与の実態を，被爆者援護法2条による被爆者健康手帳交付事務に即して明らかにし，問題の所在をさぐる。

(1)　国の地方自治体に対する関与

機関委任事務から地方自治体の事務に改められた事務は，自治事務（地方自治法2条8項）と法定受託事務（同法2条9項）に区別されている。地方自治体が処理するとされている事務のうち，個別の法律またはこれに基づく政令に特に定めるもの（生活保護法84条の4・別表，児童福祉法59条の6など，例は多い）

第11章　法定受託事務である被爆者援護事務の実際と問題点

が法定受託事務であり，これ以外は自治事務である。

　自治事務・法定受託事務のいずれについても，地方自治法は国の関与を定めている。具体的には，同法245条に定められている助言・勧告，資料の提出の要求，是正の要求，同意，許可・認可・承認，指示，代執行（以上1号），地方自治体との協議（2号）などである（ほかに3号がある）。同法245条の3は，国は「必要な最小限度のものとする」とともに，地方自治体の「自主性及び自立性に配慮しなければならない」（1項）と，関与の基本原則を定めている。

　法定受託事務は「国が本来果たすべき役割に係るものであって，国においてその適正な処理を特に確保する必要があるものとして法律またはこれに基づく政令に特に定めるもの」と定義されているため（同法2条9項），国の関与が大幅に認められると理解する向きがなくもないが，必ずしもそういうわけでない。地方自治法に定められている関与について自治事務と法定受託事務とを比較すれば，前述の助言・勧告，資料の提出の要求および協議は両者に共通であり，自治事務については是正の要求（245条の5），法定受託事務については是正の指示（245条の7）および代執行（245条の8）が定められているところが異なる。なお，実際に即していえば，是正の要求，是正の指示は滅多に行われず，代執行に至っては極めて例外的にしか行われないものである。

　本章で取り上げるのは，被爆者援護法による被爆者健康手帳（以下では「手帳」ということがある）の交付（3条）および健康診断受診者証（同法施行規則附則2条。以下では「受診者証」ということがある）の交付に関する事務であるが，前者は法定受託事務である（被爆者援護法51条の2。後者は法定受託事務ではない）。

(2)　「黒い雨」被爆者の手帳・受診者証交付申請，提訴

　広島市・長崎市の原爆被爆の当時，「黒い雨」が降った地域にいた者は「黒い雨」被爆者と言われる。これらの者のうち，被爆者援護法施行令で指定された「黒い雨」降雨区域（指定区域）にいた者については，第一種健康診断受診者証が交付され，健康診断を受診して（同法7条）11種類の傷病にかかっている診断されると，被爆者健康手帳が交付される（1974年7月22日衛発402号，厚生省公衆衛生局長通達）。

　「黒い雨」区域は，実際に雨が降った地域のごく一部であり，狭すぎるという指摘があり，広島県や広島市（以下では「県・市」ということがある）は，以前より国に対して指定区域の拡大を要望している。これに対して国・厚生労働

省は,「黒い雨」が降った地域がより広いとしても,原爆放射能の影響があるほどではないなどとして,指定区域の拡大をしようとしない。その結果,手帳または受診者証(以下では「手帳等」という)の交付を受けられない「黒い雨」被爆者は少なくない。

2015年3月,「黒い雨」被爆者たちは,いっせいに県・市に手帳および受診者証の交付申請を行った(その後も申請は続いた)。これに対し,同年9月2日,県・市は一斉に申請に対する処分を行い,申請者に通知した(大半の申請を却下した)。

同年11月,手帳等申請却下処分を受けた「黒い雨」被爆者64人が,広島県または広島市を被告として,広島地裁に却下処分取消訴訟(「黒い雨」訴訟)を提起した。

(3) 厚生労働省による資料提供の要求

「黒い雨」訴訟原告代理人の弁護士が,広島県および広島市に対して公文書公開請求を行ったところ,手帳等の交付申請に対する県・市における審査状況がうかがえる文書が開示された。これらの文書や新聞報道などから,手帳等の交付申請,審査を経て却下に至る県・市の事務処理の一端が明らかになった。

「黒い雨」被爆者による手帳等交付申請が行われてから3か月ほど経った2015年7月1日,厚労省健康局総務課は,県・市の保有する手帳等交付申請についての関係資料の一切の提供を求めた(事務連絡)。その趣旨・目的について,この事務連絡には,「今回の事案に関し,手帳等交付申請の内容,申請者の主張・当時の状況等について,個別・具体的に確認するとともに,法令に基づく適正な手続が行われているか,広島県及び広島市における処理方針が統一的に行われているか等について確認・整理の上,国としての対応方針を決定したい」と記されている。また,この事務連絡の末尾には,手帳等交付申請に係る事務が法定受託事務である旨が記されている。

提供を求められた文書は次のとおりである。

「既に7月1日時点で内部の審査が終結を迎えている事案について,以下の資料をご送付ください。
① 手帳等交付申請書一式
② 面接をした際の聴取録
③ 追加提出のあった参考資料(一部 略)
④ 審査会等に諮った内部検討用資料

第11章　法定受託事務である被爆者援護事務の実際と問題点

⑤その他国の確認の際に有用となる参考資料（戦災誌等）」

　厚労省の要求を受けた広島県は，同年7月13日付けで，①～⑤のほか「審査表（第一種健康診断受診者証および被爆者健康手帳交付申請の審査（却下）について）や「事前書面審査（被爆者健康手帳申請審査表）」などを提供した。広島市は，同年7月15日付けで同様の文書を提供した。申請者ごとに作られた「審査表（票）」は公開されていないので，具体的に何がどのように書かれていたかは不明であるが，審査結果（手帳等を交付する・しない）が記載されていた。

　その後，厚労省健康局総務課長は，7月16日付けで県・市宛てに通知を発し（健総発0716第1号），その中で，両自治体に申請がされているので「その判断に当たっては統一的に行われる必要があります」，「国としては，こうした事情を踏まえ……手帳等交付申請の内容，申請者の主張・当時の状況等について，個別・具体的に確認するとともに，国，広島県及び広島市との間の調整を経た上で，手帳等交付申請に係る具体的な処分（法定受託事務）を実施する必要がある」，「国としては，これらの資料を早急に分析し，その方針をお示ししたいと考えておりますので，広島県及び広島市におかれては，その方針を踏まえて具体的な対応をお願いします」と述べている。

　つまり，この通知で厚労省は，県・市の判断は統一的に行われる必要がある，国として申請者の主張・状況等について個別・具体的に確認する，国，県及び市との間の調整を経た上で具体的な処分を実施する必要がある，国として処分の方針を示す，県・市はこれを踏まえて具体的な対応するように，とその意図を説明している。

　なお，この通知の末尾には，この通知は地方自治法245条の4に基づく技術的助言であると記されている。

（4）厚労省が広島県・市に対応方針を示す

　2015年9月1日，厚労省健康局総務課長は手帳等の交付申請の対応「方針」を示した（健総発0916第1号）。厚労省は，広島県および広島市から提供された「平成27年7月1日時点で手帳等交付申請に係る内部の審査が終結を迎えている事案」の関係資料を見た上で，県・市の手続は「適切に行われているものと思料されます。今後，法律等に定める要件に該当するか否かについて判断し，適切に手帳等交付申請に係る処分を行うようにしてください」と通知した。つまり，厚労省は，県・市から提出された関係資料のすべてを点検し，内

部審査の結果を含めて適切であると評価し，これを伝えたのである。通知には「手帳等交付申請に係る処分の内容を申請者の方々にお知らせするためのひな形を作成し」，別紙を添付している。

　この通知を受け取った翌日の９月２日，広島県および広島市は，いっせいに申請者に対し審査結果を通知した。それによれば，申請者71人のうち２人は入市被爆者（被爆者援護法１条２号）として認めて手帳を交付し，残りの69人は申請を却下した。

　なお，この通知にも，地方自治法245条の４に基づく技術的助言であると記されている。

(5) 厚労省による具体的な事務処理に対する介入

　被爆者援護法によれば，手帳は都道府県知事・広島市長・長崎市長が交付する（２条）。この事務を処理するにあたり，都道府県知事・両市長は，同法を所管する厚労省に申請者個々人の資料を含む関係資料を提出し，その点検・評価を受けなければならないのであろうか。ひるがえって厚労省には，このような資料の提供を要求し，提供された資料に基づき，地方自治体の長の事務処理の状況について，さらには申請者個々人について県・市が出した審査結果について，当否の評価を示してよいのであろうか。また，このようにして示された評価に県・市は従わなければならないのであろうか。

　地方自治法245条の４第１項によれば，国の大臣は担任する事務に関し「資料の提出を求めることができる」。この規定により厚労省は，事務連絡により依頼をし，資料の提出を要求した。同省の目的は，手帳等交付申請に関する「国としての対応方針を決定」することである。そのために同省は，県・市による内部審査が終了した関係資料のすべての提出を求め，申請者ごとの審査結果が記載されている審査表（票）が提出された。厚労省は，提出されたこれらの資料を個別に点検し，県・市の事務は適切に処理されているとの評価を示して，この旨を通知したのである。

　厚労省は，この通知は地方自治法245条の４第１項の技術的な助言であるとしている。換言すれば，これを受け入れるか否かは県・市の任意であり，従う義務はない。しかし，このたびの一連の経過を見れば，関係資料のすべてを提出させられた県・市は，厚労省から示される評価を待つほかなく，また，これに従うほかなかったである。９月１日付けの通知が発せられ，翌９月２日付けで県・市が一斉に処分を行ったことは，このことを如実に示している。

第11章　法定受託事務である被爆者援護事務の実際と問題点

　以上のような厚労省による資料の提出要求，技術的助言は，表向きは服従を求めるものでないが，実際には，県・市は従うほかなかったのである。率直にいえば，厚労省は，このような結果になることを目論んでいたとみるべきだろう。

　前述したが，国は地方自治体の事務の処理に関し関与する場合には，地方自治体の自主性・自律性に配慮しなければならないのであり（地方自治法245条の3第1項），県・市による手帳等の申請者ごとの（行政内部的な）審査結果の提出を求めるべきでなく，ましてその当否について意見を述べることは慎むべきであろう。

(6) 厚労省による後見的監督 ── 広島市の意見照会の意味するもの

　2016年12月に広島市原対部職員が厚労省の担当係長宛てに送ったEメールの記録文書を紹介しよう。これによれば，市職員は，被爆者健康手帳交付申請却下を行う際に提示する理由（却下理由）の文案を厚労省に示して意見を求め，厚労省からは若干の修正意見が戻された（これらの文書は，情報公開請求を行った「黒い雨」被爆者裁判の原告側弁護士から提供を受けた）。広島市は，厚労省の修正意見のとおりに却下理由を書き改めて，手帳交付申請却下通知を申請者本人に送付した（本人からこの通知書の提供を受けて，内容を確認した）。

　このやり取りは，広島市が厚労省に対して見解を照会し，これに厚労省が応答したものである。同市がこのような照会を行ったのは「前回却下通知について協議を行った際，今回のような事例を想定して」いなかったためであると開示された文書には記されている（「協議」という文言が用いられているが，地方自治法の定める関与の一種の協議ではない）。ここから，広島市は，厚労省の意見・見解を確認しなければ，被爆者健康手帳等の交付事務を行えないことが窺われる。言い換えれば，広島市にゆだねられている手帳等の交付事務について，厚労省は個別・具体的に意見を述べ，広島市はこれに従うほかない状況にあるおかれているのである。両者はこのような関係にあり，広島市は厚労省による後見的監督のもとに置かれていることを如実に示しているということができる。

　以上のような広島市と厚労省の関係について，現在広島地裁に係属中の「黒い雨」訴訟の原告側弁護団は，「国（厚生労働省）の指揮監督は県・市の自主性・自立性ひいては住民自治・団体自治を侵害する違法な行為と評価すべきであり，そのような国（厚生労働省）の度を超えた指揮監督により県・市は事実上『意思能力』のない状態に置かれていたのだから本件各処分は無効である。」

（2017年6月22日付け原告「第11準備書面」と評価している。

（7）お わ り に

　以上のような広島県・広島市と厚生労働省の関係は，機関委任事務制度が存在した時代であればうなずけないわけでないが，同制度は廃止されて久しい。それにもかかわらず，厚労省は県・市の事務の執行，権限行使に関して，その個別・具体的な判断・決定についてまで介入・干渉している。機関委任事務制度の亡霊が，今なお「地方行政」の中で跋扈しているということであろうか。

　次の3点を付け加えて本章を閉じたい。

　第1に，被爆者援護法による被爆者健康手帳交付事務は，都道府県または広島市・長崎市の法定受託事務（同法51条の2）である。法定受託事務は「国が本来果たすべき役割に係るものであって，国においてその適正な処理を特に確保する必要があるもの」であるが（地方自治法2条9項1号），この事務の処理にあたり，地方自治体は国・担当の大臣の助言を受け入れなければならないという法的仕組みは存在しないことを，国および地方自治体の職員は銘記すべきである。

　第2に，国の省庁および地方自治体の双方に，法定受託事務は全国で統一的に処理される必要があるから，個別・具体的な事務の処理について担当の大臣が意見・見解・判断を示すことはやむを得ないという了解があるのかも知れない，それは現在の法制度に基づかないものである。

　第3に，法定受託事務の処理にあたり，国は是正の指示（地方自治法245条の7）および代執行（同法245条の8）という方法で，地方自治体における事務の処理に介入できる。本稿で取り上げた厚労省による県・市に対する関与はこれらではない。また，国の担当の大臣は，法定受託事務の処理基準を定めることができる（地方自治法245条の9）。これは国による法定受託事務の処理に対する個別的な介入ではなく，このたびの県・市による被爆者健康手帳等の交付事務の処理について，処理基準は定めてられていない。

第12章　原爆被爆者対策基本問題懇談会（基本懇）
── 何が語られ，「報告」はどのように作られたか

　2015年11月に広島地裁に提起された「黒い雨」訴訟（広島高裁2021年7月14日判決で確定）では，被告側がしきりに基本懇「報告」を持ち出して，被爆者援護は科学的・合理的根拠に基づいて行われなければならないと主張し，証拠として基本懇の会議「速記録」を提出した。ところが，それは基本懇の委員名が黒塗りであったため，原告側弁護団は厚生労働省に全「速記録」の公開を請求したところ，請求が認められ，委員名が黒塗りされていない「速記録」が開示された。筆者は，弁護団の要請を受けて，この「速記録」に記録されている議論を整理し，どのように「報告」がとりまとめられたかを明らかにすることにした。

はじめに ── 基本懇とは

「基本懇」とは，1979（昭和54）年に当時の厚生省が設置した，厚生大臣の私的諮問機関「原爆被爆者対策基本問題懇談会」の略称である。1980（昭和55）年12月11日，基本懇は，同大臣に意見報告書「原爆被爆者対策の基本理念及び基本的在り方について」（以下では「基本懇報告」または「報告」という）を提出した。

　この報告は，政府（厚生省・厚生労働省）の被爆者行政（被爆者対策）の基本指針を示すものとされ，今なおしばしば，国民や被爆者から出される被爆者援護施策の改革・改善の要求を拒む根拠とされている。また，それは，被爆者が原告となってその要求の実現を目指す被爆者裁判（被爆者健康手帳交付請求裁判や被爆二世裁判など）においても，被告の行政側（国・厚生労働省）から自らの主張を正当化する論拠の一つとして持ち出されている。

　基本懇報告のあらましを紹介しよう。報告は，⑴原爆被爆者対策の基本理念，⑵原爆被爆者対策の基本的在り方，⑶原爆被爆者対策の内容の改善，の3部分より構成されている。

　⑴では，戦争による犠牲は，すべての国民がひとしく受忍しなければならない，原爆被爆者の犠牲は一般の戦争犠牲と一線を画すべき特殊性があるので，

131

「広い意味における国家補償の見地」に立って，措置対策を講じるべきであるという。広い意味での国家補償は，国の不法行為責任を認める意味でなく，戦争被害に相応する「相当の補償」を認める趣旨である。放射線による健康被害は特異であり，「特別の犠牲」であるが，他の戦争被害者対策に比し著しい不均衡が生じてはならない。被爆者対策は被爆者の福祉の増進を図ることを目的とするから，地方自治体の協力が要請される。

　(2)では，広い意味における国家補償の見地から行うべきとする被爆者対策の在り方をやや具体的に説明する。すなわち，画一的に流れることなく，「必要性を確かめ障害の実態に即した適切妥当な対策を重点的に実施するよう努めるべき」であり，また，被爆地域の指定は，「科学的・合理的な根拠のある場合に限定して行うべきである。」と。

　(3)は，基本懇の事務局を担当した厚生省公衆衛生局の意向を汲みとり，書き加えられた部分である。具体的には，それまでの政府の被爆者に対する給付や措置を「それ相応の配慮」をしてきたと評価したうえで，「多量の放射線を被曝したと推定される近距離被爆者に対しては」各種手当の支給等に努力すべきであること，原爆放射線の身体的影響の研究を強化すること，被爆者相談事業の充実を図ること，こうした福祉増進施策は地方自治体も相応の役割を果たすべきであることを指摘している。

　基本懇報告は提出時に公表されているが，全14回の会議（そのうち第11回会議は1泊2日の合宿）でどのようなことが議論されて報告に至ったかは，明らかでなかった。報告公表から30年たった2010年に，会議の速記録（第11回と第14回を除く）が明らかになった（「朝日新聞」同年10月25日付け，「中国新聞」同年12月20日付けなど）。それは分量が膨大であるうえに，手書きで，何度も複写を重ねたとみられ，きわめて読みにくいものだった。委員名は黒塗りで隠されていた。また，会議で配付された資料などの一部は公表されたが，報告の作成過程が分かる報告草案の類いは明らかになっていない。

　最近，広島地裁で争われている「黒い雨被爆者」裁判（被爆者健康手帳交付申請却下処分などの取消訴訟。被告は広島県と広島市。厚生労働大臣が訴訟参加）の原告側弁護団が基本懇関係の文書の公開請求をしたところ，公開された速記録の委員名は黒塗りでなく，また，「議事要旨」（第1回〜第12回）などが明らかにされた。

　本章では，公開された「速記録」を見ながら，委員たちが何を考え，語ったか，それらが報告にどのように反映しているかなどについて，そしてまた，報

第12章　原爆被爆者対策基本問題懇談会（基本懇）

告作成の段階で，委員（とりわけ田中委員）と基本懇の事務局を担当した厚生省公衆衛生局（企画課）との間にみられる対立（食い違い）について素描したい。

　なお，旧・原子爆弾被爆者の医療等に関する法律（以下「原爆医療法」という。1957年法律41号），旧・原子爆弾被爆者に対する特別措置に関する法律（1968年法律53号）（以下，この2法律を合わせて「原爆二法」という）及び現行法の原子爆弾被爆者に対する援護に関する法律（以下「被爆者援護法」という。1994年法律117号）による被爆者対策（援護）行政の仕組みの説明は，必要最小限にとどめる。

1　基本懇の設置経緯と目的

　基本懇設置の契機となったのは，密入国した在韓被爆者が原告となって争った被爆者健康手帳交付申請却下処分取消訴訟（孫振斗裁判）の最高裁1978(昭和53)年3月30日判決（判例時報886号，判例タイムズ362号，民集32巻2号）である。この裁判は，在外被爆者裁判の第一号とみられるものであり，第一審の福岡地裁及び控訴審の福岡高裁ともに原告が勝訴し，上告審で勝訴が確定した。

　最高裁は次のような判断を示した。

　　「（原爆医療法は）いわゆる社会保障法としての他の公的医療給付立法と同様の性格をもつものであるということができる。しかしながら……原子爆弾の被爆による健康上の障害がかつて例をみない特異かつ深刻なものであることと並んで，かかる障害が遡れば戦争という国の行為によつてもたらされたものであり，しかも，被爆者の多くが今なお生活上一般の戦争被害者よりも不安定な状態に置かれているという事実を見逃すことはできない。原爆医療法は，このような特殊の戦争被害について戦争遂行主体であつた国が自らの責任によりその救済をはかるという一面を有するものであり，その点では，実質的に国家補償的配慮が制度の根底にあることは，これを否定することができないのである。」

　このように最高裁は，原爆医療法（原爆二法）は社会保障法としての性格を有すると同時に，国家補償の趣旨を併せもつとの判断を示した。原爆医療法が国家補償の趣旨をもつということは，言い換えれば，被爆者の援護は国家補償の見地にたって行われるべきであるということである。

　この判決は，被爆者運動や原水禁運動を奮いたたせた。今こそ国家補償の精

133

神に立った被爆者援護法を制定し，被爆者に対する援護施策を抜本的に改革すべきであると。他方，政府および与党の自民党には，そのようなことになっては大ごとであると衝撃が走った。

内閣の諮問機関である社会保障制度審議会は「最高裁判所の判決の趣旨をふまえて，すみやかに，この問題に関する基本理念を明確にするとともに，現行二法の再検討を行うべきである」と答申した（1979 年 1 月）。また，衆参両議院の社会労働委員会も同趣旨の附帯決議を採択した（同年 4 月および 5 月）。これらを受けて厚生省は同大臣の私的諮問機関として基本懇を設置した。

基本懇の構成メンバーは，茅誠司（座長）（元東京大学総長，東京大学名誉教授），大河内一男（同前）という 2 人の元東大総長，田中二郎（元最高裁裁判官，東京大学名誉教授），緒方彰（NHK 解説委員），久保田きぬ子（東北学院大学教授），西村熊雄（元外交官，元フランス大使。報告公表時は故人），御園生圭輔（原子力安全委員会委員）の 7 名で，多くは斯界の権威と目される人であった。

第 1 回会議は，1979(昭和 54)年 6 月 8 日に開催された。当時の橋本龍太郎厚生大臣は，会議の冒頭，原爆二法は被爆者が「原爆による放射能を多量に浴び健康上特別の配慮を必要とするという特殊事情に着目いたしまして，特別の社会保障制度として制定されたもの」であるが，最高裁判決が出され，国家補償の精神に立脚した援護対策の要望が強く提起されているので，この問題についての基本理念を明確にしていただきたい，という趣旨の挨拶をした（第 1 回速記録 2〜4 頁）。

すなわち，被爆者対策の基本理念を明らかにすることが，基本懇に課せられた課題であった。

2　速記録の公開の経緯

1979 年 6 月に設置された基本懇は，同月から 1980(昭和 55)年 12 月までの間に合計 14 回の会議を開き，同月，報告書を取りまとめて公表した。以下では，速記録により基本懇でどのような議論がされたかを跡付けようとするが，その前に，速記録が公開された経緯について，現在判明している限りで述べておきたい。

基本懇の会議は非公開であった。その会議録は残されていないとされていたが，2010 年 8 月 1 日付け「東京新聞」によれば，同紙の情報公開請求により 2009 年 12 月に第 11 回と第 14 回を除く 12 回分が開示された。また，第 1 回から第 12 回までの議事要旨も開示された（同年 10 月 25 日付け『朝日新聞』，12

134

第12章　原爆被爆者対策基本問題懇談会（基本懇）

月20日付け『中国新聞』にも，同趣旨の記事が掲載されている）。このとき公開された速記録では，政治家（厚生大臣）と公務員（厚生省公衆衛生局長や同局企画課長など）以外の者の氏名（基本懇委員など）は黒塗りであった。

　ところが，2013(平成25)年10月3日，内閣府情報公開・個人情報保護審査会は，厚生労働大臣が行った基本懇議事録の一部不開示決定に対する異議申立てについて，厚生労働大臣からの諮問（諮問日2012年9月6日）を受けて答申を出し，委員などの氏名を公開すべきであるとした(平成25年度（行情）答申第211号。総務省「情報公開・個人情報保護関係答申・判決データベース」)。

　この答申書には興味深い事柄が記されている。以下，やや詳しく紹介する。

　厚生労働大臣は，氏名等が不開示とされるべき理由について，次のように述べた（答申書の該当部分の要約）。

・基本懇の議事は非公開であり，委員が個人的な見解を率直に発言した内容となっている。被爆者対策は政治的，社会的に大きな関心を呼んでおり，戦後処理を巡る様々な動向にも大きな影響を及ぼすので，非公開とした。
・基本懇では，「国家補償」，「被爆地域拡大」など原爆被爆者対策における基本的政策に関わる内容を取り扱っており，影響が非常に大きいことから，外部からの様々な影響（政治的も含む）を排除して，委員による自由闊達な議論を行い，適正な報告を出してもらうよう依頼した。その後，懇談会報告書の趣旨を元に被爆者援護施策の拡充を行い，原爆被爆者対策の基本としてきた。現在も原爆症の認定制度の見直しが求められるなど，被爆者援護施策に対する厳しい要望が続いており，30年を経過した現在においても，報告書の重要性が増している。
・特に，被爆地域拡大要望については，広島，長崎とも活発であるが，国側の対応の拠り所が基本懇報告書であり（「科学的・合理的な根拠のある地域に限定して行うべき」），今後とも一貫した対応を行う上で大変重要な内容となっている。
・委員は，被爆者の現状については全ての委員が必ずしも熟知しておらず，懇談会の議論部分での氏名が公開されることで，発言者個人への批判を含めた具体的な指摘を通して，その審議内容が問題視される可能性が大きい。

　　また，政治的な内容を含む発言もあるため，発言者が明らかになると，基本的施策の在り方に関する誤解や不信感が増幅する可能性がある(平成22年8月1日付け東京新聞朝刊では，懇談会での委員の発言内容が批判的に引用されており，氏名の開示を機に更なる追及が考えられる)。発言者の意図した内容と異なる取り上げられ方をすることで，懇談会の審議や報告の内容が問題視される可能性があり，結果的に，現在の被爆者援護施策への誤解や不信感を招く可能性がある。

・各委員の発言には，誤解，偏見，差別等を含む内容が含まれており，開示することで委員（故人）及び遺族等への誹謗中傷につながり，弁明の機会もないことから，結果的にその名誉が傷つけられる可能性がある。

・したがって，原爆被爆者対策に関係のない委員が，何らかの公職についていることをもって，慣行上氏名を開示すべきとするのは適当でなく，また，原爆被爆者施策に関わる委員のみの氏名を開示することも，委員間の公平の観点及び審議事項の重要性から，適当でない。

・基本懇の議事内容自体は開示されており，情報公開の目的が，行政施策での検討内容の検証を行うものだとすれば，その趣旨は既に達成されており，氏名等の開示によるプライバシーの侵害に比べて，開示で得られる利益が上回るとは考え難く，比較考量の点からも開示すべきでない。

・仮に開示がされれば，基本懇への批判等を通して，今後の行政への影響は避けられず，かつ，発言者の評価をおとしめ，遺族の私的領域に係る利益（プライバシー）が侵害されるおそれがあることから，意思決定の中立性を不当に損ない，かつ，発言者等に不利益を及ぼし，特定の者に不当に利益を与え若しくは不利益を及ぼすおそれがある情報であり，これらの情報が記録されている部分を不開示とすべきである。

答申は，委員などの氏名を開示すべきであるとした。その理由は次のようである（要約）。

・「（会議の）発言者の氏名については，『懇談会等行政運営上の会合における発言者の氏名について』（平成 17 年 8 月 3 日情報公開に関する連絡会議資料）において，各府省は，「懇談会等行政運営上の会合の議事録等における発言者の氏名については，特段の理由がない限り，当該発言者が公務員であるか否かを問わず公開するものであることに留意する」としている。／そうすると，……発言者の姓，氏名及び敬称は，いずれも，法令の規定により又は慣行として公にされ，又は公にすることが予定されている情報であ」る。

・上記の「『懇談会等行政運営上の会合における発言者の氏名について』に基づき，現行の同種の懇談会等の議事録における発言者の氏名について，厚生労働省を含む各府省がインターネット・ホームページ上で公開することが慣行となっている現時点においては，作成及び保有から 30 年余を経た議事録における……発言者の姓及び氏名並びに……敬称を開示することによって，将来同種の懇談会等において，外部からの圧力や干渉等の影響を受けることなどにより，率直な意見の交換若しくは意思決定の中立性が不当に損なわれるおそれがあるとは，もはや認めることができ」ない。

第12章　原爆被爆者対策基本問題懇談会（基本懇）

3　政府・自民党の「国家補償」に対する懸念

　国家補償の立場にたって被爆者対策を行うことについて，当時，政府・厚生省および与党の自民党は，相当に強い懸念をもっていた。それがどのようなものであったかを確かめておこう。

　第1回会議で橋本龍太郎厚生大臣は次のような発言をした（「速記録」の要約。以下同じ）。

　　　原爆がヘーグ陸戦条約違反かどうかの論議があり，国家補償という言葉には非常に神経を使ってきた。被爆者対策は社会保障の体系の中にはどうしてもなじまない問題を含んでいるので，一般の社会保障の枠を一歩越えた特別の社会保障という言葉を使い続けてきた。（第1回10頁）

　　　原爆という特殊な兵器の使用によって生命や将来にわたって健康に被害を残したことを国家補償の対象にすると，一般の戦争犠牲者にも広がりはしないかと大変恐れていた。そういうことで，特別な社会保障という定義にこだわってきた。（第1回11頁）

　　　最高裁が，原爆医療法は国家補償の範疇にはいるとしたことは，私どもには相当なショックだった。（第1回13頁）

　社会保障とは，原因が何であれ現実に生活困難（生活障害）に陥っている者に対して国家が扶助して人間に値する生活を保障するものである。橋本大臣が「被爆者対策は社会保障の体系の中になじまないものがある」と述べているのは，例えば被爆者の所得に関わらず原爆症を患っている被爆者（認定被爆者）に対して国による医療の給付が行われることなどを念頭においていると考えられる。

　これに対して国家補償という場合，生活や健康などに生じている困難・障害は国家が原因をつくった（加害者となった）被害，損害であると考え，その補填をはかる（補償する）ことを意味している。被爆者対策を国家補償として行わなければならないとすれば，国家・政府が行った加害行為（原爆被爆）により生じた生活や健康上の困難・障害について，原因者（加害者）である国家の責任において補償しなければならないことになる。このように考えると，最大の原爆被害である生命被害についても補償が必要となり，死没者やその遺族に対して補償しなければならないことになる。

　橋本厚生大臣は，国家補償として被爆者対策をしなければならないとすれば，戦争中に東京などの都市に対して行われた無差別爆撃・空襲による被害者

にも，同じように国家補償しなければならないのではないかと考え，恐れていたのである。

　政府・自民党にとって，原爆医療法（原爆二法）は国家補償の性格を有するとの最高裁の判断は，放置できない大きな難題であった。これを乗り切るために基本懇が設置されたのである。

4　基本懇における主な議論

　基本懇報告のとりまとめの作業は第10回会議から始められるが，それ以前の会議では，委員相互の自由討議，事務局の説明とこれに対する質疑，関係団体や学識者などからの意見聴取などが行われた。会議の速記録には，委員の発言などがそのまま記録されている。それらをみると，基本懇報告が委員たちのどのような考え方により作成されたのか，作成過程で厚生省当局はどのような役割を果たしたのか，などが明らかになる。

　以下では，委員および厚生省担当職員（当時の厚生省公衆衛生局が事務を担当し，局長や企画課長が毎回の会議に同席し，説明などを行った）の発言を，いくつかのテーマに分けて速記録から引用・紹介するが，話し言葉そのままでは冗長なので，発言の趣旨を損なわないよう注意しながら，要約する。

(1)　原爆放射線の人体影響
　茅座長の次のような発言は，基本懇全体の雰囲気でもあった。

　　茅座長　被爆者は，いま37万人もおられ，ぴんぴんして何でもない人もずいぶん多い。（第1回67頁）（「37万人」は当時の被爆者健康手帳所持者の数である。筆者）
　　館山課長　そのとおりです。37万人は当時そこにいたという人で，その方々に放射線の影響があるというわけのものではない。（第1回67頁）
　　茅座長　東京大空襲と比べて原爆の方がひどかったという結論はすぐには出せない。放射能を浴びたにしても，いまだに体に兆候が表れない人たちが多額のお金をもらい続けていることに国民が納得するかは，大変な問題だ。（第2回68頁）
　　茅座長　放射能の影響はあるが，それはプライオリティーでなく，セコンダリーの問題だ。（第3回49頁）
　　茅座長　放射能の影響は15，16年でほとんど消えてしまっている。今は35年もたったから，すっかり消えている。現在も，何も影響のない方にまで援護法でお金を出すことに対して世論はどうであろうかと心配している。（第8回53頁）

第12章　原爆被爆者対策基本問題懇談会（基本懇）

　次に，放射線医学や被爆者医療について専門的な知見を有していた唯一の委員である御園生委員の発言を紹介する。

　　御園生委員　被爆者の子どもと非被爆者の子供の間で白血病の有意差はない。被爆者の子供に白血病が多いという証明はない。（第1回34頁）
　　広島，長崎では（遺伝子の突然変異で変な子供が産まれた例は）みつかっていない。（第1回61頁）
　　広島と長崎で，身長や体重が多少違う例はあるが，遺伝病では差は出ていない。（第1回62頁）
　　放射線の問題で一番困るのは，放射線だけによって起こる病気はないことだ。（第1回63頁）
　　御園生委員　被爆後2，3か月の間に亡くなった方がたくさんいた。この人たちは本当に原爆症と言える。それ以後の死者は他の人との差はない。せいぜいあの年以内に亡くなった人は原爆症という特別な状態だったということは事実だ。（第9回37頁）

　なお，第11回会議「議事要旨」に次のような記載がある。

　　「健康管理手当の11疾病は原爆放射線との厳密な意味での因果関係は全くない。また，被爆者の定義が幅広すぎて，放射線の影響という点から見たとき，非常に大きな影響を受けた者から，ほとんど何の影響も受けていない者まで等しく被爆者として扱われている点にも矛盾がある。」（このようなことを言えるのは，委員の構成からみて，御園生委員以外にはいない。筆者）

　以上の茅座長及び御園生委員の発言から，基本懇では，原爆被害は過大視されている，被爆者への給付は必ずしも適切に行われていないなどの疑念が抱かれていたことが分かる。このような認識は，被爆者が被った人体被害を小さく評価しようとする傾向につながるものであり，この認識が基本懇報告の基調をなしている。

(2)　原爆犠牲と国家補償
　この問題をどのように考えるかは，基本懇の最大の課題であった。意見が噴出したが，田中委員が議論を主導した。

　　田中委員　原爆が戦争抑止に大きな機能を果たした。被爆者はその機能を発揮するための犠牲者だった，被爆者はそういう特殊の事情のもとに日本国民，人類

139

全体の犠牲となったという特別の事情にあって，特別の犠牲を受けた。その犠牲
に対してはそれ相当の補償，国民全体が納得するような補償をする。国家補償の
原理に立つとはこのような意味だと理解すれば，亡くなった人は貴重な犠牲者で
あるから，社会保障の原理でなく，慰霊の意味をもって弔慰金を贈る，特別の犠
牲者に特別の補償をすると，ある程度新しい考え方を加えた対策を講じることも，
十分理屈はたつ。（第3回15〜16頁）

　日本の不法行為だ，アメリカの不法行為だ，その損害賠償請求権を日本政府が
放棄したから日本政府に要求するのだというのなら，それは原爆に限らずすべて
の戦争被害者に共通の問題である。（第3回17頁）

　原爆被害者だけに年金を支給するのは国民的合意を得られない。被爆死者に対
する一時的な弔慰金とか。国家補償的な考慮のもとに制度の公正を図るというと
いうことで説明がつく。（第3回21頁）

　大河内委員　アメリカの原爆投下が日本との戦争を終結させた。その事実に基
づいて何らかの措置をとる。これに放射能の影響を加えると理屈が立つ。（第3回
43頁）

　茅座長　沖縄戦で県民が非常にひどい目にあったが，あれを一般国民が味あわ
ないですんだのは広島・長崎のお陰だと言える。（第3回48頁）

　つまり，原爆により戦争が終結して平和な世界になった，被爆者はそのための
の犠牲（特別の犠牲）となったという考え方である。ここから，被爆者に対す
る補償を導き出そうとするのであるが，沖縄戦や無差別空襲による被害と原爆
被害の違いをどう説明するかが議論となった。

　大河内委員　戦争被害は非常に大きく，戦争に負けたことで万事文句を言わな
いという合意が国民の間にある。それなのに被爆者は国家補償だ，軍人同様別扱
いにせよと言う。沖縄の犠牲も終戦に影響しなかったか。（第6回52頁）

　被爆者のほうが戦争終結に直接のかかわりを持つとか，抑止力としての機能を
持つとか，理屈をつけなければならない。（第6回54頁）

　茅座長　他の戦災とはっきり区別できるのは，本土決戦が回避されたこと，放
射能という特別の影響をもつ爆弾だったという点だ。（第9回9頁）

　大河内委員　一般戦災者とのバランスの問題がある。特に沖縄は原爆の被害者
以上の苦しみを受けた。（第9回17頁）

　茅座長　熱線や爆風も他の爆弾とは格段の違いがあったし，放射能は特に違う。
（第9回18頁）

　田中委員　大ざっぱに見ると原爆の被害は，さあ逃げようと逃げるような一般
戦災の場合とは違う。全体として悲惨な状況に特殊性があることは間違いない。

第 12 章　原爆被爆者対策基本問題懇談会（基本懇）

それに対してその度合いに応じた特別の補償をしたらどうかというのが，特別犠牲説的な考え方にたった国家補償の理論だ。（第 9 回 19 頁）

以上のように，原爆被害は「特別の犠牲」であるから国家補償すべきであるとの方向で議論はまとまる。「特別の犠牲」の理解のしかたについて，放射線被害，被害の甚大性，本土決戦回避・戦争終結への決定的影響などが語られている。

「報告」は，前述の最高裁の判旨に従って「原爆被爆者の犠牲は，その本質及び程度において他の一般の戦争損害とは一線を画すべき特殊性を有する『特別の犠牲』である」とする（本土決戦回避，戦争終結への決定的影響などは除外）。このとらえ方は，基本的にはそれまでの政府・厚生省のそれと同じである。ところが，「報告」は最高裁とは異なり，被爆者対策は「広い意味における国家補償の見地」に立って行うべきであるとする。この問題については，後述する。

(3) 被爆区域，「黒い雨被爆」（健康診断受診者証）区域

被爆者健康手帳は，㋐原爆投下の際当時の広島市・長崎市の区域内又は政令で定める隣接区域内にいた者（いわゆる直接被爆者）にいた者，㋑原爆投下後政令で定める期間内に政令で定める区域内にいた者（いわゆる入市被爆者）などに交付される（旧原爆医療法 2 条）。㋐及び㋑については，「政令で定める区域」がどのように定められるかに関心が集まった。

1960 年の原爆医療法の改正により，爆心地から 2km 以内にいた被爆者健康手帳所持者は「特別被爆者」とされた。これ以降，いわゆる被爆区域及び特別被爆者区域の拡大が広島・長崎県・市および被爆者運動の課題となった。1972 年の政令改正により被爆当時の広島市に隣接する一部の区域が㋐の区域に加えられた。1976 年の政令改正では㋑の区域が拡大された。特別被爆者区域も数次の政令改正により拡大された。1974 年の原爆医療法改正（法律 86 号）により，被爆区域に隣接する政令で定める区域（いわゆる黒い雨区域）内にいた者には「健康診断の特例」が定められた（附則第 3 項の追加）。その後も，被爆区域の拡大を求める運動は活発に行われていた。

その頃に設置された基本懇では，被爆区域及び「健康診断の特例」区域（健康診断受診者証区域）の指定の問題について活発に議論された。委員からは，それまでの区域指定のあり方や区域拡大要求について，批判的な意見が多く出

された。

　　緒方委員　被爆区域の範囲は行政区画で行っているが，これは正しい取りあげ方か。例えば中心から何キロとか何十キロという方がもっと合理的なのではないか。（第1回65頁）

　　御園生委員　非常にむずかしい問題だ。被曝線量は遮蔽があるか物陰にいたかなどで非常に違う。そういう意味で距離だけでも出ないし，行政区画でも出ない。ちょっと痛しかゆしのところがある。（第1回65〜66頁）

　　三井課長　健康診断を受けて11の傷病があると，原爆とも関係があるかもしれないということで手帳がもらえる。そういう地域で本当に原爆と因果関係が証明された人があるかといえば，ほとんどない。（第6回21〜22頁）

　　御園生委員　原爆手帳を持っていることと被爆者であることはイコールではない。現実に手帳を持っている人には直接被爆でない方の数が多いと言ってよい。そういうのを同じに扱ってよいか。（第6回23頁）

　　三井課長　その区域で手帳を持っている人すべてが認定疾病にかかっているわけではない。大多数は大したことはない。病気になっても高血圧とか，年を取ればだれでもかかるような病気になる。それは原爆と無関係とは言い切れないから，いろんな補償をしてあげる。（第6回24−25頁）

　　田中委員　厚生省には確信も基本的考えもない。ただむやみに区域を広げて手帳を渡すだけだ。（第6回25頁）

　　北村審議官　（区域拡大の経緯を説明したのち）厚生省が当該地域とその隣接地域で残留放射能調査をしたが，昨年出た結果によると，区域の内外で有意の差がなかった。だから科学的にはもう根拠はない。地域は拡大しないという一応の行政方針を出しているが，原爆問題については科学だけでは割り切れない点がある。メンタルな面もあるし，最近，政策配慮上，政治的な均衡を図るべきだという声が強くある。（第6回27−28頁）

この説明に田中委員が猛反発した。これを受けて同審議官は次のように発言した。

　　北村審議官　私どもは原爆残留放射能の調査結果が出た以上，科学的にはこれで割り切っているし，これを拡大する根拠は乏しいと，政府の公式答弁にしている。（第6回30頁）

　　茅座長　科学的なものを目標にして歯止めをかける役目をさせられているのでないか。我々は歯止めのために集まっている。どういうふうに便乗組を納得させるか。今までの不合理なことを我々は認めない。科学的な根拠に基づいた結論であり，政治的なことは考慮しない。（第6回30〜31頁）

第12章　原爆被爆者対策基本問題懇談会（基本懇）

　田中委員　いまだに区域拡大を言うのは，いくらかでもありつこう，国から金を出させてその分け前にあずかろうという，さもしい根性の表れだ。（第6回36頁）

　茅座長　残留放射能が被爆区域の範囲を決める科学的根拠となる。どういう範囲を決めるべきか，科学的問題にしぼって考える。（第7回2頁）

　田中委員　今まで被爆区域を政治的に決めてきたのは，一種のたかりの構造の現れだ。もっと科学的に合理的な線を引くべきだ。（第7回4頁）

　今まで広げ過ぎているという結論を出してもいい。（第7回6頁）

　大河内委員　根拠なく広げすぎたと言えるなら言ったほうがいい。それを言う物差しは残留放射能。しかし，残留放射能は現在被爆の状態を測定する唯一の尺度なのか，専門家の立場ではほかにもあるのか。（第7回6頁）

　御園生委員　（残留放射能で最初の原爆の放射能の強さを推定することは）できない。（第7回10頁）

　茅座長　距離だけの問題なら，最初に長崎の爆心地からの範囲によって指定しておけば，ここもふやせという問題は起きなかったかもしれない。「長崎市及びその周辺地域」という指定の仕方があとまでずっと禍根を残した。（第7回34-35）

　田中委員　区域拡大運動をやっている人たちは，いろいろな給付を受けたいという一種のたかり的な気持ちがある人もある。年をとって体が衰えてくると，これを原爆と結びつけて考える人が相当いるのでないか。（第7回37～38）

　茅座長　いまくらいの残留放射能があったとしても問題にならない。その辺の一般の常識が日本全体にない。放射能がわずかでもあればいけないという考えで，原発などを拒否している。（第7回38～39頁）

　北村審議官　（長崎の被爆地域を）12キロメートルにというのはまさに政策論だ。すると広島でも12キロメートルと言わざるをえなくなる。（第7回41-42）

　御園生委員　行政地区との関係で被爆地域が決められた。区域拡大ではなく縮小すべきだ。（第9回22～23頁）

　田中委員　区域を設定するのに行政で範囲を決めるやり方がそもそも間違いだった。（第9回23頁）

　今さら長崎の区域拡大というのは便乗的要求以外の何物でもない。（第9回33頁）

　御園生委員　（手帳があれば）原爆（放射能）に起因した病気でなくても，医療費の自己負担はなくなる。（第9回38頁）

　茅座長　そうだとすると，放射線という特徴による国家補償をというのはおかしなことになる。（第9回38頁）

　田中委員　（健康診断受診者証→健康診断受診→11種類の傷病→被爆者健康手帳交付という行政の仕組みについて）それは，ひどい言葉でいえば乞食根性。（第

9回39頁）

　委員の発言の中には，被爆区域の拡大要求について激しい言葉で批判・罵倒するものがある。それまでの厚生省による被爆区域の設定は科学的根拠に乏しく，政治的・政策的な配慮によるものだ，行政区画により区域指定をしたため禍根を残した，基本懇の役目は科学的なものにより区域拡大に歯止めをかけることだ，などといった発言もあった。

　以上のような議論を踏まえて，被爆区域の設定について，「報告」は次のように述べている。

　　「被爆地域の指定は，本来原爆投下による直接放射線量，残留放射能の調査結果など，十分な科学的根拠に基づいて行われるべきものである。これまでの被爆地域の指定は，従来の行政区域を基礎として行われたために，爆心地からの距離が比較的遠い場合でも被爆地域の指定を受けている地域があることは事実であるが，上述のような科学的・合理的な根拠に基づくことなく，ただこれまでの被爆地域との均衡を保つためという理由で被爆地域を拡大することは，関係者の間に新たな不公平感を生み出す原因となり，ただ徒らに地域の拡大を続ける結果を招来するおそれがある。被爆地域の指定は，科学的・合理的な根拠のある場合に限定して行うべきである。」

　「報告」が公表された後，政府厚生省・厚労省は，被爆区域の拡大を求める要求に対し，科学的・合理的な根拠がない限り応じられないという態度をとり続けることになる。

(4) 必要の原則

　原爆二法による給付が「本当に必要な者」に対して出されているのかという疑問が，主として田中委員から出された。

　　田中委員　被爆者対策のお金は，本当に必要な人に対して合理的に支給されているのか。うまくこれに乗っかって何万円かの金を毎月々もらっているという印象を与える例が相当にあるのでないか。（第1回68頁）

　　本当に必要な人のところにお金が行っているなら国民は文句を言わない。ところが，必ずしも必要でない人のところに金がばらまかれているんじゃないかとなると，いろんな批判がある。（第1回69頁）

　以上のような認識は，「報告」にいう「必要の原則」（「今後の対策は，画一に流れることを避け，その必要性を確かめ障害の実態に即した適切妥当な対策を重点

第12章　原爆被爆者対策基本問題懇談会（基本懇）

的に実施するよう努めるべきである」）に結実し，その例として「多量の放射線
を被爆したと推定される近距離被爆者に対しては，被爆の実態に即した各種手
当の支給等に引き続き努力を傾注すべきである。」としている。

5　報告のとりまとめ過程

　厚生省は，基本懇の審議に「政治的立場から注文は一切つけない。公平な判
断を願いたい」（第1回会議における橋本厚生大臣の発言）としていた（公表され
ている「原爆被爆者対策基本問題懇談会の議論の流れ（内部資料）55.7.29」という
文書には，「基本問題懇談会発足の経緯からして事務当局が積極的に議論に参加する
ことは許されておらず，現状説明しかできないことになっている。」と記されてい
る。）。しかし，報告のとりまとめの段階になると，それまで説明役に徹してい
た厚生省公衆衛生局（企画課）の発言が増加し，審議への「介入」が目立つよ
うになる。

　第9回会議の終了間際に，木戸企画課長は，報告のとりまとめについて，次
のように要請した。

　　木戸課長　今なお放射能による患者が増えていると国民は思っているだろう。
　従って，広島・長崎の放射能の汚染は今どういう状況なのか，被爆者の死亡率，
　悪性腫瘍の発生率，加齢現象の非被爆者との差異，遺伝的影響，今後の放射線の
　影響に関する研究体制などにも触れてほしい。（第9回42頁）

　基本懇に求められていたのは，被爆者対策の基本理念をどのように考えるか
であったが，この木戸課長の発言は，報告の内容に関する注文であり，基本理
念にとどまらず，具体的な被爆者対策にも触れてほしいと要請したのである。
　第10回会議（1980年7月22日）から，報告のとりまとめ作業が開始され
た。田中委員の指示により事務局の厚生省公衆衛生局が作成した「報告書に盛
り込むべき事項」という文書が，この会議に提出された。この文書は，①被爆
者対策の基本理念，②被爆者対策の基本的あり方から構成され，最終「報告」
の第3の部分で取り上げられた具体的な改善策が②で述べられていた。
　この文書で初めて「広義の国家補償」「広い意味での国家補償」という文言
が登場した。田中委員は，「この線で報告書を作ると，なんにも答えは出てい
ないではないかという批判が起きはしないか」（第10回6頁）との懸念を述べ
た。その上で同委員は次のように述べる。

145

田中委員　国民的合意が得られる範囲で補償問題を考えるとの趣旨を盛り込みたい。その結果として，援護法（新法を指す）は要らない，内容の改善もいらない，（これまでの）一律平等総花主義はやめる，今までの施策も含めてやめるという結論に至る。非常に苦しい状況にあり，介護を必要としているのに行われていないという面は直さなければならない。(第10回7-8頁)

　抽象的に国家補償的な性格を持っていることは否定できないといってみたところで，被爆者に弔慰金や遺族年金を出さないのであれば，当然不満が出てくると思うが，仕方ない。現在非常に苦しい生活の中にいる現実に対して，できるだけの配慮をするという考えだ。(第10回11-12頁)

　被爆者であるために特に困っている実情はあまりない。結局，画一的・総花的に，あるいは不均衡是正という名の下に要求されているものに，広く救済を与えるかどうかが問題だ。(第10回12頁)

この発言に対し，茅座長は次のように応じた。

　茅座長　最終的に負担をする国民が納得できるようなものでなければならない。これはわがままを排するという趣旨だ。この点に沿って，例えば地域拡大とか，放射線を浴びた人は異常がなくても有意の差があるという考えは支持されていないという考えに立って答申を書くべきではないか。(第10回12頁)

　大谷局長　援護法という言葉は混乱を招くので事務当局としては絶対に飲めない。いかなる場面があっても援護法という名前は拒否する。(第10回44頁)

　第10回会議の議論は，委員と厚生省当局者との質疑応答の形で進んだが，厚生省側からは最終報告が出されたときの政治的反響に留意した発言が目立った。

　この議論を踏まえて，田中委員が次回の会議に報告案（田中草案）を提出することになった。

　第11回会議は2日間の軽井沢合宿であったが（1980年8月22・23日），田中委員は病気のため欠席した。「速記録」は存在していないとのことであり，「議事要旨」を見ることができるだけである。そのため議論の詳細は分からないが，厚生省当局は田中草案にある「国家補償」という文言に相当の困惑を覚えたようであり，「議事要旨」には「国家補償という言葉のみが一人歩きしないよう意見書の中で十分歯止めをしておく必要がある。」との発言（発言者不詳）が記録されている。

　第12回会議（1980年11月20日）には，前回の議論を踏まえて田中草案に事務局（厚生省公衆衛生局）が「政府としてのいろいろな面の配慮から」加筆し

第12章　原爆被爆者対策基本問題懇談会（基本懇）

た報告案が提出された（この案は明らかになっていない）。田中草案をどのように変更したかについて，木戸課長は次のように説明した。

　　木戸課長　田中草案では，原爆の特殊性について，熱線・爆風・放射線という強烈なものだったこと，それが戦争終結への引き金になったと，二つが独立したものになっていた。この二つだと，放射線障害だけでなく死没者への補償もやれとなる。原爆の犠牲によって平和になったということになると，原爆被害の全部に対して補填しなければならないことになり，補填が広がる。そこで，原爆被害は戦争終結の直接的契機になった程に強烈だったと，障害の程度の説明に改めた。（第12回1頁）

田中委員はこの説明に不満を示し，両者の間で議論となったが，直ちに決着しなかった。また，国家補償（田中委員の案）という文言を用いて政府の被爆者対策を説明するかどうかが，激しい議論となった。木戸課長は次のように発言した。

　　木戸課長　従来は社会保障，今度は国家補償に立って新しいことをやるということは，従来と違うことをやれと取られる。これ以上やれというのは困る。国家補償と書くことを少し緩めてほしい。ぶしつけなお願いだが，私共の書いた原案に立っていただきたい。従来やってきたことが国家補償に立ってやるべきだと言われると，部内に抵抗が多いので。（第12回16-17頁）

基本懇を設置した目的は，孫振斗裁判最高裁判決を受けて，被爆者対策の基本理念を検討し明確にすることであった。厚生省は，この作業を有識者で組織した基本懇に委ねたが，報告書の取りまとめの段階に至り「国家補償」という文言がキーワードとなることが判明して大慌てとなり，木戸課長は「厚生省の原案に立ってほしい」という「ぶしつけな」要求をあからさまに出したのである。

最終的に厚生省側は，「報告」の中で「国家補償」や「広い意味における国家補償」という文言を用いることに，渋々ながら同意したが，大谷局長は，なおも「野党や運動団体が言っているのは，国家補償即援護法であり，国家補償即遺族年金とストレートである。勝ち取ったという話になるのが心配だ」と発言している（第12回18-19頁）。

このように，厚生省側は「国家補償」が独り歩きして政府の戦後処理問題に影響が及ぶことを強く警戒したのである。

そこで，大河内委員は，「国家補償という言葉をいったん使ったら歯止めが

147

利かなくなるから，具体的に歯止めをつければいい」と述べている（第12回
16頁）。

田中委員と厚生省側との意見の違いは，「特別の犠牲」のとらえ方について
も見られた。厚生省側は放射線障害に着目し，被爆者健康手帳の所持者は全員
がそれにより健康障害を受けているとするのに対し，田中委員はこれに疑問を
呈している。

　　田中委員　厚生省は放射線による健康障害は特異であり特別の犠牲というのか。
特別の犠牲というのはある特定のこと（放射線による障害を指している。筆者）
だけを指すのではないと思う。もっと広い意味で考えないと，健康障害を受けて
いない人は対象からはずれてしまう。（第12回42頁）
　　木戸課長　（被爆者健康手帳を所持する）37万人全員が一応健康障害の可能性が
多少とも残っていると考えている。（第12回43頁）
　　田中委員　特別の犠牲の観念はそんなものではない。（第12回43頁）
　健康障害ということを出すと，現に健康障害を受けている人，特別手当を受け
ている人だけが特別の犠牲者で，それ以外は対象からはずされる。（第12回44頁）
　　木戸課長　被爆者が，焼夷弾，艦砲射撃，シベリアとどこが違うかというと，
放射線による健康障害しか際立ったものはない。（第12回44頁）

以上の意見対立は容易に収束しそうになかったが，最終的には次のように取
りまとめられた。

　　大谷局長　この問題は先生方の良心的な考え方でよいのでないか。その良心的
な考えが誤解されるような書き方になっていると，非常に困る。（第12回50頁）
　　木戸課長　前の橋本大臣など主だった自民党議員は，基本的な考えは先生方に
まかせるしかない，ただこういうものはやるべきでないということを書いてもら
えばいいのではないかと言っている。田中委員のいう結果責任の国家補償が基本
的な考え方と言われても，厚生省としてやむをえない。（第12回50-51頁）

要するに，厚生省として，最終報告に「国家補償」という文言を用いること
は受け入れるが，誤解されないような書き方にしてほしい（局長），歯止めを
書き込んでほしい（課長），ということであった。このような厚生省側の態度
を受けて，茅座長は「国家補償という考え方は，原爆は国際的な違法行為だと
いう根拠でいう者が多いが，そういうものではないことをここでは示した。そ
の点だけでもいい」と取りまとめた。（第12回51頁）

第13回会議（1980年12月3日）が，事実上，最後の議論の機会となった。

第 12 章　原爆被爆者対策基本問題懇談会（基本懇）

田中委員による最終報告案が提出された。冒頭，同委員は次の発言をした。

　　田中委員　被爆者対策の改善と言いながら，これという内容は何もない。（第13回3頁）

　　厚生省のこれまでの措置，対策をジャスティファイすることに重点が置かれていて，積極的にこういうふうに直したら，という点があまり見られない。この答申では相当の反発を当然予想しなければならない。（第13回4頁）

田中委員は，次のようにも述べている。

　　田中委員　沿革的には，社会保障は個人の権利として要求するものでなく，国家が恩恵を施す考えが根底にあったが，だんだん一種の権利として要求できる傾向にある。国家補償はもっと権利性の強いもの。当該国民が国に対して権利として主張できる，裁判で救済を求めることができる。（第13回10頁）

　　孫振斗裁判で最高裁は，単なる社会保障制度の一環としてというより，権利性の強い，国家補償の観点に立って権利の救済を認めた。一種の戦争損害救済制度であって，単なる社会保障制度の一環と考えるのは相当ではないとした。（第13回11頁）

付言すれば，田中委員は，被爆者対策を一種の戦争損害救済制度として考え，原爆被爆者対策基本法も構想していたが（第13回23頁），厚生省側は，基本法制定（基本法と実施法の制定）について消極的であった。

　　木戸課長　基本理念を書いた基本法とその実施法を分けるほど中身があるか。基本法には国家補償の精神だけが基本理念となる。そうすると，そこだけが大きくなって，私ども実は非常に困る。自民党の幹部も困るのではないか。（第13回25頁）

おわりに

　基本懇報告は，原爆医療法には「実質的に国家補償的配慮が制度の根底にある」との孫振斗裁判最高裁判決を踏まえ，厚生省当局の強い懸念を退ける形で，国は「広い意味における国家補償の見地」にたって被爆者対策を講じるべきであると提言した。

　それは，起草者の田中委員の考え方を色濃く反映したものである。ところが，前述のように，同委員は，報告は「厚生省のこれまでの措置，対策をジャスティファイすることに重点が置かれていて（後略）」と自嘲気味に述べている。なぜ同委員はそのような発言をしたのであろうか。

当時の厚生省は，基本懇報告において被爆者対策は国家補償に立って行うべきであると書かれることを強く警戒していた。これを配慮して田中委員は，「国家補償」でなく「広い意味における国家補償」という文言を用いることにより，国家補償の意味合いを薄め，「報告」の軟着陸を図ろうとした。同委員は，政府のそれまでの被爆者に対する施策は，すべて「広い意味における国家補償」の見地に立ったものであると説明できるとし，政府・厚生省を正当化・合理化した。そうであれば，厚生省は，これ以上田中委員に対して「抵抗する」必要はなかったのである。

　基本懇報告は，「広い意味における国家補償」を打ち出したものの，そこから被爆者に対して新たな施策が必要であるとは提唱せず（むしろ，基本的にはこれまでの施策で十分であると考えている），また，これまでの施策を見直して縮小を図ることは，政府の立場を配慮して提言せず，かえって報告の後半部分で，放射線障害のみを「特別の犠牲」とする厚生省の立場を踏まえつつ，近距離被爆者に対する施策の強化などを提起した。また，被爆区域の拡大に歯止めをかけるために，科学的・合理的根拠のある場合に限定した。報告の末尾で提言されている被爆者に対する福祉増進施策における地方自治体の「相応の役割」の強調などは，厚生省側の要望事項を受け入れて書き込まれたものである。

　こうして，基本懇は，それまでの厚生省の被爆者対策を「広い意味における国家補償」の中に位置づけ直すという役割を演じさせられたようである。そして，報告は斯界の権威により示された知見として，今日まで政府厚生省・厚生労働省による被爆者行政の太い指針となっているのである。

　2点，付言しておきたい。1つは，孫振斗裁判最高裁判決を受けて設置された基本懇に課せられた使命は，被爆者「対策」の基本理念を明らかにすることであり，日本国外に居住する被爆者の「対策」も検討されるべきであったにもかかわらず，基本懇は在外被爆者「対策」をまったく視野の外においたことである。われわれは，これを「苦い記憶」として，いずれ振り返らなければならないであろう。

　もう1つは，わが国を代表する研究者，知識人を委員に揃えた基本懇で，被爆者と原爆被害についての不正確な認識や誤解に基づく発言がしばしばなされただけでなく，被爆者・被爆者運動を侮蔑するような発言が発せられていたことである。筆者は，これは現在の問題でもあると考えている。

第 12 章　原爆被爆者対策基本問題懇談会（基本懇）

（付記） 本稿執筆にあたっては，向井均氏から提供された「基本懇議事録読解」（「速記録」の要約版）を活用した。

第13章　基本懇「報告」── その後

は じ め に

　厚生大臣の私的諮問機関である原爆被爆者対策基本問題懇談会（基本懇）は，同大臣から原爆被爆者対策の基本理念と基本的な在り方を明らかにすることを求められ，1980（昭和55）年12月に「報告」を提出した。この「報告」は，その後の政府・厚生省（厚生労働省）の被爆者対策に大きな影響を及ぼしている。

　本章では，政府・厚生省が「報告」をどのように受け止め，理解し，その施策に生かしたかについて，国会会議録に残されている厚生大臣や厚生省の担当局長の説明・答弁を整理・紹介することにより明らかにする。取り上げるのは，基本懇「報告」を受けて政府が提出した「原子爆弾被爆者に対する特別措置に関する法律の一部を改正する法律案」を審議した第94回国会（1980年12月～1981年6月）および「原子爆弾被爆者に対する援護に関する法律案」（成立法が現行法）を審議した第131回国会（1994年9月～12月）の会議録である。

　その前に，広島市が基本懇「報告」をどのように受け止めたかを紹介しておく。「報告」が公表された1980年12月11日，荒木武広島市長は記者会見を行い，次のコメントを配付した（全文）。

　「基本懇の先生方による1年有半，14回にわたる被爆者問題の研究については，その御苦労を多としたい。
　その結果，原爆投下を国際法違反として明言してもらえなかったことは，平和を願う被爆市民の立場から残念であったが，原爆被爆者を『特別の犠牲』であるとして，被爆者対策を国家補償の見地に立って措置すべきであるという基本理念が明示されたことは，従来，政府がとってきた特別の社会保障制度という見解をふみ出すものであり，我々の主張がとおったものと考える。
　半面，基本的な施策のあり方については，我々が長年主張してきた諸要望とかなりの隔たりがあり，なかんずく，国民的合意が得られがたいことを理由として，死没者に対する弔慰金及び遺族年金が認められなかったことは，国の戦争責任の観点からなんとしても肯けないところである。
　いずれにしても，これですべてが終ったわけではなく，これからは政治の場に

153

移るので，我々としては，国家補償を基本とする制度の確立を目指して努力する決意であるが，当面は，答申に述べられた広い意味での国家補償という見解を根拠にして被爆者対策の拡充強化を強く求めて生きたい。」（『原爆被害と援護問題第1回シンポジウム報告集』（同シンポジウム世話人会編，広島自治体問題研究所発行，1984年）より転載。なお，同市長は，翌日に開かれた広島市議会本会議においても，まったく同じ趣旨の答弁を行っている。）

以上のように，荒木市長は，「報告」は被爆者対策の基本理念を国家補償の見地にたって行うべきであるとしていると受け止め，政府の特別の社会保障という従来の見解は克服されたと評価しつつ，死没者弔慰金や遺族年金の創設などの諸要望が認められなかったことを批判している。

1 第94回国会（1980年12月～1981年6月）における論議

政府は，基本懇「報告」で提言された事項を具体化するために，「報告」を受け取った直後の第94回国会に，「原子爆弾被爆者に対する特別措置に関する法律」（以下では「原爆特別措置法」という）の改正法案を提出した。その主な内容は，医療特別手当および原子爆弾小頭症手当（以上，所得制限なし）の新設，特別手当，健康管理手当および保健手当の増額である。

(1) 政府・厚生省は基本懇「報告」をどのように受け止めたか

㋐ 鈴木善幸首相は，衆議院本会議において政府の基本的な立場を次のように述べた。

「内閣総理大臣（鈴木善幸君）（略）原爆被爆者対策基本問題懇談会の答申について，私の考えをお尋ねでありましたが，基本懇の意見は，原爆投下を弁護するものではなく，また，原爆被爆者の犠牲は，国民がひとしく受忍しなければならない一般の犠牲とは異なる特別の犠牲として，適切妥当な措置を講ずべきものであるとしているものと理解しております。
政府は，従来から，原爆医療法及び原爆特別措置法を制定し，被爆者対策を推進してまいりましたが，弔慰金及び遺族年金の支給を内容とする被爆者援護法を制定することは，基本懇の意見において，一般戦災者との均衡上，国民的合意を得ることはむずかしいとされており，政府としても，この点同様に考えております。（略）」（1981年1月29日衆議院会議録4号18頁）

この総理大臣答弁は，通りいっぺんの極みというべきものである。

第 13 章　基本懇「報告」

④　園田直厚生大臣は，「報告」は被爆者対策の理念を社会保障から国家補償へと切りかえたと評価しつつ，このたびの法改正は必ずしも被爆者の要望をすべて否定しているわけではないと，前向きに受け止めている。

「国務大臣（園田直君）（略）基本懇の答申は，社会保障の理念から国家補償の理念に大きく切りかえたところに評価すべき点があると心得ております。この補償については，原爆という特別の被害を考えて相当の補償をやれと言っているわけでありまして，そのほか数点いろいろ国民との合意あるいはその他困難な問題が書いてありますが，それを否定しておるわけではないと私は考えます。したがって，基本懇の答申は，これを受けて今後の施策に取り入れていく所存でございます。

次に，基本懇は国家補償を認めながら，弔慰金その他被爆者の団体が望んでおったことが実行できなかったと，こういうものでありますが，これは先ほど申し上げましたとおり，それをやってはならぬと否定はしていないわけでありますから，逐次国民との合意あるいは困難な問題等をそれぞれ考えながら進めていきたいと考えております。（略）」(1981 年 5 月 15 日参議院会議録 18 号 66 頁)

「園田国務大臣　先ほど発言されました（孫振斗裁判）最高裁の判決……(は)国が責任を持って国家補償をなすべきだという一つの理念が根底にあると私は解釈いたします。かつまた今度の懇談会の答申も，皆さん方や被爆者から言えば不満足なものではあるが，この最高裁の国が補償すべきものであるということは，一歩進んだもの，こう考えております。そういう意味で，前から所得制限の撤廃を要求して，これが，全部できなかったことは残念でありますが，一部は撤廃を実現したわけであります。」(1981 年 4 月 23 日衆議院社会労働委員会議録 11 号 7 頁)

⑤　法案審議の途中の 1981 年 5 月 18 日，厚生大臣は園田直から村山達雄に変わった。新任の村山大臣は，「報告」について次のような認識を示した。

「国務大臣（村山達雄君）　この原爆被爆者に対していかなる処遇をとるべきかという問題につきましては，かねてから長いこと懸案になっておったところでございます。したがいまして，社会保障制度審議会のお話もありまして基本懇というものを設けまして，そして長期にわたって御検討を専門的にお願いいたしたのでございます。昨年十二月にこの答申が出てまいりまして，非常に何といいますか，ある程度常識的な基本理念あるいは考え方が出ているわけでございます。私が承知しているところでは，やはり一つは，この戦争によるところの被害，これは統治行為に関するものであるから，残念なことであるけれども，国民の人たちにもある程度受忍していただかなければならぬ，これが一つこの基本懇の考え方

155

の基礎にあると思うのでございます。その中であって，原爆被爆者というものは，これは「特別の犠牲」である，その実態から見まして。そういう意味で，憲法で定めるような国家賠償責任とか，あるいは財産の収用等に伴う損失補償というような意味ではないけれども，広い意味の結果的責任，それを別の意味で言いますと，広い意味の国家補償として考えるべきである，これが第一の理念として言われているところでございます。

　第二番目は，もう申すまでもありませんが，そのやり方については，したがってやはり被害の実態を見ながら現実的に適応した「相当の補償」措置を講ずべきである，他方，したがってそれは国民の納得が得られる整合性を持たにゃいかぬということを言っているように思うのでございます。

　（略）その「相当」とは何ぞやと，こういうことでございますが，私たちは今度出したところが，大体基本問題懇談会から答申をいただいておる「相当の補償」をしたつもりで出しているのでございます。

　それからまた，いま御質問のありました，亡くなられた方の年金，弔慰金等につきましては，この基本問題懇談会も触れておりまして，恐らく一般国民の納得が得られないのではないだろうかということを指摘されているわけでございます。私たちは，この専門家の人たちに長いことかかっていまのような結論を出していただいたわけでございますので，これを多といたしますし，また私たちもある程度説得性がある，かように考えて今度の提案をいたしたわけでございます。」（1981年5月26日参議院社会労働委員会会議録5～6頁）

この村山大臣の答弁は，園田前大臣と異なり，それまでの政府の立場を一歩も出ない，いかにも事務的・官僚的なものである。

　㋑　大谷藤郎厚生省公衆衛生局長（同省の担当局長）は，「報告」のいうように被爆者対策は「広い意味における国家補償の見地に立って」進めるべきであるとしつつ，国民の税負担による施策であるから，放射線障害の実態に即した社会的公正なものでなければならないという。同局長は，後者を強調しているようである。

　「政府委員（大谷藤郎君）　基本懇の意見によりましては，国は被爆者の「特別の犠牲」に対して，「広い意味における国家補償の見地に立って」対策を講ずべきであるとされているわけでございますが，しかしそれは結局のところ，国民の租税負担により賄われることになるのであるから，他の戦争被害者に対する対策に比べて著しい不均衡が生ずるようであっては，容易に国民的合意を得がたいのではないか，また社会的公正を確保するゆえんでもないのではないかというふうに御指摘になっているわけでございます。したがいまして，今後の被爆者対策につ

きましては，私どもといたしましては被爆者の放射線障害の実態に即した，適切
妥当な措置を講じていく必要があるというふうに考えているわけでございます。」
（1981 年 5 月 26 日参議院社会労働委員会会議録 5 頁）

(2)　法律の規定に「国家補償」を明記すること

　野党議員は，しきりに政府に対し原爆特別措置法（原爆二法）に「国家補償
の精神に基づく」旨を明記すべきでないかと迫った。これに対し園田厚生大臣
は，衆議院本会議で次のように答弁した。

　　「国務大臣（園田直君）　（略）法律の目的に『国家補償の精神に基づく』という
　文言を明記すべきではないか，こういうことでありますが……広い意味の国家補
　償の理念でありますが，幾つかの条件が付されておることから，その内容をすべ
　て法律の目的の中に規定することはなかなか困難でございます。」（1981 年 4 月 7
　日衆議院会議録 16 号 9 頁）

　以上のように，園田厚生大臣は，「国家補償」を法律の中に明記することは
困難であるが，政府としては「報告」を尊重していきたいとの姿勢を示してい
る。しかしながら，このような厚生大臣の被爆者対策に対する態度が，その後
の被爆者行政において生かされたかは疑問である。

(3)「援護法」の制定，弔慰金等の支給

　園部厚生大臣は，援護法の制定，弔慰金等は難しい問題であるが，検討はし
たいという。

　　「園田国務大臣　援護法の制定については……財政面からくる不可能ということ
　ではなくて，たてまえ上援護法は，やはり国家と特別の関係にあった軍人軍属，
　こういう者の対象が援護法である。それから弔慰金，見舞い金の問題は，一般戦
　災者との間の合意をどうするか，こういうたてまえ論もあって非常にむずかしい
　問題になっているわけであります。しかし私は，過去の経緯もありまして，これ
　を絶対できませんということを言い切るということはなかなかしたくないという
　心情が動いているわけでありまして，そういうたてまえ論を何か整理をしながら，
　いまあります関係二法を一つにまとめるとかあるいは今度できました二つの手当
　その他も，健康管理の費用の引き上げ等も，やはりそういう弔慰金，見舞い金が
　なかなか困難であるからひとつ何とかしようということで，財政当局の理解も得
　てやったことでございます。今後ともよく検討はするつもりでおります。」（1981

年 2 月 21 日衆議院予算委員会議録 14 号 16 頁）

(4) 被爆地域指定の是正

被爆地域の指定には問題があり，是正すべきであるとの意見は根強く存在した。この問題について，園田厚生大臣は，困難ではあるが，考えなければならないと答弁した。

　「園田国務大臣　この問題も非常に困難な問題ではありますし，かつまた今度の答申の中にも，科学的，公平にやらなければ，これを是正することによって新たな不公平ができては困る，慎重にやれということがあるわけでありまして，これも相当困難ではあります。困難ではありますが，正直に言って，これは当初，被爆地からコンパスでこうはかればいいものを行政区域にやったというところに間違いがあるわけでありまして，もう三十年たってから，いまからこれを訂正するということは非常に困難ではある。困難ではあるが，何か考えなければならぬ問題であるということは，しばしば公的にも私的にも先生と話したとおりでございます。今後ともよく相談してやります。」（1981 年 2 月 7 日衆議院予算委員会議録 8 頁）

大谷厚生省公衆衛生局長の答弁は，園田大臣とはやや異なる。

　「大谷政府委員　はなはだ事務的な御答弁でまことに申しわけございませんが，事務当局といたしましては，今回基本懇の答申をいただきまして，先生御指摘のように科学的，合理的な根拠なしに被爆地域を拡大すると，関係者の間に新たな不公平感を生み出すおそれがあるという御答申をいただいております手前，これにつきましては基本懇の見解を尊重して考えざるを得ないというふうに私としては理解しているわけでございます。」（1981 年 3 月 2 日衆議院予算委員会第 3 分科会議録 3 号 21 頁）

(5) 所得制限の撤廃

このたびの法改正により，所得制限なしの医療特別手当及び原子爆弾小頭症手当が新設されたが，特別手当，健康管理手当および保健手当については所得制限が維持された。その理由を大谷厚生省局長は近距離被爆者に対する施策の視点から説明した。

次のように説明した。

　「大谷政府委員　（略）原爆被爆者と称せられる方の中にも，放射線被曝の程度

第 13 章　基本懇「報告」

によっては人によって相当の差がございまして，多量の線量を被曝した人から被
曝の可能性が少なかった方々まで，いろいろな方々が含まれているわけでござい
まして，基本懇の中ではそういった点に着目して，必要の原則によって必要な方
にできるだけ行き届いた対策を講ずべきだ，こういうふうに申されているわけで
ございます。

　したがいまして，政府としては，近距離被爆者の方々には，医療特別手当ある
いは原爆小頭症手当につきましては所得制限を行わないということにいたしたわ
けでございますが，健康管理手当その他の方々につきましては，その健康障害の
程度が認定被爆者の方々に比べますれば若干少ないというふうなことで，これに
ついては所得制限を撤廃することは非常にむずかしいと考えたわけでございま
す。」(1981 年 5 月 7 日衆議院社会労働委員会議録 13 号 6 頁)

(6)　小　　括

以上では，基本懇「報告」の直後の国会に提出された原爆特別措置法改正案
に関する国会質疑において，政府・厚生省が「報告」をどのように受け止め，
その後の被爆者行政に生かそうとしているかに焦点をあてて，厚生大臣および
厚生省公衆衛生局長の発言を抜粋・紹介した。

被爆者対策はそれまでの「特別の社会保障」から「広い意味における国家補
償」へ転換させなければならないとしつつ，それは「国民の合意を得られる相
当の補償」にとどめざるを得ないというのが，基調になっている。

そうした中で，園田厚生大臣には「報告」の前進面を生かし，その後の展開
につなげようとする姿勢が見られないわけでないが，結局のところ，それは園
田直の政治家としての個性に留まるものであったようである。

2　被爆者援護法案の審議

基本懇「報告」の 14 年後の 1994 年 11 月，政府（自民，社会，さきがけ連立
内閣。村山富市内閣総理大臣）は，新法となる「原子爆弾被爆者に対する援護に
関する法律案」（以下では「法案」という）を第 131 回国会に提出した。この法
案は，原爆二法を統合して一つの法律とし，前文を付けて法律の趣旨を明らか
にし，特別葬祭給付金の新設，各種の手当に付けられていた所得制限の撤廃，
福祉事業，死没者追悼事業などを定めるものであった。

「報告」と法案の関係に関し，前文の「国の責任において」の意味，「報告」
のいう「広い意味における国家補償」との異同，あるいは，国家補償という文
言を法文に規定しない理由などが，しきりに議論された。

159

(1) 「国の責任」「広い意味における国家補償」

井出正一厚生大臣は，前文に「国の責任において」という文言を定めたのは，「報告」に沿っていると答弁した。

　「井出国務大臣　（略）今回の法案に「国の責任」という文言を入れた理由でございますが，今回の新法は，被爆後五十年のときを迎えるに当たり，高齢化の進行など被爆者を取り巻く環境の変化を踏まえ，現行の被爆者対策を一層充実発展させ，保健，医療，福祉にわたる総合的な対策を講じようとしたものでございまして，新法において「国の責任において，」という表現を盛り込むのは，こうした制定の趣旨を踏まえて，被爆者対策に関する事業の実施主体としての国の役割を明確にし，原爆放射能という，ほかの戦争被害とは異なる特殊な被害に関し，被爆者の方々の実情に即応した施策を講ずるという国の姿勢を新法全体を通ずる基本原則として明らかにしたものでございます。そして，この表現を用いましたのは今申し上げましたような理由でございまして，その意味ではいわゆる基本懇報告書が示した考え方に沿ったものであると考えております。（略）」（1994 年 11 月 29 日衆議院厚生委員会議録 9 号 17 頁）

質問者は，さらに法案前文の「国の責任において」は，「報告」の「広い意味における国家補償の見地に立って」と同じなのかどうかと質したところ，谷修一厚生省保健医療局長は次のように答弁した。

　「谷（修）政府委員　（略）私どもは，この昭和五十五年の基本懇の答申というものに沿った対策は従来からやってきたというふうに考えておりますが，今回の法律の中では，広い意味での国家補償の見地という言葉はもちろん使ってないわけでございまして，国の責任において被爆者対策を総合的に実施をするということを述べているわけでございます。
　考え方として，この基本懇の答申といいますか意見書に沿った全体の被爆者対策というのは従来からやってきたつもりでございますけれども，法律の中に国家補償という言葉を書くかどうかということについては，先ほど大臣からもお話がございましたように，与党のプロジェクトの中でもいろいろな議論があったということでございまして，結果的にはこれは書かないということで意見の一致が見られたわけでございますので，広い意味での国家補償の見地ないしは基本懇が言っている考え方そのものについて，別に私どもはもちろんこれを否定するものではございませんけれども，この法律そのものの中に国家補償という言葉は使わなかったということでございます。」（同前 17〜18 頁）

第13章　基本懇「報告」

(2) 法律に「国家補償」を明記しない理由

質問者は，井出厚生大臣にも，被爆50周年を前にどうして「国家補償的配慮」（孫振斗裁判最高裁判決）を使えないのかと質した。次は同大臣の答弁である。

　「井出国務大臣　（略）「国家補償的配慮」となりますと，国家補償とどうしても理解されるおそれといいましょうか，可能性が大変高いのではないかと私どもは思います。

　それで，国家補償という言葉は，まだ定義が確立していないと思いますし，この言葉の中には，先ほど来ちょっと申し上げましたが，不法行為に基づく損害賠償という意味もまた考えられる可能性も強いといったような意味では，やはり言葉は逆に大切にしなくちゃならぬということもありまして，あえてそれを避けて「国の責任」とさせていただいたというふうに御理解いただきたいと思います。」（同前18頁）

また，井出大臣および谷厚生省局長は，次のようにも説明した。

　「井出国務大臣　（略）国家補償の文言を法案に盛り込むことにつきましては，国家補償という用語にはどのような概念を指すものか確立した定義がないことから，被爆者に対する給付を内容とする新法においてこの表現を用いると，国の戦争責任に基づく補償を意味するものと受け取られる可能性が強いことと，またその場合に，被爆者に対して国の戦争責任を認めるのであれば一般戦災者との均衡上問題が生ずること等から，ここへ国家補償という文言を取り込むことができないといいましょうか，適当でないと考えた次第であります。」（1994年12月1日衆議院厚生委員会議録10号（その1）5頁）

　「谷（修）政府委員　（略）最高裁が言っておられます「国家補償的配慮」というその言葉自体を私どもが提案しております政府案の中には入れていないわけでございますけれども，これは先ほど大臣からもお話がございましたように，（略）国家補償という言葉がいわゆる多義語でありますし，あるいは講学上の言葉，表現というような言い方もあろうかと思いますが，具体的に法文の中にこれを入れた場合にどういう意味をあらわすのかということについては，その法案の内容によってくるのだろうというふうに思っております。特に，今回議論をされておりますこの援護法の問題というのは，戦争の結果起こった被爆者に対する国の給付ということが議論の中心になっているわけでございますから，やはり国の戦争責任に基づく補償というような問題あるいは他の一般戦災者との均衡といった問題，そういうような問題を考えますと，私ども政府案では，「国家補償」という言葉はこの中には使わなかったわけでございます。」（1984年11月29日衆議院厚生委員会議録9号23頁）

161

(3) 小　括

　法案審議の中で，厚生大臣および担当局長は，前文の「国の責任において」は，基本懇「報告」の「広い意味における国家補償」と同じ意味である（この意味で「報告」を尊重している）と説明している。しかし，「国家補償」は多義的で不確定であるので法文で用いることは避けたとし，また，「国家補償」を明記すると国の戦争責任に基づく補償と理解される可能性があること，あるいは，補償がされていない一般戦災との均衡上問題が生じることなどを理由に，「広い意味における国家補償」（または単に「国家補償」）を用いないようにしたと言っている。

　付言すれば，現在，「国家補償」という文言は，どの行政法の教科書にも用いられている確立した概念である。

お わ り に

　基本懇「報告」は，被爆者の犠牲は一般の戦争犠牲と一線を画すべき特殊性があるので「広い意味における国家補償の見地」に立って措置対策を講じるべきである，広い意味での国家補償は国の不法行為責任を認める意味でなく，戦争被害に相応する「相当の補償」を認める趣旨である，被爆者の被った放射線被害は「特別の犠牲」であるが，措置対策は他の戦争被害者対策に比し著しい不均衡を生じるものであってはならない，などという。

　94回国会および131回国会における政府側の説明は，このような「報告」の趣旨・内容を踏まえたものであるが，「国家補償」という文言の使用には慎重であり（ある種の警戒感を示したともいえる），これを法文中で使うことはもちろん，施策の説明にあたってもこの文言を用いないようにしている。このような「努力」の結果，今日では，政府の被爆者対策において「広い意味における国家補償」という文言は，ほとんど用いられなくなったということができる。政府・厚生省・厚生労働省の長年の「努力の成果」というべきか。

※本書出版にあたり，次の2点を付記する。

1　「黒い雨」訴訟広島高裁2021年7月14日判決の基本懇「報告」のとらえ方

　この判決の第3章「当裁判所の判断」の第3の2(3)ア(オ)に，以下のような興味深い判示がなされているので，抜粋・紹介する。

第13章　基本懇「報告」

（原爆医療法2条3号について）

「懇談会報告書は原爆医療法制定から23年後に取りまとめられたものであるから，原爆医療法2条3号の意義を解釈するに当たって懇談会報告書中の上記記載部分等を重視することは，適切ではない。むしろ，懇談会報告書が，それまで明確な基本方針のないまま政治的に進められてきた被爆地域の指定の拡大について，広島県と長崎県との間で対立が生ずることを回避し，科学的な根拠に基づくべきであるとの基本方針を示すことで，歯止めをかけることを強く意図して，政策的な見地から作成されたものであることが明らかであること（……によると，厚生省は，懇談会報告書が公表される前から，同一の見解を政府答弁として対応してきたものであり，政府は自己の立場を正当化する根拠として，基本問題懇談会に懇談会報告書を公表させたといっても過言でないと考えられる。）からすると，上記意義の解釈に当たって懇談会報告書中の上記記載部分等を参照することは，解釈を誤らせるおそれが大きいというべきである」

2　基本懇「報告」は被爆者援護法の立法事実であるとする見解

広島地裁に係属中の第2次「黒い雨」被爆者健康手帳交付請求訴訟（令和5年行ウ18号・39号）で，被告側は，「被爆者援護法は基本懇報告書を踏まえて制定されたものである」，あるいは「被爆者援護法は，基本懇報告書を立法事実とし，その意見を直接酌んでいる」などと主張している。このように主張することにより，被爆者援護法は同報告の具体化を目的として制定されたのであるから，同法の解釈にあたっては同報告の説くところを尊重し踏まえなければならないと言わんとしているようである。この見解は，最近にわかに，厚生労働省が訴訟において主張し始めたものである。

「立法事実」とは，もともと立法の合憲性判断のあり方をめぐって論議されてきたものであり，芦部信喜『憲法』第8版（岩波書店，409頁）によれば，「法律の立法目的および立法目的を達成する手段（規制手段）の合理性を裏付け支える社会的・経済的・文化的な一般事実」とされる。立法事実論は，さらに，広く立法の合理性・妥当性を検証するにあたって検討されることがあるようであり，たとえば，『有斐閣法律用語辞典』は，「法律の必要性を根拠付ける社会的・経済的な事実。立法目的の合理性及びそれと密接に関連する立法の必要性を裏付ける事実のみでなく，立法目的を達成するための手段が合理的であることを基礎づける事実も含まれる」と解説する。このように立法事実を理解する立場から，制定された法律の解釈に際し重要な考慮事由，・参考とされるべき事由であるとされることがあるようである。そうだとすれば，たんに法律

制定の背景にある事実であるとか，あるいは，ある事実を「踏まえて」法律が制定されたというだけで，当該事実を立法事実というわけにいかないことは明らかである。

基本懇「報告」は被爆者援護法の制定の立法事実であろうか。国会に提出された同法案について，井出厚生大臣は次のように説明した。

　「国務大臣（井出正一君）　ただいま議題となりました原子爆弾被爆者に対する援護に関する法律案について，その趣旨を御説明申し上げます。
　我が国は，世界唯一の原子爆弾の被爆国として，原子爆弾の惨禍が繰り返されることのないよう，核兵器の究極的廃絶と世界恒久平和の確立を全世界に訴え続けてまいりました。また，被爆者の方々に対しましては，原子爆弾被爆者の医療等に関する法律及び原子爆弾被爆者に対する特別措置に関する法律に基づき，医療の給付，手当等の支給を初めとする各般の施策を講じ，被爆者の健康の保持増進と福祉を図ってきたところでありますが，高齢化の進行など被爆者を取り巻く環境の変化を踏まえ，現行の施策を充実発展させた総合的な対策を講ずることが強く求められてきております。
　こうした状況を踏まえ，被爆後五十年のときを迎えるに当たり，恒久の平和を念願するとともに，国の責任において被爆者に対する保健，医療及び福祉にわたる総合的な援護対策を講じ，あわせて，国として原爆死没者のとうとい犠牲を銘記するため，この法律案を提出することとした次第であります。（以下　略）」（「第131回国会衆議院会議録」13号 1994（平成6）年11月25日，1頁）

以上のように，被爆者援護法は，「高齢化の進行など被爆者を取り巻く環境の変化を踏まえ，現行の施策を充実発展させた総合的な対策を講ずることが強く求められて」いるので，「国の責任において被爆者に対する保健，医療及び福祉にわたる総合的な援護対策を講じ，あわせて，国として原爆死没者のとうとい犠牲を銘記するため」に，原爆二法を統合・一本化し，総合的な援護対策を講じることを目的として制定されたのである。同法は一定の給付の拡充（特別葬祭給付金の支給，健康管理手当の所得制限の撤廃）のほか，新たに福祉事業，調査・研究および平和祈念事業を定めるが，原爆二法の中核をなす諸給付の内容と仕組みに大きな変革をもたらしたものでなはなく，法構造的にみても原爆二法と同じである。

基本懇「報告」が同法案提出の背後にあったこと，および，厚生労働省が引き続き同「報告」を踏まえて被爆者援護行政を行おうとしていることは確かであるが，これをもって同「報告」が同法の立法事実であるかのように言うのは，上述の立法事実論に照らせば，概念の濫用・誤用であるというべきである。

第14章　地方自治体の被爆者援護
—— 広島市および広島県に即して

は じ め に

　原爆被爆者対策基本問題懇談会（以下「基本懇」という）報告「原爆被爆者対策の基本理念及び基本的在り方について」（1980年12月11日）は，「原爆被爆者対策の基本理念」について，「国は原爆被爆者に対し，広い意味における国家補償の見地に立つて被害の実態に即応する適切妥当な措置対策を講ずべきものと考える」とし，その具体的な内容の1つとして，被爆者対策は，「結局は被爆者の福祉の増進を図ることを狙いとするものでありそのためには各地域の実情に即した対策が望ましく，このような地域福祉の見地からいえば地方公共団体の被爆者対策への協力が強く要請されるものと言わなければならない」と指摘した。同報告の末尾部分では，「被爆者相談事業などの福祉増進施策」について地方自治体が「相応の役割を果たすべきであろう」とも指摘した。

　このような被爆者対策における地方自治体の責任と役割の指摘に対しては，被爆者援護の責任を地方自治体に転嫁するものであるとの受けとめ方が被爆者や被爆者団体の中に根強くある。被爆者援護は国家補償の立場に立って国の責任で行うべきであると考えて，地方自治体が被爆者援護施策を行うことはこの原則的立場に反するとするならば，基本懇報告の指摘は自らの責任を他に転嫁するものであるといわなければならない。

　被爆者援護が国家補償の立場から国の責任で行われなければならないことはいうまでもない。このように考えることと，地方自治体が地域住民である被爆者に対して独自の立場から援護施策を行うこととは両立するのであろうか。それとも矛盾するのであろうか。両立するとした場合，地方自治体はどのような理由と根拠に基づいて被爆者援護を行うのか，それは国の行う援護とどのような関係にあるのか，あるいは，それはどのような範囲，程度で行われるべきかなどが検討されなければならない。

　本章では，このような課題を抽象的・一般的でなく，広島市や広島県が関わり，行ってきた援護施策を取り上げ具体的に検討する。

165

1　原爆医療法以前の状況

原爆医療法（1957年3月31日成立，4月1日施行）の制定以前の状況からみることにしよう。

この段階において，国はいまだ何ら被爆者援護施策を行っていない。1952年1月に広島市が実施した「原爆による傷害者調査」の結果，4千人余りの被爆者がなおも障害に苦しんでいることが明らかになった。そこで，広島市と広島市医師会とは，「原爆障害者」の治療体制を整えるために，1953年1月，広島市原爆障害者治療対策協議会（原対協）を結成した。原対協の活動は，主に費用を負担して被爆者に医療を受けさせることであったが，同時に，広島県・市とともに「原爆障害者」対策（主として治療と健康管理の必要性を広く世に訴え，政府がこれに取組むよう繰り返し働きかけもした。主な財源は，広島県・市（後に政府）からの補助金（委託費）や寄付金であった。会長は広島市長がつとめ，事務所を広島市役所社会課内（その後1954年10月より56年9月まで広島市民病院内，56年9月以降広島原爆病院内）に置き，同課長が事務局を所掌し，事務局長設置（54年9月）以降は同課長がこれに就任した。

この時期は，原対協を中心にして援護が行われた。広島市は，原対協に補助金を支出してその活動を助成し，あるいは，事務所を提供し，市職員が事務の一部を事実上担当し，その活動を援助した。言い換えれば，この時期に広島で行われた被爆者援護は原対協が行ったのであり，広島市が行ったのではない。同市は原対協の活動を側面から援助したのであった。

被爆者援護についての広島市のこのような関わり方は，次のような考え方に基づくものである。1955年3月7日の広島市議会における浜井信三市長の答弁を紹介する。

　「原爆障害者の対策につきましては，かねがね私が申しておりますように，ぜひとも政府の責任において，政府の経費をもって，これをみていただきたい。またかように政府に対して，働きかけるべきであるという考えをもっておりますので，一応市費におきましては，これが治療費等は出ておりません。しかし，昨年度におきましては，厚生省には，極力これが運動を続けておりますので，いま厚生省におきましては，大体2800万円の要求を，大蔵省に出しておるそうであります。……なお，市におきましては，事務費程度のものは，ぜひ見て行かなければならぬと思いますので，ごく少額を，原爆障害者治療対策費の方へ，助成するつもりです。」（『広島市議会速記録』）

第 14 章　地方自治体の被爆者援護

　要するに，被爆者援護は国の責任で行うべきであり，地元の自治体として
は，援護施策の実施にともなって必要となる事務費程度を負担すべきであると
いうことである。

2　原爆医療法施行以後の状況

　原爆医療法施行とともに，広島市は原爆被害対策課を設置して，同法の実施
に全力をあげた。同法の施行によって，被爆者の医療は国費で行われることに
なった。しかし，それ以前から既に「要治療者の中には生活困窮者が全体の 1
割 5 分あり，これが治療中は稼働不能に陥り，従って家族が生活に窮する結果
を生ずるのでこれらの者に対し後顧の憂いなく治療するとなれば生活補助金を
支給する必要がある」（広島市「原爆障害者治療対策の概況」1954 年 9 月）と指摘
されていたが，原爆医療法は治療（医療）手当を定めなかった。そのため，治
療中の被爆者の生活援護は広島市の課題となり，結局は原対協がこれを引き受
けた。

　原爆医療法施行によって原対協は被爆者医療をその事業として行う必要がな
くなったので，活動の力点を被爆者の健康指導，被爆者医療の研究および被爆
者援護等に移していたが，1958 年 2 月，生活援護費の給付を決定・開始し，
59 年 12 月より入院患者用寝具のシーツ洗濯料等を負担し，60 年 2 月より入退
院交通費（タクシー代）の支給を開始した。また，58 年 1 月より被爆者の温泉
治療の援助を始めている。このような原対協の活動を援助するために，広島市
は 57 年度以降もそれ以前と同額の 100 万円を原対協に支出している。

　こうして，この時期においては，原爆医療法に基づく援護以外の被爆者援護
は原対協が行ったのであり，広島市が行ったのではない。広島市は，原対協の
活動を側面から援助するという形で広島における独自の被爆者援護に関わった
のである。なお，この時期，原対協の事務局長は広島市原爆被害対策課長がつ
とめたが，事務所は原爆病院を経て 1961 年 5 月より新築された原爆被爆者福
祉センターに移り，事務面での独立性は従前より強まったと考えられる。

　この時期における広島市独自の被爆者援護について，浜井市長がどのように
考えていたかは，次に紹介する 1964 年 12 月 12 日の市議会における答弁をみ
れば一目瞭然である。

　「被爆者の援護，あるいは市民の生活保護の問題，そういったような社会福祉関
　係の問題について，市がそれを責任持ってやれということには私は異論があるわ

けです。全然市は知らぬ顔をしておれという意味じゃございません……けれども，やはり行政がそれぞれ行政庁によって分担されているわけですから，その責任あるところがそれをやらなきゃいかぬと，第一に……それは私は国だと言うんです。ですから，国がやるべきだという考えを持っております。それについて補助的に，また，側面援助的に市がこれをやっていく以外にないと思います。市町村がこういうことを完全にやったら，その市町村は，それだけでつぶれてしまいます。そういうふうな考え方をしておりますので，この問題も，市では全然何もやらないということじゃございませんけれども，どうしても国の援助がないと，この援護の問題は解決がつかないということをひとつ申し上げておきたいと思います。」（『広島市議会会議録』）

浜井は 1967 年 5 月まで市長をつとめたが，この態度は最後まで変わらなかった。

3　広島県の独自援護

地方自治体として独自の被爆者援護対策を初めて具体化したのは広島県であった。同県議会は，1966 年 7 月 12 日，超党派で構成する原爆被爆者総合対策特別委員会を設置し，被爆者に対する援護対策は「緊急を要する重大な問題であるので，県独自の援護方法をいかにすべきかという点に重点を置き……調査検討を進め」ていた。同委員会は最終的な結論を出すことなく消滅したが，「被爆者に対する援護問題は，ことが重大であり，さしあたり県当局に対し，昭和 42 年度当初予算編成にあたって」「被爆者に対する法外援助の強化」等について「予算措置を講ずるよう要望した」（引用は 1967 年 3 月 14 日付広島県議会原爆被爆者総合対策特別委員会調査報告書「調査経過の概要」（『昭和 42 年広島県議会 2 月定例会会議録』所収）より行った）。この要望に沿う形で広島県は，1967 年度予算編成にあたり，独自の被爆者援護措置を講じて健康診断受診奨励金，就職支度金および雇用奨励金を支給することとし，広島県原爆被爆者援護措置要綱を定めて 67 年 4 月よりこれを実施した。

広島県の独自援護の開始について，『中国新聞』（1967 年 2 月 16 日付）は次のような解説記事を掲載した。

　「歴代広島県知事は 20 年以上も県独自の被爆者対策をサボってきた。現在でも，県庁内部で独自の被爆者行政を始めることに異論や疑念をはさむ向きがかなりある。『戦争がもたらした原爆被害は本来政府が補償すべきだ。それに，現在の法体系では，現状の保障はするが原因にさかのぼって補償しないのが通常だ。また，

第14章　地方自治体の被爆者援護

一般の空襲と原爆の被害とを区別して補償するのは片手落ちである。それなのに政府はすでに原爆医療法を制定している。県や市町村が積極的に被爆者対策を講じると原爆医療法とダブったり，生活保護法の適用からはずされることになりかねない』という官庁法理論が疑念や反対の根拠である。

　今度とり上げられた被爆者対策の予算項目をみても，この論理にそって，原爆医療法を補強するワクをはみ出ないものがほとんどだ。金額が一番多い健康診断促進費は毎年厚生省が要求して大蔵省の査定で削られている予算。政府がやるべきことを地方自治体が肩代わりする形となる。だが『遅ればせながら，小規模でもやるに越したことはない』というのが被爆者関係団体や県議会の一致した見方である。」

「官庁法理論」の枠内で，政府がやるべきことの肩代りとして開始されたと評された広島県の独自援護であるが，それは，すでに紹介した広島市（浜井市長）のような「被爆者援護は地方自治体が行う施策としては手に余る。それは本来国が行うべきである」という姿勢とは明らかに異なるものであった。広島県も被爆者援護は本来政府がやるべきものではないかと考えたようであるが，原爆被爆者援護法が制定されるまでの間（この時点では原爆特別措置法は未制定である），県独自の援護対策を強化拡充する必要がある」（前述の県議会の特別委員会調査報告書）と考えて独自援護に踏み切ったわけである。それは，その後の広島県・市の被爆者に対する独自援護の発展の出発点をなす画期的なものであった。

　なお，広島県が実施に踏み切った独自援護施策のうち健康診断受診奨励金は，被爆者健康診断（一般検査）を受診した被爆者のうち低所得者に対して市町村がこれを支給した場合に，広島県が当該市町村に交付する補助金としての性格のものであった。したがって，この奨励金は，実際には市町村が被爆者に対して支給することにされたのである。

　以上のような広島県の独自援護施策の実施を受けて，広島市も県の補助金を財源として健康診断促進手当の支給を制度化した（1967年4月1日制定の広島市原爆被爆者健康診断促進手当支給要綱に基づき支給）。この手当は，形の上では広島市が被爆者に対して支給するものであるが，広島県の方針に従い，その補助金を充てて行ったものであり，これをもって広島市の独自援護が開始されたとみることはできない。

169

4　広島市の独自援護

　広島市独自の被爆者援護は，浜井信三の後を受けて 1967 年 5 月に市長に就任した山田節男によって開始された。山田市長は同年 9 月招集の市議会第 7 回定例会に補正予算を提出し，市独自の被爆者援護対策費を計上した。これについて同市長は，9 月 30 日の市議会において次のように説明した。

　　「被爆者援護対策は，市といたしましても従来の消極的態度を深く反省し，とりあえず国の措置が実現するまでの本市独自の対策として，この際，胎内被爆小頭症患者扶養者援護措置，認定被爆者医療手当附加金の支給，認定被爆煤者の葬祭料支給，被爆者家庭奉仕員派遣事業等を行なうこととといたしました。」（『広島市議会会議録』）。

　広島市は，1967 年 11 月 1 日，広島市原子爆弾被爆者援護措置要網を制定・施行し，山田市長が述べた諸援護を閲始した。これをもって広島市の独自援護が開始されたということができる。

　認定被爆者医療手当附加金は，1968 年 5 月 13 日の前記要綱の改正により廃止された。その理由は，同年 5 月 18 日施行の原爆医療法改正により医療手当が増額され，それまでの医療手当プラス附加金の水準に達したためであるとされた。「とりあえず国の措置が実現するまでの本市独自の対策として」行うという趣旨からすれば，独自援護の当初の目的は達成されたということである。

　ところで，1968 年 5 月 20 日，原爆特別措置法が制定・公布され，9 月 1 日より施行された。これによって，一定の要件を満たしている被爆者には，特別手当，健康管理手当，医療手当（原爆医療法から移管），介護手当が支給されることになった。このことは，被爆者に対する「国の措置が実現」したことを意味するといえなくもない。しかし，広島市は，原爆特別措置法に大きな不満を抱いていた。山田市長は，同法の「内容につきまして……私どもも大変不満です。不満ではあるけれども，しかし，われわれが一つの橋頭保を築いたということであります。したがいまして，これが最後のものじゃないのでありまして，これをまず土台として……次第に，これをふえんしていこうと，作戦的には……一つのふみ台をここにつくったと……。さような次第でありますから，現状で，決してこれで満足しておるわけではありません。ことに，仰せのように，広島市内だけでも 9 万 5000 名という被爆者があるなかで，これに適用される人々は一割にも満たないという，このありさま，もとより私どもとしても，次第にこれを拡大していこう，その努力を惜しんではならないと，かよう

第 14 章　地方自治体の被爆者援護

に決意をいたしておるわけであります。」と市議会において答弁した（1968 年
9 月 26 日『広島市議会会議録』）。このような広島市の立場からすれば，原爆特
別措置法の制定は，決して「国の措置が実現」したことを意味しなかったので
ある。したがって，同法制定の後も広島市独自の被爆者援護施策は当然に存続
させられた。

　1969 年度より原爆特別措置法の改正によって葬祭料が支給されるように
なった。これにともなって独自援護の認定被爆者葬祭料は廃止されたが，新た
に認定被爆者弔慰金が定められた。

　この頃になると，広島市は独自援護について，当初の「とりあえず国の措置
が実現するまでの本市の対策」という説明のうえに，さらに国の施策「呼び
水」論とでもいうべき視点を付け加えた。1969 年 3 月 11 日の市議会における
熊沢俊彦衛生局長の答弁を紹介しよう。

　　「一般に，市費で，どの程度の援護対策をやるかということは，われわれ予算を
　お願いするときに，いろいろ考えるわけでございますが……国の援護対策そのも
　のが非常に不十分なわけです。それを，何もかも市費で，いまやるということは，
　とてもでき得ないので，私たちのいまの考えでは，とりあえず，市が単独でやっ
　て，それが呼び水になって，国の施策に実現をすると，こういうものを，まず単
　独市費でお願いをしようという考え方に立って，毎年やってきているわけでござ
　います。」（『広島市議会会議録』）

　広島市は，1969 年 11 月より特別被爆者介護手当付加金を，同年 12 月より
被爆者身体障害者福祉手当を独自援護措置として支給することにした。前者に
ついて山田市長は，「現在……原爆被爆者特別措置法によって 1 日 300 円を限
度に介護手当が支給されておりますが，必要額からみて実情に即さないので，
1 日支給限度額を 600 円に引き上げるため，市費により付加金 300 円を支給す
るものであります」（1969 年 9 月 26 日『広島市議会会議録』）と述べた。この説
明では，いわば実情（または必要）即応論とでも名付けてよい視点がとり入れ
られており，前述の「呼び水」論に付け加えられた。

　その後，広島市独自の被爆者援護は，一部に事実上の名称変更や廃止もあっ
たが（その代表的なものとして，1981 年 8 月から廃止された原爆小頭症患者手当が
ある。この廃止は，原爆特別措置法改正により，同月から原子爆弾小頭症手当が従
来の広島市の独自援護を上回る給付内容で新設されたことに伴うものである），徐々
に種類が増え，内容も充実されてきた。

171

この独自援護についての広島市の説明は次のとおりである。

「国の施策を補充するため，本市独自による援護措置の拡充を図る。」(『広島市新基本計画』1978 年，210 頁)

「本市においても，国の措置を補完する必要のあるもの，国の施策をより効果的に推進するために必要なもの等について，援護事業を実施している。」(広島市衛生局『厚生委員会説明資料』1981 年 7 月 24 日付)

5　独自援護の課題
(1)　意義，目的
　広島県や広島市が被爆者に対して独自援護をすることについて，拡充を求める声はあっても，異をとなえる者はいないように思われる。しかし，被爆者援護は国家補償の見地から本来国が行うべきであると考えれば，地方自治体の独自援護は，本来行う必要のないことであるということも十分成り立ち得る考え方であるように思われる。この一見矛盾する問題について，これまでどのように解決しようとしてきたのであろうか。
　4 で述べたように，当初，広島市は，「とりあえず国の措置が実現するまで」行う対策であると説明し，独自援護の暫定性を前面に押し出しながら，これを実施に移した。その後，原爆特別措置法が制定され，同法による援護が実施されるようになると，それが不十分であることを理由にして独自援護を継続し，国の援護が独自援護の水準に達したものについては独自援護を廃止したものもあった（例，認定被爆者医療手当附加金，原爆小頭症患者手当の廃止など)。次に，国の援護施策の「呼び水」「先取り」と位置づけて独自援護を行うことがある。この場合は，国の施策を引き出すための戦術として，とりあえず自治体が独自施策を先行的に行うということであろう。そうだとすれば，この場合も独自援護そのものは暫定的なものと位置づけられていることになる。
　自治体は暫定的に独自援護を行うという説明は，前述の「一見矛盾する問題」に対する回答ではない。この難問の結論は留保しつつ，差し当り自治体としては独自援護をせざるを得ない状況があると判断し，被爆者に対する独自援護を先行させたということであろう
　それでは，「国の施策を補完する」という独自援護の位置づけは，問題に対する回答を提供しているであろうか。「補完」という考え方の前提には，国の施策が不十分であるという認識がある。すなわち，国の施策だけでは被爆者援

第 14 章　地方自治体の被爆者援護

護として不十分であるが，被爆者は放置できない状況にあるので補充的に自治体が施策を講じるというわけである。したがって，そのような自治体の独自援護もまた，国の施策が充実するまでの暫定的なものと位置づけられることになる。そうだとすれば，「補充」という説明も，結局のところ，前述の「一見矛盾する問題」に積極的な回答を与えていない。

　これまでの検討から窺い知ることができるであろうが，自治体が被爆者に対して独自援護を行ってきたのは，要するに，被爆者に対する国の援護施策は不十分であり，自治体としては住民である被爆者をそのまま放置しておくわけにはいかないと考えたからである。この意味で，自治体は実情（必要）即応の見地から独自援護を行ってきたのである。

　自治体が被爆者に対して行う独自援護は，いかなる意味でも国家補償の見地によるものではない。国家補償の見地からは，自治体には被爆者に対する援護を行う責任はないのである。別の言い方をすれば，この見地からは暫定的であれ補完的であれ，自治体に被爆者援護の責任は認められない。にもかかわらず，自治体は実情（必要）即応の見地から独自援護を行ってきた。

　実情（必要）即応とは住民である被爆者の生活実態からみてのそれである。そのような見地から自治体には被爆者援護を行う責任があるのであろうか。かりに責任がないとなれば，自治体は政策的見地から独自援護を行っていると説明するほかない。

　こうして，結論的にいえば，自治体が実情（必要）即応の見地から行う被爆者の独自援護は，「住民及び滞在者の安全，健康及び福祉を保持すること」（地方自治法2条3項1号），あるいは「生活困窮者，病人，老衰者，寡婦，身体障害者……等を救助し，援護し若しくは看護し，又は更生させること」（同前九号）という自治体に課せられている一般的な任務，責任に基づくものである。簡単にいえば，自治体は被爆者という住民の福祉の実現の見地から援護施策を行うということである。実情（必要）即応とは，被爆者である住民の生活福祉の見地からみてのものである。

　そうだとすれば，地方自治体がどのような被爆者援護を行うべきかは自ずと明らかである。それは，地域福祉の見地から被爆者の健康と生活に生じている障害を克服・援護するために行われるものである。そのような被爆者援護を自治体がどの程度行うべきかは当該自治体の裁量に委ねられているというほかないが，結局は住民の意思により決めるべきものである。

　そのような被爆者援護の限界をどこに画すかは難問であるが，被爆者の現在

173

の健康と生活の実情に応じることが1つの目安であろう。したがって、被爆死者を含めて過去の問題は一応限界外であろう。援護は被爆者の健康と生活および関連する事柄に関する障害を対象とするから、それら以外の問題も一応対象外である。とはいうものの、実際のところこれらの限界・対象をどう定めるかは極めて困難な問題であり、必ずしも明確な判断が常に可能であるというわけではない。そうだとすれば、この点についての最終的決定は住民に委ねられているというほかない。

ところで、4で述べたように、当初、広島市は「とりあえず」論、「呼び水」論、「先取り」論、「補完」論とでも呼ぶべき考え方によって独自援護を位置づけてきた。そのため、地域福祉・被爆者福祉という視点はほとんど前面に出ていない（実情（必要）即応論はこの視点であろうが、同市の場合控え目に付加された視点であるという感が強い）。その結果、国家補償の精神に基づく被爆者援護を求める同市が、なぜ独自援護を積極的に行っているのかについて明確な説明がなされていないことになっている。地域福祉・被爆者福祉の視点から自治体の独自援護を位置づけることは、国家補償の精神による被爆者援護を求めることと矛盾する恐れがある、あるいは、矛盾しなくても戦術的にみて国の被爆者援護を求めることに否定的な影響をあたえると考えているのであろうか。筆者は、これらの心配はいずれも杞憂であると考えるが、もはやその理由を述べる必要はないであろう。

なお、東京都は、「地域福祉の観点から国の施策を補完するために」独自援護を行っている（東京都衛生局医療福祉部特殊疾病対策課『原子爆弾被爆者に係る事務手引書』昭和58年3月「はじめに」）。

(2) 独自援護条例の制定（条例化）

現在、広島県・市ともに、条例によらず知事、市長の定めた要綱によって被爆者に対する独自援護を行っている。言うまでもなく要綱は法令でなく、行政の内部文書でしかない。そのような要綱による被爆者援護について、筆者は次のような問題指摘をしたことがある。

　「第一に自治体の正式な意思決定機関としての議会の議決を経ていないという意味で、広島市の公式の意思決定を経たものと言えないのではないか。
　　第二に、議会の議決に甚づく制度でなく市長限りの意思決定に基づく制度なので、法的には市長限りの決定でいつでも廃止（変更）できる。（この意味で）「安

第 14 章　地方自治体の被爆者援護

定した確立された制度』である（といえる）かどうか（そうは言いにくい側面がある）。

　（第三に）「援護を受ける権利」にあいまいさが残る。」（『中国新聞』夕刊 1984年 2 月 29 日。かっこ内は筆者補充）

　最後の点について敷衍しておこう。自治体が行う独自援護も，これを受給する被爆者の権利として保障されているものでなければならない。筆者は，一般に要綱に基づく給付であっても受給要件をみたす者に受給権が認められると考える。しかし，この問題をめぐっては，大阪地裁昭和 53 年 5 月 26 日判決（『行政事件裁判例集』29 巻 5 号 1053 頁）が，被告行政庁の主張を受け入れて要綱に基づく受給権を否定的に解した。この判決は控訴審で取り消されたが（大阪高裁昭和 54 年 7 月 30 日判決『行政事件裁判例集』30 巻 7 号 1352 頁），同種の事件で行政庁が，再度，右事件の第一審判決の立場で行動しないという確証はなく，この意味で受給権の行政レベルにおける確立にはなお不安が残っている。

　要綱による自治体独自の被爆者援護については，以上に述べたことがそのまま妥当するため，「被爆者の援護を受ける権利」になお問題が残ると指摘した。

　広島県および広島市は，最低限，現在要綱で行っている被爆者援護を，条例制定し，条例に基づく援護に改めるべきである。なお，東京都は，1975 年 10月，「原子爆弾被爆者等の援護に関する条例」（条例 98 号）を制定している。

　なぜ広島県・市は被爆者援護条例を制定しないのか，その理由は不明である。前述の広島県議会の原爆被爆者総合対策特別委員会は，「援護条例を制定する場合の問題点がどこにあるか」を検討したとのことであるが，その内容は不明である。広島市当局者は「措置要綱による援護で十分対応でき，弾力的に運営できるメリットがある。条例化し，一字一句に縛られたのでは，かえって効率が悪くなる」（前掲『中国新聞』）と述べたとのことである。この見解に対しては，第一に，条例化問題は自治体行政の筋道や形式の問題であり，援護ができているかどうかという問題ではないこと，第二に，被爆者援護のような給付行政については公正平等な行政が強く求められるから，徒らに行政の弾力的運営や効率性を強調すべきでないこと，また，それを強調することは行政裁量の拡大を意味するが，行政裁量が拡大すればするほど被爆者の受給権にあいまいさが出てくる可能性があること，を指摘しておく。

おわりに
　おそらく広島県および広島市の当局者の間には，被爆者援護条例を制定して

175

独自援護を行うことは，国家補償の精神に基づく被爆者援護を要求することと矛盾・抵触するのではないかという懸念があると推測される。この懸念は，自治体の独自援護を正しく位置づけていないことから来るのであり，本稿はこの点について正しい認識を確立することを意図して書かれたものである。

（付記） 本書出版の時点で，広島市，広島県ともに，独自の被爆者援護条例を制定しようとする気配はない。

第15章　被爆者援護立法をめざす広島市の活動
—— 1989年ごろまで

　広島市は，原爆被爆者の救済・援護をめざし，みずから努力するとともに，国が被爆者援護に取り組むよう政府や国会に粘り強く働きかけてきた。本論は，広島市および同市議会の取組みを，時間を追いながら描出したものである。時期としては，昭和26（1951）年の秋ごろから1989年ごろまでである。

　本章は，2編の拙論（1つは，1982年に広島市が刊行した『広島新史 行政編』第5章，もう1つは，1990年に広島市議会が刊行した『広島市議会史 昭和（戦後編）』第5章第2節・第3節）を，被爆者援護の観点から整理・統合したものである。元にした論稿が広島市（および市議会）の政治行政を整理し記録する目的で書かれていたこともあって，本章はそのような色合いを残している。

1　戦後占領下の動向
（1）占領時代の被爆者対策

　昭和20（1945）年8月6日，広島市は原子爆弾により壊滅した。その日から原爆被災者の救援活動が全力をあげて行われた。戦時災害保護法による保護（救助，扶助，給与金の支給）が同年10月5日まで実施された。それ以後の原爆被災者に対する救援・援護は，一般の行政制度のなかで行われる。

　占領下にあっては，占領軍の方針により原爆問題に触れることは極度に制限されていたため，原爆被爆者問題を議論するだけでなく，地方自治体が直接被爆者を対象として施策を立案・実施することは手控えられた。広島市の復興対策は，重点を物的な側面に置いていたため，同市議会において被爆者の救援・援護が正面から取り上げられることはほとんどなかった。

　このような状況の中で，在米日系人から提供された戦災救援金は，広島にとって直接被爆者の援護に用いることができる唯一の財源となった。昭和23年4月，ハワイ在住の日系人たちはハワイ広島戦災救済会を結成し，広島戦災者救援のための募金活動を開始した。募金は最終的に11万ドルに達し，翌24年7月，第1回寄附金として9万ドルを送金してきた。この9万ドルは広島市と広島県とで折半され，広島市は4万5000ドル（邦貨1620万円）を受領した。

177

その使途は同年 10 月 31 日の市議会全員協議会に諮って決められたが，最終的な使途について浜井信三市長は次のように説明した。

　　布畦広島戦災救済会より，社会事業資金としてうけた寄附金でありますが，現在までの利子を加え，その総額は 1685 万 4816 円 74 銭でありまして，このうち，現在までに生活困窮者等に対する厚生資金，市立母子寮新設費，どうえん母子寮補修費，養老院新設費，養老院備品，並びに敷地拡張用土地購入費等，計 1593 万 2996 円 96 銭を支出いたし，残額 92 万 1819 円 78 銭は本年度において市立保養院，産院の補修費に充当いたしております。(『昭和 26 年広島市議会 10 月定例会速記録』)

　第 2 回寄附金として 26 年 7 月に届いた 2 万ドル（邦貨 726 万 9000 円）は，全額を広島市が受領した。その使途は 12 月議会に諮られ，大半は母子住宅や身体障害者の授産施設の新設のために用いられたが，2 万円が原爆障害者医療費に充てられた（使用されたのは昭和 28 年になってからである）。戦災救援金は，ハワイのほか，南カリフォルニアやペルーの日系人からも寄せられた。ノーマン・カズンズの提唱になる精神養子の養育資金がニューヨークのヒロシマ・ピースセンターからおくられ，広島市はその配分等の事務を担当した。

(2) 戦傷病者戦没者遺族等援護法の制定の動き

　占領下にあっては，原爆問題に触れることは極度に制限されていたため，直接的に被爆者を対象とする施策を実施することは手控えざるを得ない状況にあった。前述の諸施策は，いずれも「戦災者」を対象とするという形をとった。加えて，広島市行政の重点が，物質的な面での復興対策に置かれていたこともあって，被爆者援護は市行政の背後に押しやられていた。

　そのような中で，講和条約の締結問題が出てきた昭和 26 (1951) 年になると状況に変化がみえ始めた。この頃になると，原爆タブーは小さくなりつつあった。広島市は，昭和 26 年早々，「広島市原爆による死没者調査」を実施する方針をたて，総理府の下に置かれていた統計委員会の了解を得て，同年 5 月の 1 か月間をかけて調査することにした。目的は「広島市の平和記念公園内に（慰霊堂）が建立されるので，本年の 7 回忌を期して全死没者氏名等の名簿を作成し，これを合祀する」ことであった。調査表は都道府県を通じて全国の市町村に配布され，マスコミの協力によって全国津々浦々に調査実施が広報された。その結果，判明した原爆死没者 5 万 7902 人の名簿が昭和 27 年 8 月 6 日に除幕

178

第15章　被爆者援護立法をめざす広島市の活動

された平和公園内の慰霊碑内に納められた。

　昭和26年9月，サンフランシスコ講和条約が締結され，ますます原爆問題の取扱いが自由になると，戦後処理にかかわるいくつかの問題が政治上の課題として持ち上がった。そのひとつに戦傷病者戦没者遺族等援護法制定があった。同年10月，政府は同法案の国会上程を準備していると伝えられると，広島市は直ちに市長名で次のような「原爆犠牲者遺族援護に関する請願書」を政府および国会に送った。

請　　願　　書

　さる第五国会に於いて衆議院は「遺族援護に関する決議」，参議院は「戦没者遺族の福祉に関する決議」を全員一致を以って可決され，又最近政府並に国会に於いて遺族援護に関する小委員会を設け遺族補償の立法化及予算化の問題を討議されているとの事であり，遺族はもとより民生安定上誠に喜ばしい事であります。

　一方未引揚一般邦人に対しましては特別未帰還者給与法により留守家族はもとより未帰還者に対しましても国家補償が適用されています。

　しかるに戦時中これと全く同様の立場に置かれた奉仕隊学徒及び隣組員はその生命を原爆のため国に捧げ，惨しい最後を遂げたにもかかわらずその遺族に対しては何ら国家補償の道が講ぜられていません。数多い戦災都市の中でも原爆のもたらした悲惨は言語に絶するものがあります。終戦以来既に六年を経過した今日，一家の支柱を奪われたこれ等遺族の生活は益々困窮を加え，援護を必要とするもの急なるものがあります。

　なお，当時命により従事しあった勤務並に動員範囲は次の通りであります。

一，家屋疎開のため協力作業に従事（軍の命令による）

一，防空監視並に防空壕構築作業一，学徒による軍需工場勤務

一，其の他徴用による軍需工場勤務

一，市内各町隣組，県下郡部町村よりの応援隊

　以上の通りその勤務は公務と思考せられますので，旧軍人・軍属遺族に対する国家補償の実現に当りましては，これらの動員学徒並に隣組員の遺族に対してもその適用範囲を拡大して立法化されるよう要望致します。

　何とぞ政府並に国会におかれましては，此の問題に再検討を加えられ遺族の援護に万全を期せられるよう法の規定により請願致します。

　　昭和26年11月12日

広島市長　浜井信三

続いて政府および国会に宛てて，次の陳情書が提出された。

広島市原爆犠牲者遺族援護に関する陳情書

　本件に関しまして11月12日附をもって請願書を提出致しましたところ，国会に於いて審議中の旧軍人軍属関係戦没者遺族援護法案が原爆により死没した動員学徒並びに勤労義勇隊等の遺族にも適用されるよう御考慮が進められているという報告に接し，数万の遺族はもとより広島市民挙げて感謝致しておりますと共にこれが実現されることを待望しているのであります。

　当時広島市は全市要塞化し，市民及全県下より励員されたものはすべて老幼男女の区別なく軍命令により義勇隊員として軍都広島市の守備に任じて，戦場にあった旧軍人と同じ立場に置かれていたのであります。

　当広島市と致しましても原爆戦災による総死者については如何にしてもこれを明確に把握してその霊を慰めたいと念じまして，全国に散在する遺族に呼びかけて調査を実施して参りましたが，その中命令により当日出勤して死没された人々に関し現在判明致しておりますものは別紙資料の通りと相成っております。

　これ等犠牲者の遺族は他の戦争犠牲者と共に戦後の窮迫した生活にあえぎながらわずかに生活保護法による救済にすがって辛うじて今日まで生き永らえて来たのであります。

　何とぞこの窮状を御賢察下さいまして，政府並びに国会におかれましてはこれを機に速やかに対策を樹てられ，これ等原爆犠牲者の遺族援護に万全を期せられ，次の各項が速やかに実現せられるよう各位の御尽力を切にお願い致します。

　一，原爆により死没した義勇隊員の遺族に対して旧軍人軍属と同様の国家補償を与えられたいこと
　一，学徒動員により死没した学徒の遺族に対して前項同様国家補償を与えられたいこと
　一，前二項の犠牲者の霊を靖国神社に合祀すること
　以上別紙資料を添え陳情致します。

　　　昭和26年11月24日

　　　　　　　　　　　　　　　広　島　市　長　　浜井信三
　　　　　　　　　　　　　　　広島市議会議長　　秋田正之

　　　（別紙　略）

　以上の2文書は，被爆者援護に関して，広島市が公式に政府や国会に対して要望を述べた最初のものであると考えられる。その趣旨は，要するに戦傷病者戦没者遺族等援護法の制定にあたっては，動員学徒や国民義勇隊等の原爆犠牲者の遺族にも同法が適用されるようにしてほしいということである。

第15章　被爆者援護立法をめざす広島市の活動

　同法案が動員学徒，徴用工，国民義勇隊員および女子挺身隊員（準軍属）の原爆犠牲者に適用されることになっていることについて，『中国新聞』社説（昭和26年11月21日付）は，「誠に明るいうれしいニュースである」と評価しつつ，「範囲を拡げて原爆犠牲者を含む空襲による死亡者全般に範囲を拡大すべきではなかろうか」と提起した。この法律の制定を足がかりにして，被爆者援護の展望を開こうというわけである。

　広島市議会の前議長の任都栗司議員は，昭和27年3月26日の衆議院厚生委員会公聴会で「原爆により犠牲を受けた学徒，女子挺身隊員，徴用工，義勇隊員に対して戦傷病者戦没者遺族援護法が適用されるようにしていただきたい」（要約）と公述した（『第13回国会衆議院厚生委員会公聴会議録』2号5頁）。

　広島市は，この法律案の成立が確実であるという見通しの下に，昭和26年12月13日，市議会議員，学校，町内会，隣接町村関係者らで原爆犠牲者援護促進会（会長　浜井市長）を結成し，原爆死没者の調査と指導にあたることにした。（『中国新聞』昭和26年12月14日付）

　この法律を動員学徒や義勇隊員等の原爆犠牲者に適用すべきかどうかについて，大蔵省および厚生省の調査班が12月14日に広島に来た。国民義勇隊は軍命令によって組織されたことなどが旧軍関係者によって明らかにされた。広島県は，この法律が上記の原爆犠牲者に適用されるようにするための資料を得るべく，昭和27年1月11日，県下の市町村に依頼して，国民義勇隊員，徴用工，動員学徒，女子挺身隊員として勤務作業中の「原爆関係死亡者」の調査を実施した。

（3）戦傷病者戦没者遺族等援護法の制定・施行

　戦傷病者戦没者遺族等援護法案の審議には様々の曲折があったが，同法は昭和27（1952）年4月30日に公布・施行された（4月1日より適用）。軍人・軍属の戦没者の遺族には遺族年金と弔慰金が，同じく障害者には障害年金が支給されることになり，また，国民義勇隊員や動員学徒などの遺族に対する弔慰金は，国会審議段階における法案修正により認められることになった。

　この問題について任都栗議員は，後日，次のように回顧している。

　　昭和27年，『戦傷病者戦没者遺族等援護法』が制定されるに当たり，原爆犠牲者を救うべき唯一の機会であると考え，この援護法にこれを加える努力を重ねましたが，この法は軍人軍属以外に及ばず，心ならずもせめて国民義勇隊員，女子

181

挺身隊員，動員学徒等，当時，軍の命令要請によって出動した犠牲者だけでも，加えることを決意し，参議院議員社会党の山下義信先生の指導と援助により，苦心惨憺を続け，一般原爆犠牲者を残して，一応その法律中に，軍命令により出動した者のみを加えることに成功を見るに至ったのです。（広島市衛生局調査課編『原爆被爆者対策の歩み ── 関係者による座談会』昭和63年，11頁）

　この法律により，「国家補償の精神に基づき」（1条）原爆死しに軍人・軍属の遺族や原爆によって障害を受けた軍人・軍属に対しては年金，弔慰金が，原爆死した準軍属の遺族に対しては弔慰金が支給なされることになった。このことが一部の被爆者にとって，その生活等を現実に援護する措置としての役割を果たしたことは間違いない。『市勢要覧』昭和27年版（広島市役所刊）には，この法律による援護者数として，昭和27年12月1日現在，戦没者遺家族援護の欄に7361人，原爆犠牲者援護（原爆死した准軍属についての援後）の欄に6826人と記載されている。

(4) 原爆傷害者調査
　前述の広島県の指示による「原爆関係死亡者」調査に合わせて，広島市は「原爆による傷害者調査」を実施した。この調査を行った目的は，「原爆犠牲者遺族に対する国家保障問題解決の際当然にそれに準じて起きてくる本問題処理のため該当者を把握し置くと共に援護の資料とする」（「広島市原爆による犠牲者調査についての趣意書」昭和27年1月）ことであった。このような調査目的からみて，広島市は，原爆犠牲者の遺族援護だけでなく，現存する原爆による「傷害者」の援護が重要課題になると認識していたとみられる。ちなみに，前述のハワイより送られた第2回目の救済資金のうち20万円を被爆者医療費として配分することを決定したのは昭和26年12月であった。
　広島市の「原爆による傷害者調査」は，民間調査員約700人を動員して被爆者に面接して行われた。その結果，完全な実態の把握とはいえないものの，4038人が障害を訴えていることが判明した。「大部分は外科的の傷痕乃至症状を有している人々であって，内科的の障害或はその可能性を蔵する人々は殆んど含まれていない」（広島市『原爆障害者治療対策の概況』昭和29年9月，1頁）。折しも，戦傷病者戦没者遺族等援護法が動員学徒や義勇隊員等の原爆犠牲者の遺族に弔慰金のみを支給するという被爆者にとって不満足な内容で制定されたため，被爆者援護を求める声は一段と高まった。また，その頃，作家の真杉静枝らの尽力により，いわゆる原爆乙女が東大病院で整形手術を受けることにな

182

り，昭和27年6月，第一陣10人が上京した。原爆乙女のケロイド治療は
ジャーナリズムの注目を浴び，原爆障害者の治療問題は，広く国民の関心をひ
くこととなった。

(5) 原爆障害者の治療の開始，原対協の発足

こうした状況の中で，医師が動き出すことになった。「広島外科会を中心と
した広島市医師会の会員は，『"治療は地元医師で"のスローガンのもとに，全
額医師の負担においてでも，地元医師の義務を果すべく結束して立ち』あがっ
た。この話を聞いた広島市は医師会の協力をえてただちに被爆者治療を開始す
ることとし，昭和27年1月の調査においてえた4038名の障害者全員を対象に
無料検診を受けるようよびかけた。そして同年の7月から8月にかけてこのと
きの受診希望者864名に対して無料診察・カルテ作成などの医学的実態調査を
おこない，そのなかから治療により明瞭に効果が期待されるもの66名および
治療効果を期待できるもの374名をみいだしたのであった」（『広島市医師会史』
第2篇，昭和55年，324頁）。この時，診察を受けた者の大部分は外科的な障害
者であり，「少数の眼科患者のほか内科のみの患者は1名もなかった」（前掲
『原爆障害者治療対策の概況』，1頁）。

広島市は，社会課が担当課となり，市議会，医師会などと連絡協議を重ね，
昭和28年1月13日，「原爆障害の研究，治療の対策を審議し，並にその推進
を図ることを目的とする」（規約4条）広島市原爆障害者治療対策協議会（原対
協）を発足させた。会長は市長の浜井信三が，副会長には県医師会長の松坂義
正が就任し，広島県・市の関係行政部局責任者，県・市議会関係委員会委員
長，県・市医師会幹部，広島医大学長，市内主要病院長および主要関係団体代
表が委員となった。事務所は広島市社会課におき，同課長が事務局を所掌し，
同課職員を指揮して事務を処理したが，後に同課長が事務局長となった。原対
協の当面の活動費には，ハワイより送られてきた救済資金の20万円（前述）
があてられた。

原対協は，広島医大および広島市民病院の協力をえて，前述の診察カルテに
基づき138人を選んで受診を案内し，昭和28年1月18日，市民病院において
75人を診察した。その後，再診察をし，2月末に23人の治療を決定し，3月
に入ってこれらの被爆者を広島赤十字病院ほか6病院に順次入院させ，公費治
療を開始した。このことがマスコミを通じて全国に報道されると，原対協には
市内外から受診の申込みや照会が殺到した。

183

原対協の活動は，被爆者援護要求の高まりを背景にして，昭和28年度以降，順調に発展し，受診者数，治療者数が増加した。難問は，当時広島市内に少なくとも検査治療を要するといわれた6000人の被爆者の治療費をどのようにして確保するかであった。広島市は，長崎市とともにNHKおよび中央共同募金会に働きかけた。その結果，昭和28年8月1日から10日までが「原爆障害者NHKたすけあい旬間」とされ，義捐金517万余円が寄せられ，広島原対協へは364万4239円が配分された。この募金運動は，NHKを通じて全国民に原爆の惨禍を知らせるうえでも効果的であった。広島県は，昭和28年度の追加予算に50万円を計上して原対協の活動を助成した。

(6) 原爆障害者治療費の国庫助成

　被爆者の治療費の国庫助成を得ることが大きな課題であり，「原爆被害による治療費は国庫支出にまつべきものとする見地から」，昭和28（1953）年7月，広島，長崎の両市長・議長連署で「原子爆弾による障害者に対する治療援助に関する請願」を国会に提出したところ，衆議院は8月3日，参議院は同月6日これを採択した（『広島原爆医療史』512頁）。昭和28年11月，厚生省は，国立予防衛生研究所に原爆症調査研究協議会を設け，原爆被爆の後遺症に関する治療効果を総合的に判断し，治療方針を究明することとし，この事業に100万円を計上した。そのうち協力謝金等の名目で原対協には24万余円が割り当てられ，被爆生存者調査費にあてられた（同前518〜519頁）。これを皮切りに，翌年度以降，国は原爆症調査委託費を支出した。

2　原爆医療法の制定

(1) 原水爆禁止運動と被爆者問題

　昭和29（1954）年3月，マグロ漁船第五福龍丸の乗組員23人は，アメリカがビキニ環礁において行った水爆実験で被災した。東京の杉並区から始まった水爆禁止署名運動は，またたく間に全国に広がった。広島でも原水爆禁止を求める声が高まり，署名運動や集会が行われ，そのための組織づくりも進んだ。国民的な規模で原水爆禁止の声が高揚し，原水爆の世界最初の被害者である広島・長崎の被爆者に対する関心が盛り上げた。

　広島において，広範な市民の参加した最初の集会であると考えられる昭和29年5月15日の「原爆・水爆禁止広島市民大会」の決議は，「われわれ広島市民はこれを世界史上最大の人道問題として原爆・水爆の使用禁止を叫ぶもの

第 15 章　被爆者援護立法をめざす広島市の活動

であるが，同時にわれわれは広島・長崎の原爆障害者及びビキニの水爆実験による同胞の被災者に対し一日も早く国家による医療・生活・精神にわたり全面的な救援のための特別保護法が制定せられ，実施せられるよう，茲に政府当局ならびに国会に対し『広島市民大会』の名において要望するものである」と述べている（『広島新史』資料編Ⅱ 537 頁）。また，広島で開かれた第 1 回原水爆禁止世界大会宣言（昭和 30 年 8 月 8 日）は，「原水爆被害者の不幸な実相は，広く世界に知られなければなりません。その救済は世界的な救済運動を通じて急がなければなりません。それが本当の原水爆禁止運動の基礎であります。原水爆が禁止されてこそ，真に被害者を救うことができます」と述べた。

　原水爆禁止要求の高揚の中で，広島市はこれに対応した動きをみせる。市議会は，昭和 29 年 5 月 25 日，「原爆，水爆禁止に関する決議」を採択し，同年10 月 30 日には「世界連邦都市宣言についての決議」を採択し，「われらは人類の福祉増進のため全世界の人々と相結んで，世界連邦建設の趣旨に賛同する都市たる事を決意する。広島市は，世界の広島市として永久の平和都市であることを確認する」と宣言した。また，広島市は，長崎市とともに，11 月 25 日から 12 月 3 日まで，東京の日赤本社で「広島，長崎原爆資料公開展」を開催した。その趣旨は，同展開催要項によれば，「広島，長崎両市の原爆による物的災害及び人的障害がいかにきびしいものであるかを写真，スライド，図版，模型，被災物などによって示し，原水爆使用禁止への世論喚起に資するとともに，原爆障害者治療対策の重要性を強調し，もって国家的規模におけるこれが援助促進の必要も強力に訴え，これに対する中央の認識を一層深めることに重点を置く」ということであった。

　以上から，原水爆禁止運動も広島市も，原水爆禁止の要求と被爆者援護要求とを結びつけてとらえていることがわかる。

（2）ビキニ水爆被災者と原爆被爆者

　アメリカによるビキニ水爆実験の被災者である第五福龍丸乗組員に対して，政府は，全面的な国家責任の考え方に基づき，治療と生活援護，補償を行った。このような政府の対応について『中国新聞』（昭和 29 年 8 月 13 日夕刊「時評」）は，「広島に住む者として 3 月の水爆マグロ事件が発生したときの強い印象は，水爆患者の手厚い治療にひき比べて，全国で万余，広島市内在住者だけで数千人という原爆生き残り被害者たちが，この 9 年間どれだけ手厚い保護，診療を受けたかということである。あまりに格段の差がありすぎる」と論評し

185

た。

原水爆禁止の世論と運動の高まりを背景として，「ビキニ被災者への補償や国費による治療の実施は広島を刺激し，原爆被害者の間でもそれにならう動きが出て来た」（中国新聞社『ヒロシマの記録』年表・資料編，84頁）。原対協は，昭和29年4月16日，緊急役員会を開き，「原爆症患者の治療費全額を国庫負担とすること」「原爆障害者の生活援護について特別保護法を制定すること」「障害者の健康管理や，治療のセンターとして広島市民病院に特別設備をし，常時障害者に利用させること」などの要望事項を定め，政府，国会に陳情することにした。4月26日，東京で第5回広島市建設促進協議会が浜井市長，池永市議会議長，国会議員，厚生省楠本環境衛生局長等が出席して開かれ，上記要望事項を陳情したところ，楠本局長は，次のように発言した。「いままでは原爆障害者だけをとくに国で補償することは他の戦争犠牲者と区別することになるのでむずかしかったが，ビキニ事件などにかんがみて原爆障害者に対する国家補償は早急に確立さるべきである。広島，長崎の障害者も当然補償を受けられるが生活援護まで国がめんどうをみるのは困難であろう。国家補償に関する予算は昭和30年度より計上する方針である。しかしこのため特別立法は考慮せず，行政措置で実施することになろう」（『中国新聞』昭和29年4月27日付）

(3) 広島市議会の決議

昭和29（1954）年5月25日，広島市議会は，「原爆障害者治療費全額国庫負担に関する決議」を採択した。新関貞夫議員による提案理由の説明が当時の考え方をよく表わしているので紹介する。

　　（前略）

　今日原爆，水爆禁止の問題は，広く世論化して，その影響もあるいは人類絶滅の危機を招来するのでないかと，危惧せられるに至りましたときに当りまして，先に被害をこうむったビキニ水爆障害者に対しては，政府の援護の手が十分にのびているにかかわらず，わが広島市においては世界最初の原爆による障害者が，いまもなお六千有余名もあるにかかわらず，何らの国家的救済も与えられず，徒らに放置されているのでありまして，あるいは病床に呻吟し，あるいは身体障害のために職業能力を奪われ，肉体的に，経済的に，殆どが悲惨な生活を余儀なくされているのでありまして，その実情はまことに見るに堪えないものがあるのであります。

　昨年度よりNHK助け合い募金，並びに県市より交付せられる僅少な助成金に

第15章　被爆者援護立法をめざす広島市の活動

よって，僅かな数の障害者がお情け的な治療を行っているに過ぎず，その殆どが
経済的に全然治療をあきらめて，いつか訪れるであろうところの放射能による死
の陰に怯えつつ，光明なき生活を続けている状態であります。本月20日衆議院水
産委員会において，ビキニ水爆実験による損害については米国から損害補償につ
き，中間補償でなく，全額一括払いにしたいとの内意があったと，政府委員の答
弁があったとのことでありますが，然らば広島の原爆犠牲者に対してはどうして
くれるのか。ビキニ水爆実験による被害者と，国家の戦争目的による，しかも非
戦闘員としての広島の原爆犠牲者とはその根本的な理念においてその規模，軽重
の度合いにおいて，決して同日の論ではないと信ずるのであります。当然国家に
おいて補償の責任を担うべき広島の原爆犠牲者が，今日なお放置せられておると
きに，ひとりビキニ水爆実験の被害者にのみ，国をあげて大きな関心と努力を傾
けていることは，本末顛倒であり，われわれの憤懣に堪えざるところであります。
　広島市における原爆障害者の治療費を，全額国家において補償されるよう要請
することは，われわれ広島市民として当然の権利でありむしろ余りに控え目な要
求であると言っても過言ではないと思うのであります。
　故に本市議会の名において，原爆障害者の治療費全額国庫負担に対する法制化
のために，決議をなして35万市民の要望を実現したいと存ずる次第であります。
（以下　略）（『広島市議会速記録』）

　土岡喜代一議員が，決議案は「治療費ということに限定しておるようであり
ますけれども，生活費一切を含めて補償するよう，付け加えて決議されたいこ
とを希望するものであります」と発言した。この提案は取り入れられ，決議文
は以下のようになった。

　本市議会は，世界最初の原爆によって障害をうけたる6千名の広島市民が，今
尚，何等の国家補償を与えられず放置されており，その悲惨なる実情は見るに堪
えず，速やかに安定した生活保護の下に全額国家負担による治療を実施し得るご
とく特別保護法を制定する為，茲に政府当局並びに国会に於て適切なる措置をと
られることを要請する。
　右決議する。

　広島県議会も，昭和29年5月28日，「原爆障害者治療費全額国庫負担要望
について」という決議を行った。原対協は，同年6月下旬，上京団を派遣し，
厚生・大蔵両省に対して，原爆障害者の治療費の国庫負担と当面の治療費の支
出を要請した。6月29日付で原対協は厚生大臣にあてて「原爆症調査治療研
究の綜合機関設立に関する陳情書」を提出した。8月27日，長崎市において

187

広島・長崎原爆障害者治療対策促進協議会が開催され，両市長・議長をはじめ幹部職員等が出席・協議し，共同で国に対して運動して行くことを申し合わせた。そして，同年9月，両市関係者の連名で「原爆障害者治療費の国庫支出に関する陳情書」が作成され，関係方面に提出された。

（4）原爆障害者治療対策

この頃，広島市の念頭にあったのは原爆被爆者全般の生活と医療についての対策ではなく，原爆「障害者」の治療対策であった。広島市『原爆障害者治療対策の概況』（昭和29年9月）が当時の考え方を知るために便利であるので，やや長くなるが抜粋・紹介する（10頁以下）。

1　治療費について

　ありふれた疾患の単なる治療でなく，未治かつ難治である原爆症の治療には絶えざる研究とデータの積みかさねが必要である。これがためには半永久的な資金計画を立てなければならない。

　私共は諸種の調査を基礎にして原爆障害要治療者数を約6千と推計しているが，内科的障害者が増加している今日，これらの障害者の治療には次のような多額の経費を要するものと思われる。

　　　　（中略　　筆者注記　総額で2億700万円と記されている。）

　このような多額の経費は地方財政窮乏の折柄，県，市等の到底賄い得るものではなく，国庫負担による以外に財源はない。

2　生活の援護について

　要治療者の中には生活困窮者が全体の1割5分あり，これが治療中は稼働不能に陥り，従って家族が生活に窮する結果を生ずるのでこれらの者に対し後顧の憂いなく治療するとなれば生活補助金を支給する必要がある。1ヶ月5000円とすれば本市900人に対する金額は次の通りである。

（一）外　科　360人　治療期間平均2ヶ月　3,600,000円

（二）内　科　450人　治療期間平均6ヶ月　13,500,000円

（三）眼科その他　90人　治療期間平均2ヶ月　900,000円

　　　　　　　　　　　　　　　　　　計18,000,000円

3　健康管理について

　昭和25年10月1日における国勢調査の際の附帯調査によると広島市における原子爆弾被爆生存者数は次の通りである。

　　全国　157,575人

　　　内広島県在住　124,966人

第 15 章　被爆者援護立法をめざす広島市の活動

　　内広島市在住　　　　　98,102 人

原対協が，本格的に治療を開始したのは本年 1 月以降であるが，内科患者で 9 月現在 12 名の人々があえなく死亡している。

再生不良性貧血　4，骨髄性白血病　5，多発性　骨髄腫　1，バンチー氏症候群　1，ホドキン氏病　1，計 12

これらの人々は被爆後数年間は別に何の症状もなく健康体の如くふるまっていたのであるが，本人は自覚しないけれども放射能の影響による潜在的な生命力の減弱を内に蔵していたものであろう。これらの悲しい出来事は一般被爆者にいつ発病するかわからないという不安と焦燥の念を与え合同診察会のたびに内科受診者が増加している。ここに被爆者の健康管理の必要があるのであって被爆者の定期的健康診断によって健康指導や医療指導を行うことは広島，長崎を合せ二十数万に及ぶ人々の生命に関する重要な問題である。

同じ資料は，「広島市こそ『治療をつづけつつ，原爆障害の予防，救護，治療の方法を調査，研究，発見し，これを体系づける機関』を設立すべき最適の土地である」と提起し，その末尾で次のように指摘した。

　　原爆障害者治療乃至原爆被災生存者の健康管理の問題は既に一地方の問題ではなくてその特殊性に鑑み国家的見地から取上げて解決すべきものと思われる。われわれは次の三項目を政府に要望し，その実現の速やかならんことを希うものである。
　　1. 原爆障害者治療費の全額国庫負担。
　　2. 原子爆弾被災生存者の健康管理実施。
　　3. 原爆症治療並びに研究機関設置。

末尾の第 3 項は，原対協が昭和 29 年 9 月に市民対象に政府および国会向けの署名運動を行った際の要望項目である。この署名運動は，10 万人目標のところ 11 万 7000 人の署名を集め，世論高揚の役目も果たした。

広島市自身の問題として被爆者対策にどのような態度で臨むかについて，浜井信三市長は，昭和 30 年 3 月 7 日の市議会で次のように答弁した。

　　原爆障害者の対策につきましては，かねがね私が申しておりますように，ぜひとも政府の責任において，政府の経費をもって，これを見ていただきたい。またかように政府に対して，働きかけるべきであるという考えをもっておりますので，一応市費におきましては，これが治療費等は出ておりません。しかし，昨年度におきましては，厚生省には，極力これが運動を続けておりますので，いま厚生省におきましては，大休 2800 万円の要求を，大蔵省に出しておるそうであります。

189

……今後この要求額が，大蔵省において認められますように，極力運動をいたして行きたいと考えます。なお，市におきましては，事務費程度のものは，ぜひ見て行かなければならぬと思いますので，ごく少額を，原爆障害者治療対策費の方へ，助成するつもりです。(『広島市議会速記録』)

(5) 原爆障害者治療対策の前進

　昭和 29 (1954)年 9 月 6 日，厚生省は，昭和 30 年度予算に原爆障害者調査研究委託費を 4500 万円要求することを決定した（最終決定額は 1244 万 2000 円，うち広島分 830 万 3100 円）。また，同年 9 月 30 日，昭和 29 年度予算の予備費から広島・長崎分合わせて 352 万 2000 円の調査研究委託費が支出されることになり，広島へは 247 万 9000 円が配分された。これらの国家予算は，広島で期待された金額，必要としている金額にはほど遠かったが，被爆者医療費国庫負担の端緒となった。

　昭和 30 年 1 月早々，日本赤十字社が，お年玉付き年賀はがき益金の配分を受けて，原爆症患者を専門に治療することを目的とする病院を設置する計画が明らかにされた。同年 2 月 5 日，この病院は，日赤広島病院構内に設置され，建物の管理は日赤が行うが，病院運営は地元に設けられる運営委員会（同年 8 月 23 日，渡辺忠雄広島市長を委員長にして発足した）に図って行うことが決められた。この病院は，名称が広島原爆病院とされ，昭和 31 年 1 月 15 日に着工されて 9 月 11 日に落成し，9 月 20 日より診療を開始した。なお，昭和 30 年 5 月，原爆乙女 25 人が治療のため渡米した。

　原対協は，厚生省の育成強化の指導方針の下に，昭和 31 年 4 月 13 日，新たに財団法人としての認可を受け，名称も財団法人広島原爆障害対策協議会と改めた。その結果，昭和 31 年度の厚生省の原爆障害者調査研究事業は初めて原対協に委託された（これ以前は，原対協は厚生省と各病院との間をいわばあっ旋する形になっていた）。委託費は 1675 万円であった。(『広島原爆医療史』577～589 頁)

(6) 被爆者調査

　被爆者治療に対する特別対策を国に求めるためには，原爆障害者の実態を正確に把握しておかなければならない。原対協は，昭和 27 年 1 月の調査時の調査票 4000 枚を基礎に，さらに各方面の協力を得て，昭和 29 年 2 月より 5 月まで，調査員 11 人による綿密な調査を行った。その結果は，調査人員 3281 人，

第 15 章　被爆者援護立法をめざす広島市の活動

うち治療希望者 1008 人であった。その後，様々の機会を利用して調査票の補
充をし，昭和 29 年 12 月現在では調査人員 3982 人，うち治療希望者 1703 人，
同 30 年 6 月末日現在では調査人員 4616 人であった。このような数字を基礎に
して原対協は，当時，原爆障害要治療者数を約 6000 人と推計し，これを基に
して国への要求等がなされたのであった（『広島原爆医療史』519〜520 頁，「ヒロ
シマの屋根の下」『統計の泉』60 号，昭和 30 年 7 月）。

　原対協は，昭和 30 年 12 月，民生委員，町内会長，地区社会福祉協議会およ
び学校の協力を得て，被爆生存者のいっせい調査を行った。その結果，一般市
民の被爆者 3 万 641 人のうち 1 万 7346 人が，また，被爆した児童生徒 9657 人
のうち 3452 人が何らかの障害を訴えていることが明らかにされた（『広島原爆
医療史』598〜601 頁）。また，原対協は，同 31 年 2 月から 3 月にかけて，被爆
当時乳児であった生存児 7192 人，死亡児 213 人について，市内小中学校の協
力を得て「原爆被爆児調査」を行った。その調査結果に基づき，同年 6 月から
11 月にかけて 1793 人の小中学生の精密検査が実施された（同前 607〜609 頁）。
さらに，広島市は，昭和 32 年度よりの国民健康保険実施のために，31 年 9 月
15 日を期して市政調査員 1794 人により全市戸別調査を行ったが，これに合わ
せて被爆生存者の調査も行った。その結果，市内の被爆者数は 8 万 5047 人，
そのうち治療希望者は 1 万 4244 人であった（同前 613〜615 頁）。

(7)　原爆障害者援護法の制定へ向けて

　昭和 29 年 10 月 7 日の衆議院地方行政委員会において，厚生省の浅香忠雄政
務次官は，「広島，長崎の原爆障害者の治療対策についての特別立法を研究中
である」と答弁した。同 31 年 1 月 7 日，広島を訪れた小林英三厚生大臣は
「広島が原爆の地として特殊なところで，困っている人はこれからも出るだろ
う。これに対しては何か待殊な援護法が考えられないことはないだろう。そこ
で国会の多数の賛成を得て，一つの法律として作ることを研究したい」と語っ
た（『中国新聞』昭和 31 年 1 月 8 日付）。

　同年 8 月 20 日，沖野悟助役，向井一貫厚生局長，柴田重暉市議会議長，山
下義信参議院議員，正岡旭原対協副会長，森滝市郎原水協事務局長，伊藤正子
市婦連会長らが平和記念館に集まり，原爆被害者援護法の制定推進について協
議した。同席では，社会党が 8 月 9 日の政策審議会で決定した原爆症患者援護
法案要綱について，山下議員より説明がなされたが，出席者はその趣旨に異論
がなく，「柴田議長からはとくに『市，市議会，被害者および関係各団体はあ

191

げて一体となり超党派的立場から法案の実現に努力する』と堅い決意が述べられ」た（『中国新聞』同年8月21日付）。

　同年10月，広島市は，市議会および広島県とともに「原爆障害者援護法制定に関する研究協議会」（渡辺市長，沖野助役，佐々木助役，向井厚生局長，加藤総務局長，吉田社会課長，伊藤議長，浅尾副議長，上村厚生委員長，岡本同副委員長，小川県民生労働部長，斎藤衛生部長の12人により構成）を設置し，県・市が協力して援護法制定に向けて研究協議し，尽力することとした。11月5日には東京において広島建設促進協議会が開かれたが，同席上，広島市と長崎市とが協議のうえで作成した「原爆障害者援護法案要綱（試案）」が発表された（『広島原爆医療史』646頁）。また，同日付で，広島市長，長崎市長，両市議会議長の4者連名の「原爆障害者援護法制定に関する陳情書」が作成され，関係方面へ提出された。この陳情書の後半の部分を紹介する。

　　原爆障害の症状が特異であり，治療に長い期間と多額の経費を必要とするので，これが医療費を個々の患者が負担することは極めて困難であります。しかも原爆障害は国の責任において遂行した戦争による犠牲であり，それが戦後11年の今日に至ってなお，犠牲者の健康をむしばんでいるのでありますから，治療ないし健康管理は当然国家の責任で行われるべきであると存じます。
　　なお，今日国の方針として原子科学及びその実用化の推進が取上げられている折柄，これに随伴するであろう放射能障害の予防及び治療対策を立てるためにも広島，長崎の原爆障害の研究及び治療が貴重な貢献をすると思われます。
　　以上述べました事由により，この際，原爆障害者の援護に関する法律を制定せられて，全国に散在する被爆者，障害者の福祉向上に一段と御配慮賜わらんことを切に懇願申上げる次第であります。

(8) 原爆医療法の制定

　厚生省は援護法案の提出を内定した。上京陳情団の帰広後の11月16日，市議会は各派代表者会議を開き，法案の早期成立のため国会，各党に働きかけることを決め，翌17日には厚生委員会を開き，陳情の中心となった任都栗議員から報告を聴取した後，政府提案となる援護法案に地元の要望を盛り込むため，再度上村厚生委員長，任都栗・田中両議員を上京させることにした。伊藤議長，渡辺市長も上京した。11月26日，小林厚生大臣は，参議院本会議において，原爆障害者の治療等について「立法化の方向を考えておる」と答弁し，11月30日には厚生省山口公衆衛生局長も「事務局としても原案を目下準備中

第 15 章　被爆者援護立法をめざす広島市の活動

であり，必ず次期通常国会に提出する」と述べた（『中国新聞』昭和 31 年 12 月
1 日付）。

　以上の陳情活動について任都栗議員は，12 月 5 日の市議会厚生委員会で，
詳しく報告した。以下は，報告の要約である。

　　広島県選出の国会議員の協力を得て厚生省に働きかけた。政府提案とする件に
　つき大蔵省の了解を得るのに難渋を極めたが，11 日には厚生省内で政府立法とす
　ることが一応申し合わされた（省議ではない）。13 日に広島・長崎両県選出の国会
　議員の連絡会議が開かれ，この席で厚生省は正式に意思表示した。26 日に山下議
　員が参議院本会議で緊急質問を行った。厚生大臣は政府立法として提案をする準
　備中であると，大蔵大臣は他の戦災都市の犠牲者とは趣を著しく異にするから格
　別の考慮をもって援助すると答弁した。総理大臣もまた同じ意味の発言をした。
　ここに初めて問題が表にはっきりと出て，厚生省は大蔵省と折衝し，法律案を作
　ることを確認した。被害者に対する治療が立法の主たる目的である。亡くなった
　人およびその他の物的援助に対する措置は法案の中には織り込まれていない。軍
　人遺家族援護法に便乗して助けていただくことには軍人測に異議がある。単行法
　が出ることが飛躍である。一つの法律が広島・長崎のためにできることは，画期
　的に重要である。（「昭和 31 年 12 月 5 日厚生委員会会議録」）

　昭和 31（1956）年 12 月 12 日，衆議院は「原爆障害者の治療に関する決議」
を採択し，「政府は，すみやかに，これらに対する必要な健康管理と医療とに
つき，適切な措置を講じ，もって障害者の治療について遺憾なきを期せられた
い」と決議した。翌 32 年 1 月 7 日，厚生省は，原爆障害者援護法施行に必要
な予算として生活援護費 1494 万 8000 円を含む総額 2 億 6749 万 3000 円を大蔵
省に対して要求した。大蔵省は，生活援護費（医療手当）を全額認めない態度
であることが伝えられたため，議長を含む市首脳は相次いで上京し，大蔵省そ
の他に陳情したが，同省は生活援護費を削除するなどし，最終的に 1 億 7458
万 9000 円が予算化された。2 月 21 日，内閣は「原子爆弾被爆者の医療等に関
する法律」（原爆医療法）案を国会に提出した。同法案は，3 月 26 日に衆議院で
可決され，3 月 31 日に参議院で可決されて成立し，4 月 1 日より施行された。

　原爆医療法が医療手当を定めなかったことについて，援護法「そのものを骨
抜きにし，単に申し訳な一時逃れの措置でごまかすことになってしまう」
（『中国新聞』社説，昭和 32 年 1 月 20 日付）との厳しい批判もあったが，「やっと
10 年来の悲願が実った」「医療手当は今後の課題としよう」というのが大方の
受け止め方だった。渡辺市長は，医療手当制度が実現しなかったことに関し

193

て，3月15日の市議会本会議で次のように答弁した。

　　生活援護ができなければ，この法案はもうやめてくれとまでいうべきかも知ら
　ぬが，それではいけない。やはり一歩前進のために……それは忍んででも一応治
　療が只でできるという立法を国家がやるということは非常にこの問題を前進する
　上において大切なことでありますがゆえに，がまんしてもらいたい。国がやらぬ
　ものなら，市がなにほどかでも生活の援護をすべきじゃないかと思うております。
　（『広島市議会会議録』）

(9) 戦傷病者戦没者遺族等援護法の改正

　昭和 27（1952）年 4 月，戦傷病者戦没者遺族等援護法が制定された。原爆に
よる犠牲者等を同法の適用対象に改め，同法を文字通り「戦争犠牲者援護法」
的なものにすることによって被爆者援護を確立できるのではないかという考え
方が，広島には強く存在した。そのため，被爆者援護の観点から同法の拡充・
改正を求める陳情活動が執ように続けられた。この取組みは昭和 40 年代後半
まで行われるが，ここで一括して述べる。

　広島市は，昭和 30 年 7 月，同法改正を求める陳情書を政府方面に提出し
た。これによれば，義勇隊員，動員学徒，徴用工，女子挺身隊員（いわゆる準
軍属）は，軍の命令またはその要請に基づいて業務に従事したのであるから軍
属と異ならないこと，それ故に彼らについても軍属同様に遺族年金，弔慰金が
支給されるべきであること（準軍属にも弔慰金は支給されたが，その額は軍属よ
り少なかった），さらに輸送に従事した者，医療関係者，警防団員，国防婦人会
員，官公庁職員，報道関係者等も国家総動員法に基づいて総動員業務に従事さ
せられていたので，準軍属として取扱うべきであること，などが要望されてい
た。

　広島市議会は，昭和 31 年 3 月 13 日，「戦傷病者，戦没者遺族等援護法の一
部改正に関する決議」を採択したが，この決議は，準軍属であって「公務中原
爆により傷害をうけ，今尚病床にあり或は勉学勤労中の犠牲者に対しては，何
ら援護法の適用をうけておらない実情である。これは援護法に於ける明らかな
盲点である」と指摘し，これら準軍属の「原爆犠牲者」に対して同法を適用す
るよう求めた。より詳しくいえば，「同じ公務に服しながら一方は戦没者，一
方は障害をうけたというだけの相違によって，援護法が戦没された遺族に対し
ては弔慰金を支給するのに，障害をうけた生存者へは，なんらその援護の手を
さしのべることのできない状態であります。旧軍属の戦傷病者に対しまして

194

第15章　被爆者援護立法をめざす広島市の活動

は，この援護法により障害年金を支給してこれを援護しておるのに，原爆犠牲者の生存者に対しましては，援護法はなんら救済の方法を認めておらないことは，はなはだしい法の欠陥といわねばなりません。原爆により障害をうけたこれら動員学徒，国民義勇隊，女子挺身隊，徴用工員等は当然この援護法により障害一時金なり，あるいはその他の名目により援護をうくべき権利と義務を具備しておる」（本決議についての増村議員の提案説明）ということである。同法を改正・拡充して「原爆障害者」の援護をはかるというわけである。

　このように，広島市は，一方で原爆障害者の医療援護を求めて新しい法律の制定を要求し，他方で被爆者の遺族および原爆障害者（生存被爆者）の生活援護を求めて遺族年金と障害年金の新設を内容とする戦傷病者戦没者遺族等援護法の改正を要求するという両面作戦を展開した。

　昭和32年1月に入り原爆医療法制定が確実になると，広島市は後者の運動にも力をそそぐようになり，渡辺市長と伊藤議長が上京し，あらためて2月25日付けで作成した市長・議長連名の「戦傷病者戦没者遺族等援護法改正に関する陳情書」を提出した。政府は，同年5月設置の臨時恩給等調査会の報告書に基づき，同法改正法案を国会に提出した。改正法案は33年5月に成立した。この法改正により，国民義勇隊員・動員学徒などの準軍属に障害年金（軍人軍属のそれの半額）と遺族給与金が支給されることになった。大きな成果であったが，広島側の要求は準軍属と軍属を同一に取り扱うことであり，なお問題が残ったため，その後も戦傷病者戦没者遺族等援護法の改正を求める運動は継続的に取り組まれた（陳情書でみるかぎり，広島市はこの運動を昭和48年まで続けている）。

3　原爆医療法の施行

　原爆医療法は，昭和32（1957）年4月1日より施行された。同法施行令は4月25日に，同法施行規則は4月30日に公布された（適用は4月1日からであった）。同法施行にともなう厚生省通達は5月14日付で出された。広島市は，それまで被爆者援護関係の事務は，厚生局社会課で処理してきたが，原爆医療法の施行にともない，同法に基づく広島市関係の事務を処理するために，4月1日，新たに厚生局内に原爆被害対策課（原対課）を設置した。

（1）被爆者健康手帳の交付
　原爆医療法の実施として最初になされたのは，被爆者健康手帳の交付であっ

た。『広島原爆医療史』（667頁）は次のように記している。

　　広島市では，原対課が臨時職員約30名を雇って手帳交付の準備を始めた。ま
　ず，法の主旨と手帳交付期日などの印刷物を各市役所出張員を通じて市内全世帯
　に配付し，昭和31年9月実施の国民健康保険基礎調査に付随して行なわれた被爆
　者調査に基づいて，被爆者世帯に対し個人別に（約8万5千人）手帳交付申請書
　を同封して手帳の交付を受けるようすすめた。また，新聞やラジオなどの報道機
　関や毎月1回発行する市の広報などを通じて呼びかけるなどして，被爆者が漏れ
　なく手帳の交付を受けるよう働きかけたのである。

　被瀑者健康手帳の交付は6月より行われ，6月30日までに6万3833人に交
付された。9月30日の交付数は6万9980人，昭和33年3月30日では7万
4610人が手帳の交付を受けた。この数字は，原爆医療法に対する期待がいか
に高かったかを表わしている。

(2) 被爆者健康診断の実施

　広島市は，被爆者に対する第1回健康診断（一般検査）を昭和32 (1957)年8
月1日より，広島原爆病院，広島市民病院，県立広島病院，東西の両保健所お
よび開業医において開始した。広島市では被爆者の3分の1程度の約2万
5000人が健康診断を受けると予想し，1日1000人を目途に3か月で第1回目
の健康診断を終了できると予定した。しかし，健康診断の出足は好調でなかっ
た。8月1日の初日は，予定の53％程度の受診状態であった（『中国新聞』昭
和32年8月2日付）。この状態はその後も続き，当初の予定の第1回健康診断
の最終日である10月31日までの受診者は9015人にすぎず，予定の半数にも
達しなかった（同前昭和32年11月28日付）。そこで，広島市は12月まで健康
診断の期間を延長したが，12月末までの受診者は1万1407人にとどまった
（同前昭和33年1月25日付）。

　第2回健康診断は，昭和33年1月から3月まで実施された。第1回目が予
想外にふるわなかったので，積極的に受診を働きかけた。被爆者健康手帳所持
者全員への通知，中・高校生の集団検診，開業医の日曜検診，医師会の検査班
による出張検診などが医師会の全面的協力を受けて行われた。その結果，受診
者数が伸び，3月末には2万3343人（のべ数）となった。

　一般検査の結果さらに必要な者に対しては精密検査が行われた（原爆医療法
施行規則6条）。精密検査は，一般検査の結果に基づきただちに実施された。受

第 15 章　被爆者援護立法をめざす広島市の活動

診状況は，昭和 35 年度までは低調であった。その原因については，被爆者の検診に対する理解度が低いこと，健康な被爆者は関心が薄いこと，原爆症のらく印を押されることを恐れていることなどがあげられた。

　昭和 36 年度以降，一般検査・精密検査ともに受診率が急速に向上した。その理由としては，同 35 年 8 月，原爆医療法が改正され，同法による医療給付の内容が改善されたこと（後述），36 年 7 月に原対協が原爆センター内に設置した健康管理所が健康診断車を出動させ，あるいは日曜検診，夜間検診，出張検診を行うなど，旺盛な健康診断活動を展開したことをあげることができる。

（3）認定疾病関係の事務

　原爆に起因する傷病の認定は厚生大臣が行うが，その申請は広島市長を経由して行われた。したがって，認定疾病に関する広島市の事務は，申請書を受理して厚生省に進達するだけである。しかし，広島市としては，ただそれだけを行っていればよいといって済まされない事情があった。『広島原爆医療史』はこの事情を次のように記している。

　　医療を必要とする認定は厚生大臣が行なうのであるから医師が独自の判断で被爆者に医療の必要性を断言するわけにいかない。また，認定申請書を提出してから認定書が交付されるまでには若干の期間が必要であるのに，症状によって直ちに医療を開始しなければならない場合が往々にしてある。その際原爆との関連性が明瞭な疾病であればともかく，不明瞭な場合は厚生大臣の認定を待つほかないのであるが，さりとて認定または不認定の結果がわかるまで放置しておけない。そのうえ，被爆者にしてみれば，被爆前にはなかったような身体的な異常はすべて原爆に原因ありと思っているし，そういうものはすべてこの法律で医療が受けられるものと思い込んでいるので，医療担当者は厚生省と被爆者の板ばさみとなり，苦しい立場におかれたこともたびたびあった。（674 頁）

　このような事情を改善するために，広島市では厚生大臣の諮問機関である原子爆弾被爆者医療審議会（厚生大臣は原爆に起因する傷病の認定を行うにあたって本審議会の意見を聞かなければならない）の広島在住の委員による認定申請の「事前審査」を行うことにした。5 名の広島在住委員により構成された通称原爆医療審議会広島小委員会（広島小委員会）は，毎月 1 ないし 2 回開催され，「担当医師立ち会いのもとに，中央における審議会の空気を反映しながら個々の申請書について意見と助言が述べられた」（『広島原爆医療史』674〜675 頁）。

この会議では申請書や添付書類の記入などの不備が正され，また，A，B，C，Dの評価が付けられた（Aは問題なく認定されるであろう，Bは広島小委員会としては認定してよいと考えるが一応審議会にかけたうえで決めるのがよい，Cは難かしいが一応審議会にかけてみる，Dは文句なくダメであろう，という評価であったという）。これによって，認定申請の結果がかなりの程度にまで予想できるようになり，広島における認定疾病の治療がスムーズに行われるようになったという。また，このような広島小委員会の活動は，原爆症や被爆者医療の経験の少ない厚生省関係者の認定申請に対する判断の参考資料としても有効に活用されたとのことである。

広島小委員会の活動は昭和34年に開始され，昭和42年まで続けられた（志水清氏談）。この頃になると認定申請件数が少なくなり，おのずと「事前審査」の必要性が小さくなり，広島小委員会の活動も不要になったと考えられる。

(4) 生活支援と原対協

原爆医療法の施行によって認定被爆者の医療は国が行うことになったので，被爆者医療は，原対協の事業として必要でなくなった。そこで原対協は規約（寄付行為）を改正し，被爆者の健康指導，被爆者医療の研究および被爆者援護などをその新たな事業とすることにした（『広島原爆医療史』678頁）。

被爆者には生活困難者が多い。生活の困難な被爆者ほど原爆症を起こす傾向が強い。しかし，彼らは，生活のために無理をしてでも働き続け，仕事を休んでまで被爆者検診や医療を受けようとしない。その結果，病気がわかった時には重症であったり，手遅れであったりすることが少なくない。原爆医療法の立案過程で，生活に支障をきたすため治療を受けることが困難な者に対する治療（医療）手当の支給が検討されたのは，以上のような事情があったからである。

制定された原爆医療法から医療手当支給の規定は抜け落ちていた。同法の国会審議において被爆者の生活保障問題は論点であったが，結局，「政府は原爆被災者の更生のために必要あるときは低所得対策費の世帯更生資金貸付を行わしむることとし，その予算的措置についても遺憾なきを期せられたい」という衆議院社会労働委員会の付帯決議（昭和32年3月25日）が採択されるにとどまった。この決議を受けて昭和32年度世帯更生資金予算は前年度より若干増額され，被爆者向けの資金が確保されたが，年3分の利子付きで月額にして世帯主1000円，他の世帯員500円，月額総額3000円以内という少額のうえ，返済期限3年とされていたので，被爆者の生活保障施策として利用価値の低いも

第 15 章　被爆者援護立法をめざす広島市の活動

のにとどまった。

　被爆者の治療にかかわる生活援護の課題に取り組んだのは原対協であった。被爆者健康診断の受診率が低く，治療の実績も上がらない理由の一つに生活援護問題があると考えた原対協は，被爆者に生活援護費を支給することにした。昭和 33 年 2 月，原爆障害者生活援護費給付規程を制定し，「原爆被爆者にして低所得のため原爆医療を受けることにより生活を脅かされるおそれのある者」に対して生活援護費を 1 か月 6000 円（主として生計を維持しているものが医療をうけることにより収入が得られない場合）または 2000 円（右以外の者が医療をうけることにより援護の必要あると認められる場合）を支給した。生活援護費の財源として寄付金が充てられ，不足分については，県・市よりの補助金・委託料が充てられた。また，昭和 35 年 2 月から入退院交通費（タクシー代）の支給を開始した。

（5）原対協のその他の活動

　原対協は，被爆者医療の研究の助長をその事業目的とし，昭和 32 年度以降，若干の研究者に対して研究助成金を交付し，第 1 回原子爆弾後障害研究会を昭和 34 年 6 月に主催し，以後，原則として広島・長崎で隔年交互に開催している。また，被爆者団体が自主的に行っていた温泉治療に対し，同 33 年 1 月より援助を開始した。

　昭和 33 年 11 月，原対協はお年玉つき年賀葉書寄付金の配分団体に指定され，33 年度および 34 年度分の配分金をもとに，総工費 5584 万 4000 円で広島原爆被爆者福祉センター（原爆センター）を建てた（36 年 4 月完成）。原爆センターは昭和 36 年 7 月より事業を開始し，被爆者の健康管理事業，職業補導事業生活相談を行った。また，日本自転車振興会，広島県，島根県，江津市および広島市などから補助金を受けて，島根県江津市有福湿泉町に原爆被爆者有福温泉療養研究所を総工費 8004 万円で建設し，昭和 42 年 6 月より開業した。

　以上のような原対協の生活援護事業や研究助成事業などの財源には，内外から寄せられた寄付金のほか，広島県・市よりの補助金・委託料が充てられた。

4　原爆医療法の改正
（1）原爆医療法の問題点

　原爆医療法は，認定被爆者の医療を国が行うとした点で，被爆者援護を大きく前進させたが，以上にみてきたように種々の問題があり，被爆者を満足させ

199

るものでなかった。同法が施行された昭和32年8月，第3回原水爆禁止世界大会の日本代表団の「原水爆被害者救援に関する決議」は，次のように問題を指摘した。

　　過去において，原水爆被害者にたいする救援運動は原水爆禁止の要求に支えられて原水爆禁止運動の高まりのなかで進められてきました。本年3月に「原子爆弾被害者の医療等に関する法律」が制定されたことは，原水爆禁止運動の大きな成果です。
　　けれども，この医療法は多くの点で不十分です。これに対して私たちは，とくに
　　　1　法の適切なる運用によって「医療法」の治療の枠を拡大し，早期発見，早期治療を実現すること。
　　　2　「医療法」を発展させて治療中の生活擁護および治療のための旅費，栄養補給の保障，障害年金等を設けること。
　　　3　原水爆死没者の遺族にたいする弔慰金，働き手を失った遺族にたいする年金の支給を立法化すること。
　　　4　放射能症の根治療法を調査，研究するため施設を設けること。
　　　5　被爆者センターをつくり被爆者に適した職業指導を行い，あわせて被爆者の精神的な幸福の増進につとめること。
　　これら被害者の生活を保障するに必要なあらゆる処置をとることを，国家にたいして強く要求いたします。

これ以降，原水爆禁止運動や被爆者運動は「被爆者医療法を援護法とすること」（第4回原水禁世界大会日本大会「行動についての勧告」），「被爆者の医療法を完備し援護法の制定を要求すること」（第5回原水禁大会日本代表団「原水爆禁止のための国内における諸行動にかんする勧告」）を目標に掲げる。

(2) 原爆医療法の改正へ向けて

　原爆医療法に関する以上のような認識は被爆者の共通のものであり，広島市も同様に考えていたということができる。昭和33年8月30日，渡辺市長，任都栗市議会議長は，来広した橋本厚生大臣に対して，次の事項を陳情した（『広島原爆医療史』716頁）。

　一，原爆被爆者の健康管理及び医療を促進するために
　　1．機動性ある検査車を設けること。
　　2．栄養物の補給をすること。

第15章　被爆者援護立法をめざす広島市の活動

　　3. 医療範囲の拡大と認定手続きの簡素化を図ること。
　　4. 原爆医療研究機関を設置すること。
　二．被爆者の援護対策を確立するため
　　1. 医療中の生活保障を確立すること。
　　2. 医療交通費の支給。
　　3. 指定病院へ寝具の備え付け。
　　4. 身体障害者の装具の支給。
　　5. 被爆者福祉センターの建設。

　昭和34年8月12日，社会党は，①治療認定基準の範囲を広げ，国の責任で健康管理を行う，②治療をする被爆者の入院，通院，健康診断，在宅療養者の生活保障を確立する，などを骨子とした原爆被害者援護法案を発表した。この頃より，広島市の原爆医療法改正要求の取組みは本格化する。同年9月7日，市当局は市議会厚生委員会に次の陳情要綱を提出し，同委員会はこれを了承した。

　一．健康管理の徹底強化
　　1. 栄養剤の支給
　　2. 交通貨の支給
　二．医療の範囲拡大
　三．生活保障
　　1. 治療患者家族の生活保障
　　2. 困窮家庭に対し生活援護費の支給
　　3. 遺族年金の支給
　　4. 住宅対策の確立
　四．被爆者手当の支給
　五．援護貸付金の設定
　六．被爆児および家族の育英資金の支給
　七．原爆医療に関する総合研究機関の設立

　この方針を携えて，市当局および議会関係者は，広島県および県議会関係者とともに，繰り返し国会や政府・厚生省に対して陳情し，被爆者援護の拡充を要求した。10月30日，広島県出身の自民党国会議員団は被爆者援護法の立法化促進を申し合わせ，11月12日，社会党は原爆被害者援護法案を国会に上程した。12月7日，自民党広島・長崎両県連の合同の被爆者援護対策協議会は，原爆医療法改正を政府提案で行うよう求めることを決定し，次いで8日，同党

政策審議会も同様の決定を行った。

(3) 原爆医療法の改正

　昭和35（1960）年1月早々，昭和35年度政府予算大蔵省原案で原爆医療法改正を前提にした厚生省の予算要求が認められ，政府として原爆医療法を改正することが実質的に決定した。同年3月5日，内閣は原爆医療法改正法案を国会に上程した。同法案は，新日米安全保障条約締結をめぐる国会の混乱のため，国会ではまったく審議されることなく，同年7月15日，衆参両議院で可決され，8月1日，公布・施行された。法改正にともなう原爆医療法施行令および同法施行規則の改正も同じ日付で行われた。主な改正点は以下の2点である。

　第1は，「特別被爆者」の新設である。「被爆者」の概念は従来通りであるが，「原子爆弾の放射線を多量に浴びた被爆者で政令で定めるもの」を特別被爆者としたことである。すなわち，①原爆投下の際，爆心地から2km以内にいた者とその胎児，②原爆医療法8条1項により治療認定を受けた者，③原爆投下の際，広島・長崎両市およびその隣接区域内にいて直接被爆した者で，投下後2週間以内に爆心地から2km以内の区域に入り，しかも健康診断の結果，造血機能障害，肝臓機能障害，悪性新生物，内分泌系の障害，中枢神経系の血管損傷，循環器系の障害，腎臓機能障害があると認められた者が特別被爆者とされた（その後数回の原爆医療法施行令改正により，特別被爆者の範囲・要件は徐々に拡大された）。特別被爆者には特別被爆者健康手帳が交付され，原爆症以外の一般疾病で医療を受けたとき，一般疾病医療費が支給されることになった。

　第2は，原爆医療法8条1項により原爆症と認定された被爆者に，治療期間中，医療手当（月額2000円または1000円）を支給することになったことである（所得制限あり）。

　原爆医療法改正法の施行にともない，新しい事務を処理しなければならなくなったので，昭和35年9月1日，広島市は原爆被害対策課を拡充し，庶務係と健康管理係の2係制とした。

5　原爆特別措置法の制定
(1) 改正原爆医療法の問題点

　原爆医療法の改正により被爆者援護に前進がみられたが，前述の原水禁世界大会決議や広島市の陳情の趣旨からみれば，それはささやかであり，また，改

正法自体に新たな問題が含まれていた。

その第1は，特別被爆者制度である。爆心地から2kmという線で特別被爆者となるかどうかを区別したが，この線引きの根拠は何か，狭すぎるのではないか等が問題とされた。第2は，医療手当の支給に付けられた所得制限である。なぜ所得制限を設けなければならないのか，限度額（前年度の所得税額が5660円以下）は低すぎないかが問題とされた。第3は，医療手当が低額であることである。第4は，一般疾病医療費の支給は，健康保険等による医療費給付を前提としたものであることである。健康保険等の診療方針に基づいて医療がなされなければならず，また，健康保険等の医療費給付が優先であった。前者については診療方針を超えた医療は被爆者の自己負担となり，後者については健康保険料等の形で被爆者の医療費負担が残った。昭和36年度の広島市国民健康保険財政は，当初の予想をはるかにこえて7000万円の赤字を発生させるほど支出が増えたといわれているが，その原因は，特別被爆者の一般疾病医療費の増加にあるとみられた。そのため，広島市では，厚生省に対して，国民健康保険特別調整交付金の増額を求めた。

（2）原爆医療法の再改正

改正原爆医療法には以上のような問題があったので，原水禁運動団体や被爆者団体は一段と運動を強め，医療法を援護法へ切り替え，新しく被爆者援護法の制定を求めた。

改正原爆医療法は，広島市の立場からみても不満であった。宮本市議会議長は，昭和35年9月13日，広島県議会に平塩議長を訪ね，さらなる原爆医療法の改正を求める運動について協力を依頼し，①特別被爆者の要件の緩和（距離制限を3kmに改めること等），②原爆医療の総合研究機関の設立，③被爆者の生活援護の促進，の3点を当面の目標とすることを相互に確認した。10月20日，市議会の各派代表者会議が開かれ，この問題に関する委員会を設置して運動することを決定した。11月5日，広島市と市議会は広島原爆被害対策促進委員会を発足させた。同委員会は，理事者側から加藤助役・志水保健局長ら5人，議会側から任都栗議員ら5人，および学識経験者3人の合計13人で構成され，任都栗議員を委員長に選んだ。この前後，浜井市長，宮本議長，任都栗議員は，再三上京し，関係方面に2km問題や原爆医学研究所設置問題について陳情したところ，12月になって後者の展望が開けてきた。同月16日，前述の促進委員会が開かれ，任都栗委員長は，原爆医療法および同施行令の改正が

さしあたり困難な見通しであることを説明し，委員会としては原爆医療総合研究機関の新設に運動の目標を絞ることを提案し，激論のすえ了承された。この方針は，12月21日に長崎市で開かれた広島・長崎合同会議においても了承された。

12月23日から任都栗議員，増村議員，田中（睦三）議員，中谷議員らは上京し，関係方面への陳情を行った。同月27日，自民党政調会文教部会は広島大学に原爆医療に関する総合研究機関を設置することを決定した。これを踏まえて，任都栗議員は広島大学に対して早急に予算要求することを要請した。広島大学はただちに原爆放射能医学研究所に関する概算要求書を文部省に提出した。翌36年1月5日より任都栗議員らは，東京での陳情活動を開始した。自民党政調会の決定を経て，11日，文部省は大蔵省に広島大学に原爆放射能医学研究所設置のための新規概算要求書を提出し，16日，大蔵省はこれを認めることを決定した。4月1日，広島大学に原爆放射能医学研究所が設置された。

次の課題は，特別被爆者の距離制限の撤廃であった。昭和36年4月以降，任都栗議員は，毎月上京して，関係方面への陳情を繰り返した。その結果，8月23日の厚生省議は2km枠の拡大方針を決定した。10月に任都栗議員が上京・陳情し，これとは別に11月に波多野副議長，吉本厚生委員長，鬼武議員らが上京・陳情した。陳情運動が2つに分かれて行われることを懸念した岩沢忠恭参議院議員（広島・長崎原爆被爆者医療法改正対策委員会常任委員）は，運動展開方法の一元化を要請した。12月8日，参議院会館（東京）において岩沢参議院議員，浜井市長，杉村議長，吉本厚生委員長，任都栗・浅尾・池永・植田の各議員らが出席して打合せ会議が開かれたが，運動の進め方をめぐって意見の対立があり，任都栗議員が席を立ったため，浜井市長に調整が委ねられる場面もあった。こうした事情もあって「原爆医療法に関する政令中二粁の制限撤廃陳情書」は，知事名・市長名・議長名を付けず，広島・長崎の両県市名だけで提出された。同月24日，大蔵省は，3kmに制限を拡大することで予算要求を認めた。翌年1月13日，市議会厚生委員会が開かれ，任都栗議員よりこの運動の詳細な報告を聴取した。

こうして，原爆医療法施行令は同年3月31日付けで改正され，4月1日より施行された。特別被爆者の要件の緩和は，39年・40年・44年・47年に行われ，医療手当の所得制限の緩和は，38年・40年に，その増額は40年・42年に行われた。

広島市は，当面の問題として，原爆医療法のいっそうの拡充を求めていた。

第 15 章　被爆者援護立法をめざす広島市の活動

市議会は，昭和 38 年 9 月 28 日，「原爆医療法の拡大強化と被爆者救援に関する決議」を採択し，「特別被爆者としての距離の制限撤廃，及び入市者救済」を内容とする原爆医療法の拡大，および，「被爆者の救援に関しては生活援護，栄養補給並びに優遇措置等しばしば訴えつづけて来たが，いまだにその実現をみないことは甚だ遺憾である」と述べた。この決議内容の前半部分は徐々に実現したが，後半で指摘されている「被爆者救援」は，課題として残された。

(3) 東京原爆裁判とその影響

　昭和 38 (1963) 年 12 月 7 日，東京地方裁判所は，いわゆる東京原爆裁判において，広島・長崎への原爆投下は国際法違反である，しかし，被爆者には国際法上・国内法上損害賠償請求権は認められないとしつつ，判決文の末尾部分で次のように判示した。

　　不幸にして戦争が発生した場合には，いずれの国もなるべく被害を少くし，その国民を保護する必要があることはいうまでもない。……戦争災害に対しては当然に結果責任に基く国家補償の問題が生ずるであろう。現に本件に関係するものとしては「原子爆弾被害者等の医療等に関する法律」があるが，この程度のものでは，とうてい原子爆弾による被害者に対する救済，救援にならないことは，明らかである。国家は自らの権限と自らの責任において開始した戦争により，国民の多くの人々を死に導き，傷害を負わせ，不安な生活に追い込んだのである。しかもその被害の甚大なことは，とうてい一般災害の比ではない。被告がこれに鑑み，十分な救済策を執るべきことは，多言を要しないであろう。
　　しかしながら，それはもはや裁判所の職責ではなくて，立法府である国会及び行政府である内閣において果さなければならない職責である。しかも，そういう手続によってこそ，訴訟当事者だけでなく，原爆被害者全般に対する救済策を講ずることができるのであって，そこに立法及び立法に基く行政の存在理由がある。終戦後十数年を経て，高度の経済成長をとげたわが国において国家財政上これが不可能であるとはとうてい考えられない。われわれは本訴訟をみるにつけ，政治の貧困を嘆かずにはおられないのである。(『下級裁判所民事裁判例集』14 巻 12 号)

　この判決は，大きな衝撃を与えた。昭和 39 年 3 月 27 日，参議院本会議は「被爆者の置かれている現状にかんがみ，政府はすみやかにその援護措置を改善し，以て生活の安定に役立つよう努めるべきである」，同年 4 月 3 日，衆議院本会議は，被爆者に関する制度としては原爆医療法が制定されているが，

「原爆被害者に対する施策としては，なお十分とは認めがたい。よって政府はすみやかにその援護措置を拡充強化し，もって生活の安定をはかるよう努めるべきである」との「原子爆弾被爆者援護強化に関する決議」を採択した。両院決議にあたり，任都栗議員は大きな役割を演じたようであり，同議員は，4月6日に開かれた市議会全員協議会において国会決議に至る経過の概略を報告したが，それによれば，両決議の原文および趣旨説明の原稿ともに同議員の手になるものであったとのことである。

　昭和39年5月，広島市議会原爆被害者援護強化対策協議会（強対協）は，「政府においては，我々の数次，累年に亘る陳情，請願により若干の被害者対策を進められて来ましたが，未だ満足の域に達せず，被爆者の多くが原爆症に呻吟し，生活苦に喘ぎ，後遺症や遺伝の恐怖におののいている実情は，人道的社会問題として看過し得ざるところであります。……国際法を無視して原爆を投じ，広島，長崎の悲劇を生んだ現実を，他の一連の案と共にワシントン条約により一応わが国として権利放棄を余儀なくされたとはいえ，今あらためて国家責任を反省し，被爆市民の精神的，肉体的，且つ経済的な救済対策に深く思いを注がれたいのであります」（強対協会長任都栗司名義の「説明資料」）との立場から，政府方面に対して以下のような陳情・要求をした。

　　一，原爆放射能医学研究所の拡充
　　二，被爆者の医療と健康管理の徹底
　　　（一）収容施設の増強整備
　　　（二）健康管理センターの新設
　　　（三）発病予防の措置強化
　　　（四）通院被爆者の交通支給
　　　（五）温泉保養所の新設拡充
　　三，被爆者特別手帳の交付範囲の拡大及び医療費は社会保険優先措置の内地方自治体負担分を全額国庫負担とすること
　　四，被爆者の住宅特別対策
　　五，被爆者福祉の増進
　　　（一）死亡認定患者の葬祭料支給
　　　（二）世帯更生資金，育英資金の特別供与
　　　（三）原爆老人ホームの新設
　　　（四）被爆者福祉ランドの新設
　　六，軍人遺家族援護法の適用をうける動員学徒等原爆犠牲者及びその遺族の処遇改善

第15章　被爆者援護立法をめざす広島市の活動

昭和40年度予算では，特別被爆者の範囲拡大（3日以内・爆心地より2km以内入市者へ拡大），医療手当の増額と所得制限緩和，希望による健康診断と収容検査の新設，原爆病院の拡張整備，被爆者老人ホームの設置（広島・長崎各1か所），健康管理センターの設置などが認められた。

(4) 原子爆弾被爆者特別措置法案 ── 8者連名の陳情

昭和41（1966）年10月，日本被団協は「原爆被害の特質と『被爆者援護法』の要求」（通称つるパソフ）を刊行した。被爆者援護法制定要求運動は，理論的にも実践的にも一段と前進した。

広島市は，昭和42年7月，被爆者援護について，3年ぶりに国に対して要望を提出することにし，同年8月，長崎側の関係者と協議のうえ，一致して原爆被爆者特別措置法の制定を求めることにした。そして，9月1日付で広島県・市，長崎県・市の知事，市長，議長の8者連名で，次のような「原子爆弾被爆者特別措置法制定に関する陳情書」を関係方面に提出した。

　原爆の惨禍は，精神的，肉体的，経済的に市民生活を根底から破壊し，原爆スラム，原爆孤老，原爆小頭症等を生み，被爆者は終生消えることのない放射能障害を内包する生命の不安と焦躁とに今なお脅えつづけていることは，まことに悲惨な現実の姿であります。

　政府におかれては，この実情を考慮され若干の被爆者対策を進められてきましたが，被爆者には今なお原爆症に呻吟し，生活苦に喘ぎ，後遺症や遺伝の恐怖におののいている者が多数存在し，このことは，人道的社会問題として看過し得ざるところであります。（中略）

　過ぐる日，サンフランシスコ条約により，わが国としては他の一連の案件とともに権利放棄を余儀なくされたとはいえ，政府におかれては国際法を無視した原爆による広島長崎の悲劇的現実を今あらためて想起し，国家責任としてこれを認識され，被爆者の精神的，肉体的，且つ経済的な救済対策に深く思いを注がれたいのであります。

　即ち原爆に起因すると考えられる病気に悩まされている被爆者に対しては，その病勢の進行，悪化を阻止する万全の医療方途を講じ，また一応健康は維持しつつも，正常なる労働力を失い，あるいは常人としての行動，生活力を持続することが出来ない日々を送り，生命の不安を感じつつある被爆者に対しては，安んじて余生を送り得るよう健康管理の強化をはかり，生計維持の困難な被爆者に対しては，その救済措置を実行に移す等積極的に国家施策を講ずることこそ，衆・参両院の決議の主旨にそうものであると思われます。（中略）

207

原爆による悲劇は，かつての戦争手段による常識をもってしては到底理解し得ざる全く特異のものであります。この特異の戦災に対し，国として特別の施策が講ぜられることは当然のことで，既存の法律にこだわって援護措置を遅延せしむることは，もはや許されないことでありましょう。

　何とぞ，被爆者永年に亘る悲願を達成せしむるため，早急に原子爆弾被爆者特別措置法（仮称）を制定せられる等，次の各項に対して特別の措置を講ぜられんことを切望してやまないものであります。

この陳情書には，次のような「原子爆弾被爆者特別措置法案の概要」が付けられていた。

　第一　医療制度の充実強化
　　一　健康診断および受診内容の改善ならびに受益範囲の拡大
　　　（一）健康診断の内容充実
　　　　　　一般検査項目の改善
　　　　　　精密検査の検査範囲の拡大（成人病の早期発見に必要な諸検査）に伴う検査費の増額
　　　　　　収容検査費の増額
　　　（二）近距離被爆者二，三世に健康診断の実施
　　　（三）認定疾病の範囲の拡大
　　　（四）特別被爆者の範囲拡大
　　　（五）被爆者温泉療養費の補助
　　二　受検，受診および療養のための便宜供与等
　　　（一）健康診断受診奨励金の支給
　　　（二）認定被爆者に対する医療手当の増額
　　　（三）認定患者入・通院手当の支給
　　　（四）被爆障害者の国鉄運賃割引制度の実施
　第二　健康管理，保養，保護等のための施設の充実
　　一　原爆障害者コロニーの設置
　　二　被爆者保養センターの設置
　　三　被爆者更生授産所の設置
　　四　被爆者健康管理，医療施設整備特別補助制度の創設
　第三　被爆者に対する強力な援護対策
　　一　生活困窮被爆者に援護費の支給
　　二　被爆者奉仕員および生活相談員制度の実施
　　三　被爆者就職支度金および雇用奨励金の支給
　第四　障害補償その他被爆にともなう補償制度の確立

第15章　被爆者援護立法をめざす広島市の活動

　　　　一　被爆障害者に障害年金の支給
　　　　二　認定疾病死亡者に対する葬祭料の支給
　　　　三　被爆者補償および死没者の遺族補償
　　　第五　放射能医学研究機関の拡充等　（略）
　　　第六　その他　（略）

(5) 原爆特別措置法の制定

　自民党の政調審議会は，昭和42（1967）年11月15日，次の通常国会に原爆
被害者援護法案を提出することを決め，12月4日，政務調査会も同様の決定
を行った。厚生省は，昭和43年1月5日，被爆者に「新しい対策」をとるこ
とを決め，大蔵省に対して正式に予算要求をした。「原子爆弾被爆者に対する
特別措置に関する法律」（原爆特別措置法）案は，3月8日閣議決定され，ただ
ちに国会に上程された。同法案は5月16日衆議院で可決され，参議院では同
月17日に可決されて成立し，5月20日に公布された。施行日は，同法施行令
および同法施行規則とともに9月1日である。

　原爆特別措置法は，「原子爆弾の被爆者であつて，原子爆弾の傷害作用の影
響を受け，今なお特別の状態にあるものに対し，特別手当の支給等の措置を講
ずることにより，その福祉を図ることを目的とする。」（1条）。すなわち，同
法は，原爆の「傷害作用の影響を受けた者の中には，被爆後20余年を経過し
た今日においても，生活能力が劣っている者あるいはいわゆる原爆症のため一
般国民とは異なる特別の支出を余儀なくされている者等特別の状態におかれて
いる者がなお数多くあることにかんがみ，これら特別の状態におかれている被
爆者に対し，その特別の需要を満たして生活の安定を図り，もってこれら被爆
者の福祉の向上を図ることを目的として制定されたものである」（昭和43年9
月2日，発衛156号，厚生事務次官通達「原子爆弾被爆者に対する特別措置に関す
る法律の施行について」）。このような趣旨・目的に基づき，同法は，特別手当，
健康管理手当，医療手当および介護手当を支給することにしている（昭和56年
6月の法律70号による同法改正時点では医療手当は廃止され，前記手当以外にさら
に医療特別手当，原子爆弾小頭症手当，保健手当および葬祭料を支給することにし
ている）。

　特別手当は，原爆医療法8条による認定被爆者が，認定を受けた病気やけが
について，現在もその状態が続いている場合に月額1万円支給される。健康管
理手当は，特別被爆者のうち，厚生大臣の定める貧血症，肝臓の障害，がんな

どの病気にかかっている者で，①65歳以上の者，②厚生大臣の定める身体障害のある者，③母子世帯主，のいずれかに該当する者に月額3000円支給される（特別手当受給者を除く）。医療手当は，それまで原爆医療法に基づいて支給されたものであり，原爆特別措置法の制定により月額5000円または3000円が支給されることとなった。介護手当は，認定被爆者および特別被爆者が，厚生大臣の定める特定の疾病にかかり医師が介護の必要を認めて介護を受けた場合，介護のために支払った費用に充てるために日額300円に介護日数を乗じた金額が支給される。以上の諸手当の支給については，所得制限があった。

　原爆特別措置法についての広島の受け止め方は，「一歩前進」だが「援護にはほど遠い」（『中国新聞』昭和43年5月17夕刊・18日朝刊）という見方に代表されるといってよい。同法施行直後の同年9月26日，山田市長は，議員の質問に答えて「この内容につきまして，仰せのように，私どもも非常に不満であります。……不満ではあるけれども，しかし，われわれが，一つの橋頭堡を築いたということであります。したがいまして，これが最後のものじゃないのでありまして，これをまず土台として……次第に，これをふえんしていこう」と述べた。また，9月30日，築地市議会厚生委員長は，付託された議案の審査結果の補足報告において次のように指摘した。

　　まず，今回の特別措置法による，各扶助費，援護費の支給をうけるための事務手続きが，非常に繁雑であること，さらに被爆者への説明の不徹底，協力を得べき医師へのP・Rの不足，被爆者からの申請を受ける市事務当局の態勢の不備が，強く指摘されました。
　　次は，支給される各種手当についてであります。まず，第一に，特別手当の支給についてでありますが，この対象となる被爆者の認定基準が非常にきびしいこと，第二は，健康管理手当の支給について，年齢が65歳以上のものに限られていること，身体障害の基準並びに母子，準母子世帯の基準がきびし過ぎること，第三に，介護手当については，家族の介護を受けている被爆者は，この支給が受けられないこと，第四に，各種手当を通じて，所得制限がきびしく，家庭生活の実態に即しないこと，第五に，健康保険等，被用者保険における本人の一部負担について，公費負担を行なうこと（が指摘されました）。(同日会議録)

(6) 原爆特別措置法の施行

　この法律に基づく諸手当の申請受付けは，昭和43 (1968) 年9月から開始された。広島市は，市内の9万余人の被爆者のうち，特別手当の対象者960人，

第15章　被爆者援護立法をめざす広島市の活動

健康管理手当の対象者 4740 人と推定し，殺到する被爆者の便宜のために，市役所北隣りの原爆被爆者福祉センターの会議室で受付けを行った。しかし，受付け開始後 2 週間の特別手当の申請は 80 件，健康管理手当の申請は 356 件で，いずれも予想の 1 割にも満たない不調な出足であった（原対協『被爆者とともに』228～229 頁）。昭和 43 年 12 月分の特別手当受給者は 215 人，健康管理手当受給者は 1860 人，介護手当受給者は 23 人，合計で 2098 人であり，この数字は当初の予想の 36 ％でしかなかった（『中国新聞』昭和 43 年 12 月 25 日付）。

　諸手当の申請・支給状況が不調であることの原因については，以下のようなことが指摘された。第一は，厳しい所得制限が付いていることである。原爆特別措置法施行当時の所得制限は，本人，配偶者，扶養義務者それぞれの前年の所得税額が 1 万 7200 円以下ということであった（所得制限は，昭和 44 年以降，再三緩和される）。このような制限のため，かなり低所得者でなければ諸手当を受給できなかった。第二は，その他の支給要件もかなり制限だったことである（年齢要件は徐々に緩和され，さらに廃止されるなど，緩和措置が講じられた）。第三は，手当の申請手続が煩雑であったことである。

(7)　健康管理手当未受給者実態調査

　広島市原爆被害対策課は，原爆特別措置法に基づく「手当の支給対象者数は，当初予定人員をかなり下廻っており，また，支給にあたっては，所得，年齢，及び疾病等によって制限され，未受給者のうちにも援護措置を講ずる必要のある者が多数存在しているものと思われる」という見地から，「手当未受給者について，その実態を調査し，特別措置法による援護措置拡充のための基礎とする」こととした。この「原爆被爆者健康管理手当未受給者実態調査」は昭和 44（1969）年 4 月 27 日から 5 月 16 日までの 20 日間で実施された。

　同年 8 月 22 日に発表された調査結果によれば，①健康管理手当制度を知らない者が 30.6 ％いること，②手当制度を知っている者のうち 65 歳の年齢制限にかかる者が 75 ％であること，65 歳以上で年齢要件を満たしている者でも 94.8 ％は支給申請をしていないこと，申請をしていない理由としては，所得制限にかかると思うが 33.4 ％，疾病制限にかかると思うが 30.6 ％であること，③前回調査で「元気でない」と答えた者のうち病気の者について，65 歳未満であるが手当の支給対象疾病にかかっている者が 36.2 ％であること，65 歳以上であるが手当の支給対象にならない病気にかかっている者が 13.7 ％であること，④前回調査で「元気でない」と答えた者のうち，所得制限にかかる

211

者が 37.8 ％であること，などが明らかとなった。この結果から，広島市としては，国に対して，年齢制限の撤廃，65 歳以上の者について病気の種類を問わないこと，所得制限は生活に応じたものにすることなどを要望することにした（『中国新聞』昭和 44 年 8 月 23 日付）。

6　原爆二法の拡充

（1）原爆特別措置法の問題点

　原爆特別措置法の制定によって，被爆者援護が「一歩前進」したことは，大方の認めたところである。しかし，同法に対して種々の問題点も指摘された。まず，基本的なこととして，同法の性格をどのようにとらえるかについて，『中国新聞』昭和 43（1968）年 5 月 19 日は「被爆者の不満－これは彼らが強く要求してきた“国家補償の思想にのっとった援護”の性格が盛り込まれなかったことにほかならない。国家補償を根底にした取り上げ方はしないということは，厚生省がとってきた一貫した姿勢でもある」と指摘した。同紙はまた「厚生省は一般人とは違う被爆者の特殊な立ち場を救済するための措置との見解をとった。つまり被爆者対策を戦後処理につながる“補償”的性格から切り離す姿勢を堅持したわけだ」（昭和 43 年 5 月 17 日付夕刊）と解説した。このことは，典型的には，原爆特別措置法の手当制度のなかに「被爆者年金」が欠けていることに現われている。次に，前述したことであるが，原爆特別措置法の諸手当の支給要件にかなり厳しい制限があり，その結果，ごく一部の被爆者しか手当を受給できないという問題があった。また，原爆特別措置法は，被爆者医療のあり方に何の改革も加えなかった。したがって，同法制定により前述の改正原爆医療法の問題点は改善されなかった。

（2）強対協の要望事項

　強対協は，同法施行を目前にした昭和 43 年 8 月 24 日に総会を開き，引き続き被爆者対策のいっそうの拡充・強化を国へ向けて働きかけることを決定し，ただちに以下に引用するような要望書を関係方面に提出した。要望書の第一の一の記述は，施行されようとしている原爆特別措置法に対する広島市関係者の受けとめ方がよく現われているので，この部分を紹介する。

原爆被爆者援護強化についての要望事項

　第一　被爆者援護措置の拡充

第15章　被爆者援護立法をめざす広島市の活動

一　特別措置法による諸手当の支給対象の拡大及び支給金額の改善
　（説明）
　　　特別措置法による援護措置は，認定患者及び厚生大臣が定める特定疾病者の
　　うち，現に罹病している一部の者が対象とされている。
　　　手当のうち，被爆の影響による特定疾病者に支給される健康管理手当につい
　　ては，年齢によって65歳以上の者に支給を制限されており，65歳未満の生計中
　　心者たる者に対しては，なんら援護措置が講ぜられていない。
　　　また，原爆放射能の影響については，未解明な分野が多く，厚生大臣が定め
　　る疾病以外の者においても，現に被爆により健康を阻害され，正常な社会生活
　　を営むことのできない被爆障害者が多数存在しているが，これらの者は特別措
　　置法による援護の対象から外されている。
　　　これら障害者のうち，低所得階層被爆者の生活の安定を図るため，支給対象
　　の拡大及び支給金額の改善を図るべきである。　（以下　略）

　この要望は，原爆特別措置法制定の際に衆参両議院の社会労働委員会で採択
された附帯決議とほとんど同じ内容である。任都栗強対協会長によれば，「付
帯決議は今後の援護強化実現の足がかりである」ということであった（『中国
新聞』昭和43年8月25日付）。
　その後，国に対する陳情活動は，広島・長崎原爆被爆者援護対策協議会（八
者協。広島県・市，長崎県・市をもって組織し，知事，市長，議長の8者が委員と
なり，昭和42年11月に設置された。その前身は，昭和34年9月設置の広島・長崎
原爆被爆者医療法改正対策委員会である）を中心にして行われた。八者協は，昭
和44年10月以降，毎年，被爆者援護措置の拡充を求める陳情書を国に対して
提出している。

（3）原爆二法の給付内容の改善

　このような原爆医療法および原爆特別措置法（以下「原爆二法」ということが
ある）の給付内容の改善要求は，昭和44年4月の葬祭料の新設，特別手当の
所得制限緩和，特別被爆者となり得る特別障害の範囲拡大（7障害から8障害
へ）などとなって実現したのを皮切りに，以後，毎年少しずつ実現することに
なった。各種手当の所得制限緩和措置は，ほとんど毎年のように行われ，ま
た，健康管理手当の年齢制限は5歳きざみで4回にわたり緩和され，昭和50
（1975)年10月に全廃された。同じ月には爆心地から2Kmの区域内で直接被爆
した者に支給される保健手当（特別手当，健康管理手当受給者は除かれる）が新

213

設された。各種手当の給付金額の改善も徐々に行われた。昭和49年10月には，原爆二法改正により一般被爆者と特別被爆者の区別が廃止され，その結果，被爆者が認定疾病以外の疾病で医療を受けた場合，原爆医療法14条の2に基づき一般疾病医療費が支給されることになった。そして，昭和56年8月，医療手当および認定疾病が治ゆしていない場合の特別手当の給付が廃止され，これにかわって医療特別手当（所得制限なし）が新設され，また，原子爆弾小頭症手当（所得制限なし）が新設された。

（4）あとを絶たない手帳交付申請

　被爆者健康手帳の交付を受けようとする者はあとをたたない。原爆二法が改正され給付内容が拡充されると，その年および次の年の交付数が増加する傾向がみられる。最近の例を言えば，昭和49・50年度に交付数が増大している。これは，49年10月の原爆医療法改正により一般被爆者と特別被爆者の区別が廃止されたことの影響である。

　昭和55（1980）年12月11日，厚生大臣の私的諮問機関の原爆被爆者対策基本問題懇談会は，報告「原爆被爆者対策の基本理念及び基本的在り方について」を提出し，「原爆投下以来35年を経た今日，被爆者として被爆者対策の対象となっている人々が37万人を超え，年々その数が増加する傾向さえみられるが，晩発障害の発生等を考慮しても，対策の真の対象そのものは，漸減していくのが筋である」と述べて，今もなお新規に被爆者健康手帳の交付を受ける者が少なからずいるのは奇異であるといわんがばかりの口吻を示した。しかし，最近になるまで被爆者健康手帳の交付申請をしなかった理由には様々なものがあり，そこには複雑な被爆者問題が横たわっているのであって，上記の報告は浅薄極まりない。

7　被爆者援護の課題
（1）広島市独自の被爆者援護

　広島市は，原爆医療法の成立にあたり，それまで原対協に支出してきた補助金100万円を引き続き支出した。原対協は，これを財源として新たに生活援護金給付事業を開始した。昭和37（1962）年7月26日，市議会厚生委員会において，任都栗議員は，「被爆者の救済について国は相当の援助をしているが，広島市は余りにも被爆者の実態に対し認識が薄いのではないか」「市はもう少し予算を出して救済してしかるべきだ」と広島市独自の援護が行われていないこ

第15章　被爆者援護立法をめざす広島市の活動

とを問題とした。同38年9月28日可決の「原爆医療法の拡大強化と被爆者救援に関する決議」は，その末尾の部分で「市当局また被爆者の本質とその実態にかんがみ救援に必要な予算措置を講ずべきである」と指摘した。しかし，広島市は，独自援護施策を講じなかった。

　昭和41（1966）年7月，広島県議会は原爆被爆者総合対策特別委員会を設置して，県独自の被爆者援護対策の内容，援護条例制定の可否などについて検討を開始した。これを背景にして，同年12月12日，米沢議員は，広島市独自の援護施策を行う意思があるかどうかを浜井市長に尋ねた。これに対して同市長は，「被爆者援護の問題，これにつきましても，大幅に市費を支出すべきじゃないかということでございますが，……市がそれを責任持ってやれということには私は異論があるわけです。……国がやるべきだという考えを持っております。それについて補助的にまた，側面援助的に市がこれをやっていく以外にないと思います」と答えた。

　広島県は，昭和42年度予算編成にあたり，独自の被爆者援護施策を講じることにし，健康診断受診奨励金，就職支度金および雇用奨励金を支給するための予算措置を行った。このうち，健康診断受診奨励金は，同県から市町村に対して交付される補助金であった。そこで，広島市は，同年度予算の編成にあたり，急遽，健康診断促進手当を支給することにした。その財源は，広島県から交付される補助金であった。このことにかかわって，同年3月4日，吉田議員は，「浜井市長は持論として被爆者援護のことは国がやるべきことであって市がやるべきことではないと，……ずっと十数年の間言うてこられました。かたくなに被爆者援護の予算を計上することを拒んでこられました。……永野県知事が被爆者救援の予算2700万円を組まれたことを，市長としてどうお考えになっておられるか」と質問した。これに対して，浜井市長は，「被爆者援護と申しましても，いろいろな問題がございますし，それにはばく大な経費を要するものもございます。そういったようなものを市の責任において全部片をつけていくんだということは，これは困るということなのであります。おのずから市長及び市議会等地方自治体のやるべき仕事には私は限度があると思う。国家がやらなければならないものを全部地方自治体が引き受けるというような態度をとったら，これはとても地方自治体の今日の財源では賄い切れないだけの仕事はあると思うのでございます」と答えた（同日会議録）。

　昭和42年4月の市長選挙で当選した山田節男市長は，同年7月5日，質問に答えて，広島県も独自援護を行っていることであり，市としても努力したい

215

と述べ，同年9月招集の定例市議会に補正予算を提案し，広島市独自の被爆者援護対策費として787万2000円を計上した。これについて同市長は次のように説明した。

　被爆者援護対策は，市といたしましても従来の消極的態度を深く反省し，とりあえず国の措置が実現するまでの本市独自の対策として，この際，胎内被爆小頭症患者扶養者援護措置，認定被爆者医療手当附加金の支給，認定被爆者の葬祭料支給，被爆者家庭奉仕員派遣事業等を行なうことといたしました。また，原爆による心身障害者に対する市民助け合い運動をすすめたいと存じ，バッヂ製作費等の所要経費を計上することといたしましたほか，被爆者生活状況実態調査及び被爆者援護対策強化促進経費を追加計上しました。（昭和42年9月30日会議録）

　提案されたもののうち，被爆心身障害者のバッジ，被爆者援護対策強化促進経費（国に向けての陳情のための旅費）について強い異論が出され，10月4日の厚生委員会は委員長裁決で補正予算を承認した。松下厚生委員長は，同月9日の本会議において，付託された議案についての補足報告を行い，「被爆後20余年を経過した今日なお，被爆者の方々のぬぐい去ることのできない心情を」「十分考慮し，このバッジ支給が強制的なものにならないよう十分配慮せられることを当委員会として要望しておく次第であります」と述べた。広島市は，昭和42年11月1日，「広島市原子爆弾被爆者援護措置要綱」を制定・施行し，独自の被爆者援護を開始した。その後，独自援護施策は年を追うに従い，質・量ともに拡充されている。

(2) 被爆二世問題

　昭和44（1969）年6月20日付『中国新聞』は，「被爆二世の女高生白血病で死ぬ」という大きな見出しの記事を載せた。広島市内に住む高校3年生が同年1月以来の闘病生活のかいなく死亡したという内容である。両親は被爆者であり，白血病が被爆者に多いものであったため，遺伝的影響が取り沙汰された。

　同44年6月25日，中本（康雄）議員は「国の施策を待つまでもなく，市として当面第一に，被爆二世の定期検診を行うことを市として保障すること，第二，被爆二世に対しても，一般手帳と同様な手帳を交付すること，それと同時に，この一般手帳を，これを一般手帳と同じ扱いを受けられるように，政府に運動する。第三に，市として独自の条例を，これについて制定するということを私どもは市長に提言するものであります」と述べて，市長の見解をただし

第 15 章　被爆者援護立法をめざす広島市の活動

た。山田市長および熊沢衛生局長は，次のように答弁した。

　（山田市長）　この被爆二世，遺伝であるかどうかということは，これは，私の
知る限りにおきましては，今日の医科学では証明されてないということを聞いて
おりますが，いずれにしても……医科学的な見地から，ひとつ提議し，……その
上で考えなくちゃいかぬだろうというように考えております。
　（熊沢局長）　白血病というのは，必ずしも被爆者にだけ出る病気でないわけで
ございますので，……被爆による染色体の異常という問題が，学問的に確立して
いない現段階で，二世の検診という問題を，軽々しく制度として取り上げるとい
うことは適当でないというように考えております。これは，この被爆者の二世に
いろいろ遺伝的な問題があるとかいうようなことがよくオーバーに伝えられまし
て，被爆者の方が，子供さんの結婚問題，そのほかで迷惑をしておられるという
ようなことも，たびたびございますので，もう少し学問的な基礎がかたまりまし
てから，地方自治体としては，制度として取り上げるのが適当ではないかという
ように考えております。（以上，『広島市議会史』議事資料編Ⅱ 798〜799 頁）

　同年 6 月 26 日の厚生委員会でも被爆二世問題は議論された。山田市長は，
現実に病気にかかっている 2，3 の者の救済について，原爆医療法は適用でき
ないが，他の方法で手厚い手当をする方法を検討したいと述べた。その後も，
この問題は本会議においてしばしば取り上げられた。同年 7 月 26 日，広島市
議会は「原爆被爆者の子及び孫などの援護措置に関する意見書」を可決し，国
に対して次の 5 項目を要望した。

　①　早急に実態調査を行なうこと
　②　原子爆弾被爆者の医療等に関する法律（昭和 32 年法律第 41 号）第 3 条によ
　　　る被爆者健康手帳を交付すること
　③　父母などの希望による健康診断，精密検査は，無料で行なうこと
　④　健康管理，疾病の治療などについては，放射能に基づくものに限定せず，
　　　特別の措置を講ずること
　⑤　援護に要する経費については，一切，国庫の負担とすること　（同前書 898
　　　〜810 頁）

　山田市長は，7 月 31 日の記者会見において，昭和 48 年度に市独自で被爆者
の子どもや孫に関する実態調査を行うと述べ，初めて被爆二世問題に積極的に
取り組む姿勢を明らかにした。この調査関係の予算は同 47 年 12 月招集の定例
市議会に提案され，若干の疑義が出されたが，原案どおり承認された。「被爆
者とその家族の調査」は翌年 1 月に実施された。調査結果のまとめを待たず，

217

市長は同年2月26日の記者会見において，無料で健康診断を実施する方針を明らかにした。これに必要な経費274万円は，同年7月の定例市議会に提案された補正予算に計上された。8月，広島市は「原子爆弾被爆者の子の健康診断事業実施要綱」を定めた。これにより，被爆二世は，年に1回の健康診断（一般検査，その結果必要とされた者にはさらに精密検査）を無料で受けられることになった。

(3)「黒い雨」降雨地域問題

原爆被爆の直後，広島市の北西に広がる広範な地域に，いわゆる黒い雨が降った。この雨には原爆により生成された強い放射能が含まれていた。この黒い雨降雨地域のうち，爆心地から3km以遠の広島市新庄町など7地区と安佐郡祇園町の一部（長束，西原，西山本）は，昭和40年10月の原爆医療法施行令改正により，当時の特別被爆者手帳の交付される地域に指定された（一般被爆地域から特別被爆地域への変更）。同46年8月18日，強対協は「昭和46年度原子爆弾被爆者援護措置に関する陳情書」を作成したが，その中で，旧佐伯郡井口村など9か村，広島市草津町地区，旧祇園町の一部を特別被爆地域に指定することを求めた。その結果，同47年5月の原爆医療法施行令改正により，草津東町・草津浜町・草津本町・草津南町が一般被爆地域から特別被爆地域へ変更指定され，祇園町の東山本・北下安・南下安・上東原が新たに特別被爆地域として指定された。

同48（1973）年7月25日，田辺議員は，市議会厚生委員会において「黒い雨を浴びた地域として同じなのに，被爆地域指定がなされていないところがあるのは問題である」と指摘した。これに対して竹本衛生局長は，指定漏れの他の地域の実態調査を行い，厚生省へ向けて運動していきたいと答えた。

同48年10月1日，市議会は「特別被爆区域の是正に関する意見書」を可決した。これは，黒い雨降雨地域の旧佐伯郡井口村，旧安佐郡安村・伴村・戸山村・久地村の特別被爆地域指定を求めるものである。しかし，政府はこの要求には応じず，かわって翌49年10月施行の原爆医療法改正で健康診断の特例措置（附則第3項）が導入され，原爆医療法第2条1号に規定する区域（いわゆる直爆区域）に隣接する政令で定める区域（黒い雨降雨地域）内にあった者とその胎児は，同法第4条の被爆者健康診断を受診できることとされた（いわゆるみなし被爆者）。受診の結果，厚生大臣が定める10種類（後に11種類）の疾病にかかっている場合は，同法第2条第3号に該当する者として被爆者健康手帳

が交付されることとなった（厚生省通達による）。黒い雨降雨地域の指定は，広島については昭和51年9月の原爆医療法施行令別表第3の改正によりになされた。

　昭和62（1987）年5月，元気象研究所予報研究室長増田善信は，気象学会において，黒い雨降雨地域は従来言われてきた範囲の2倍に及ぶという新しい研究調査結果を発表した。この研究は大きな反響を呼び，地元住民・関係団体等は，黒い雨降雨地域の見直しとそれを被爆地域とするよう求めた。この問題は，早速，同年6月招集の市議会で取り上げられ，児玉，山本，石川の3議員が本会議において理事者側の見解をただした。これに対して吉田衛生局長は，専門家の意見を聞き，広島県とも協議しながら検討していきたいと答えた。7月7日，市議会は「『黒い雨』地域の見直しに関する意見書」を可決し，「政府におかれては，被爆者援護の立場から，早急に『黒い雨降雨地域』の実態調査を行い，『黒い雨降雨地域』の見直しを図られるよう強く要望」した。厚生省は，同年12月，「原爆被爆者の線量推定に関する研究班」を発足させ，原爆による黒い雨や微量放射線が人体に与えた影響の調査に着手した。また，広島県・市は，昭和63年8月，「黒い雨に関する専門家会議」を設置し，黒い雨が人体に及ぼす影響を科学的に解明する方策があるどうかの検討を開始した。

8　被爆者援護法の制定に向けて
（1）八者協の陳情
　前述のように，原爆特別措置法以降の国に対する被爆者援護措置の拡充を求める陳情活動は，八者協によって担われた。昭和44年10月の「原子爆弾被爆者特別措置に関する陳情書」によれば，陳情の趣旨は，原爆特別措置法による「措置についても実施上なお多くの問題があると同時に未解決の問題が相当残されておりますので，さきの衆参両院の付帯決議の趣旨もあり，この際早急に次の事項が実現されますよう重ねてお願いするものであります」というものであり，陳情の重点は原爆二法の給付内容の段階的改善に置かれていた（昭和45年7月の同じタイトルの陳情書もほぼ同じである）。

　昭和46年5月の陳情書およびそれ以降の年の陳情書になると，タイトルを「原子爆弾被爆者援護措置に関する陳情書」と変え，「国家補償の精神」に基づく被爆者援護を求め，昭和49年5月の陳情書からは，その冒頭で，被爆者年金の支給および遺族弔慰金・年金の支給を要求するようになった。市議会でも，同46年になると，原爆特別措置法の改正でなく，被爆者援護法制定の必

要性に触れる発言と答弁か見られるようになる。山田市長は，その都度，援護
法制定は自分の年来の主張である旨を表明した。

　広島市および八者協が，被爆者援護法の制定を要求するようになった背景に
は，日本被団協が昭和45年頃より被爆者年金要求を検討し始め，同48年4月
の「被爆者援護法案のための要求骨子」を発表したこと，同49年に社会，公
明，民社，共産の野党4党が国会に共同で提案した被爆者援護法案に被爆者年
金という考え方が取り入れられていたことがある。

(2) 広島市議会の意見書

　市議会は，昭和49（1974）年3月28日，以下のような被爆者援護法の制定を
求める意見書を採択し，これを政府に提出した。

被爆者援護法制定に関する意見書

　広島長崎に原爆が投下されて，すでに28年余を経過しましたが，全国に存在する
34万人の被爆者の多くは今日尚原爆症に苦しみ，生活苦にあえいでおります。

　政府は昭和32年原子爆弾被爆者の医療に関する法律を制定し，若干の被爆者対策
が進められてきたところでありますが，被爆者に対する国家補償にもとづく援護法
はいまだに制定されていません。歴史上もっとも非人間的な核兵器の犠牲となった
被爆者とその遺族の切実な願いと，広鳥長崎をくりかえさないという国民の世論に
こたえて，核兵器の完全禁止の実現をはかられるとともに，被爆者に対する国の補
償責任をあきらかにして，1日も早く次の内容をふくむ被爆者援護法を制定されるこ
とを要望いたします。

記

1. 国は被爆者に対し無料で充実した健康診断を行なうこと。
1. 国は被爆者に対し，無料で療養の給付，更生医療の給付などを行ない，療養手
　当，介護手当を支給すること。
1. 国は被爆者に対し，終身の被爆者年金を支給すること。
1. 国は被爆者に対し，障害の程度に応じ十分な障害年位を支給すること。
1. 国は被爆者の遺族に対し，遺族年金を支給し，すでに亡くなったすべての被爆
　者に対し弔慰金を贈ること。
1. 国は生活に困窮する被爆者に対し，生活特別手当を支給すること。
1. 国は被爆者の子，孫に対しても，保護者又は本人が希望した場合，健康診断，
　療養の給付，および更生医療の給付を行ない，療養手当，介護手当および障害年
　金を支給すること。

第 15 章　被爆者援護立法をめざす広島市の活動

1．原爆被爆者援護審議会を設置し，その構成に被爆者代表を加えること。

以上，地方自治法第 99 条第 2 項の規定により意見書を提出します。

(3) 国家補償の精神に基づく被爆者援護を

昭和 53 年策定の「広島市新基本計画」は，次のようにいう。

　　現行二法による援護措置は生存被爆者に限られており，手当の支給についても，被爆の状況，疾病の状況などによって，その一部を救済するにとどまっているなど，被爆者の実情からみて，なお多くの解決を要する問題が残されている。

　　　　（中略）

　　現在行われている健康管理および援護対策で積極的に推進するとともに，国に対し，国家補償の精神に基づいて，被爆者ならびに原爆死没者の遺家族に対する援護対策の充実・強化を強く働きかける。

すなわち，広島市の被爆者援護についての基本的な立場は，「国家補償の精神」に基づいて国が援護施策を行うことである。この立場について，昭和 55 (1980) 年 5 月 20 日，原爆被爆者対策基本問題懇談会が広島市において意見を聴取した際，荒木武広島市長は，以下のように詳しく展開した。

昭和 55 年 5 月 20 日

意　見　書

広島市長　荒木　武

　私は，被爆者援護対策については，以下に述べる二つの観点から，国家補償の精神に立脚したものにしていただきたいと思います。

　一　国際法上の請求権放棄による国の補償責任

　原子爆弾の兵器としての残虐性，非人道性は，通常兵器の比ではなくまた，その攻撃方法は一般戦災とは違い，意図的に無防守都市を選んで無警告，無差別爆撃したもので，明らかに国際法違反行為であり，このことから米国に国際法上の損害賠償責任が生じたといえます。

　しかしながら，日本政府は，サンフランシスコ平和条約の締結にあたり，その第 19 条において，米国に対する請求権を放棄したため，その賠償の途はとざされました。したがって，そのことによって生じた被爆者の損失については，当然，国において，国家補償の措置がとられて然るべきものと考えます。

　二　国の戦争行為の結果に基づく国の補償責任

　また，国の戦争責任の面からみるとき，この原爆被害は，米国の原爆投下行為に

よって生じたものであるが，一方それは，日本自らの手によって起された戦争の遂行中に起ったものであり，さちに統帥部による戦争終結の時期決定の誤りがあったことや，一般戦災の場合に比べて警報の不徹底等があったことなど，政府の判断の欠如に基づいて原爆災害が生じたことにより被爆者が受けた被害については，当然国としてその補償を行うべき責任があるといえます。

このことは，昭和38年12月の東京地方裁判所の原爆裁判判決理由及び昭和53年3月の孫振斗訴訟最高裁判所判決理由の中で，戦争災害に対して，結果責任に基づく国家補償責任を示唆したものがあり，原爆被害者に対して国の補償責任が果されて然るべきものと考えます。

　三　国の放置政策に対する国の補償責任

さらに，原爆被害者には，一般戦災とは違い熱線・爆風・放射能という複合的な被害の特異性があり，殊に放射能による後遺症は，現在なお深刻な問題として続いています。この外，社会的被害や精神的影響は一般戦災とは異にするものがあります。

国による被爆者対策は，昭和32年の「原爆医療法」によって，ようやく端緒につきましたが，被爆後の医療措置，救護・援護対策について，特に，被爆者が必要とした時期において，国が十分な措置を欠いたために，防ぐことのできた被害が拡大したことに対する国の責任も大きな問題とせざるを得ません。

このように，原爆被害に対する国の責任は，裁判判例や学説等に語りつくされているように歴然たるものがあり，当然，国家補償の措置によって根本的な救済と国による慰謝がはかられるべきであり，これなくしては，平和憲法下における我が国の生れかわった姿はないものと考えます。

何卒，諸先生方による御英断を心から期待申しあげる次第でございます。

(4) 被爆者援護法の制定を求めて

厚生省は，被爆者対策の基本理念や在り方を明らかにするために，昭和54(1979)年6月，原爆被爆者対策基本問題懇談会を設置した。同懇談会は，翌年12月に「報告」を発表し，被爆者対策は一般戦災者との均衡を確保しながら進めるべきであり，これまでのそれは被爆の実態に即応したものと評価でき，被爆者対策の抜本的な改革の必要はないとした。荒木市長は，12月12日の市議会において次のように答弁した。

　原爆投下を国際法違反として明言してもらえなかったということは，平和を願う被爆市民の立場から残念でございましたが，原爆被爆者を特別の犠牲であるとして被爆者対策を国家補償の見地に立って措置すべきであるという基本理念が明

第15章　被爆者援護立法をめざす広島市の活動

示されたことは，従来，政府がとってまいりました特別の社会保障制度という見解を踏み出すものでございまして，私どもの長年の主張が通ったものと考えます。反面，基本的な施策のあり方につきましては，われわれが長年主張してまいりましたいろいろな要望事項といささかかなりの隔たりがございまして，中でも……原爆被爆者に対する弔慰金及び遺族年金が認められなかったことは，国の戦争責任の観点から，何といってもうなずけないところでございます。(同日会議録)

その後，政府は，被爆者援護施策の部分的な改善は行っている。しかし，被爆者年金・遺族年金を柱とする被爆者の援護法制定要求は実現していない。広島市は，引き続き八者協を中心にしながら，国に向けて，国家補償の精神に基づき，現行の原爆二法を再検討し，被爆者と遺族の実態に即した画期的な援護対策を確立するよう求めている。

平成元 (1989)年11月，参議院の社会党など6会派は，被爆者援護法案を共同で国会に提出した。12月15日，参議院はこれを可決した。同法案は，衆議院で審議未了，廃案となったが，一院とはいえ国会で被爆者援護法案が可決されたのは初めてであった。荒木市長は，12月15日，市議会における質問に答えて，「今回，参議院を通過いたしました被爆者援護法案，これは衆議院の方で廃案に……なるというようなことを聞いておりますが，いずれにいたしましても，今後国会等において，それぞれの国会議員が真剣に審議の徹底を期しながら，いつかはこれが実現できるような，そういうようなことをやはり被爆地の市長，心から御期待を申し上げているところでございます」との見解を明らかにした。

市議会は，12月21日，「原子爆弾被爆者に対する援護対策の確立についての意見書」を可決し，「国家補償の精神に基づく援護法の制定など画期的な被爆者援護対策」の確立を要望した。

223

〈付録〉 被爆者裁判関係一覧表

- 掲載判例は，判例雑誌等から知り得たものであり（一部は著者が独自に入手），網羅的ではない。
- 第1～第3表に掲載されていない「被爆者裁判」として，次のものがある。
  ① 1963（昭和38）年12月7日東京地裁判決（東京原爆裁判），請求棄却。下級裁判所民事裁判例集14巻12号，判例時報355号，判例タイムズ155号）
  ② 2019（平成31）年2月4日長崎地裁判決（葬祭料支給申請却下処分取消等請求事件），請求却下
  ③ 2022（令和4）年12月12日長崎地裁判決（被爆二世裁判），請求棄却。裁判所ウェブサイト
  ④ 2023（令和5）年1月13日大阪地裁判決（医療特別手当失権処分取消請求事件），請求棄却
  ⑤ 2023（令和5）年2月7日広島地裁判決（被爆二世裁判），請求棄却。訟務月報70巻4号，裁判所ウェブサイト
  ⑥ 2023（令和5）年11月30日大阪高裁判決（③の控訴審），控訴棄却
  ⑦ 2024（令和6）年2月29日福岡高裁判決（③の控訴審），控訴棄却。裁判所ウェブサイト
- 「裁判の通称」欄　一般に使われているものを記載（不明のときは空欄）
- 「勝敗」欄　原告（被爆者）からみて勝訴は○，敗訴は×
- 「掲載誌」欄　主な判例雑誌（判例データベースを含む）の巻号を記載
- 第3表「原爆症認定裁判」は，ノーモア・ヒバクシャ訴訟弁護団の愛須勝也弁護士（大阪弁護士会）が作成されている「集団訴訟，ノーモア・ヒバクシャ訴訟」一覧表の記載内容を，同弁護士の了解を得て大幅に取り入れて作成した。同弁護士に感謝したい。

1 被爆者健康手帳裁判

	原　告	裁判所　年月日	勝敗	掲載誌	備　考
1	直接被爆者（在韓被爆者）	福岡地裁 1974(S49).3.30	○	行集25巻3号，判時736号，裁判所ウェブサイト	いわゆる孫振斗裁判。韓国から密入国した者には原爆医療法は適用されないとして，福岡県知事（被告）が不法滞在を理由にして行った手帳不交付は違法であり，原告に直接被爆の事実が認められるとして，不交付処分を取り消す。
2	1の控訴審（直接被爆者）	福岡高裁 1975(S50).7.17	○	行集26巻7・8号，判時789号，判タ1084号，裁判所ウェブサイト	いわゆる孫振斗裁判。福岡県知事による控訴を棄却
3	2の上告審（直接被爆者）	最高裁 1978(S53).3.30	○	民集32巻2号，判時886号，判タ362号，裁判所ウェブサイト	いわゆる孫振斗裁判。福岡県知事による上告を棄却。原爆医療法には国家補償の配慮があると判断する。

	原　告	裁判所　年月日	勝敗	掲載誌	備　考
4	直接被爆者 （在韓被爆者）	広島地裁 2006(H18).9.26	×	判タ1239号，裁判所ウェブサイト	日本国外在住者には被爆者援護法は適用されないとして，広島県知事（被告）が韓国からの手帳申請を却下した処分の取消訴訟。裁判中に原告（直接被爆者）が渡日し手帳を取得したため，訴えの利益が消滅したとして請求却下
5	直接被爆者 （在ブラジル被爆者）	広島地裁 2008(H20).7.31	○	判時2046号	日本国外在住者に被爆者援護法は適用されないとして，広島県知事（被告）は原告の在ブラジル被爆者2名（1名は死後に提訴，他の1名は提訴直後に死亡）の手帳交付申請を却下。判決は同法は適用されるとし，訴えの利益を認めて却下処分を取り消す。原告らは直接被爆者
6	4の控訴審 （直接被爆者）	広島高裁 2008(H20).9.2	×	裁判所ウェブサイト	控訴人（原告）の控訴を棄却。（なお，2009(H21).12.22上告棄却）
7	直接被爆者 （在韓被爆者）	長崎地裁 2008(H20).11.10	○	判時2058号	日本国外在住者には被爆者援護法は適用されないとして，広島県知事（被告）が韓国からの手帳申請を却下した処分の取消訴訟。原告は直接被爆者
8	三号被爆者	広島地裁 2009(H21).3.25	○	裁判所ウェブサイト	被爆当時2〜14歳の原告ら7名は被爆者が多数集合した環境（救護所など）の中に，相応の時間とどまったとして，手帳却下処分を取り消す。被告は広島市
9	直接被爆者	長崎地裁 2009(H21).5.26	○	TKCローライブラリー	被爆当時12歳の原告は長崎市内の旅館で被爆した事実が認められるとして，長崎市長が行った手帳却下処分を取り消す。被告は長崎市
10	直接被爆者 （在韓被爆者）	大阪地裁 2009(H21).6.18	○×	判時2072号，判タ1322号，裁判所ウェブサイト	日本国外在住者には被爆者援護法は適用されないとして，大阪府（被告）が韓国からの手帳申請を却下した処分の取消訴訟。在韓被爆者の原告7名のうち1名については訴えの利益がないとして請求棄却，他の6名については同知事による手帳却下処分を取り消す。原告らは直接被爆者
11	入市被爆者	神戸地裁 2010(H22).3.4	×	TKCローライブラリー	原告は入市被爆を主張。被告は兵庫県。入市の事実は認められないとして請求棄却。厚労大臣の審査請求棄却裁決の取消請求も棄却
12	11の控訴審 （入市被爆者）	大阪高裁 2010(H22).7.9	×	TKCローライブラリー	11の手帳申請却下処分取消訴訟判決につき，原告の控訴を棄却
13	三号被爆者 （「被爆体験者」第1陣）	長崎地裁 2012(H24).6.25	×	訟務月報59巻12号	被告は長崎県・市。原告395名は「被爆体験者」原告らは三号被爆者に当たると主張したが申請却下。本件はその取消訴訟。訴訟係属中に死亡した原告につき訴訟承継を認めず，また，取消請求等は却下又は棄却
14	入市被爆者 （在韓被爆者）	長崎地裁 2012(H24).9.18	○	訟務月報61巻3号	被告は長崎市。原告（在韓被爆者）の入市の事実を認め手帳の却下を取り消し，交付を命じる。

〈付録〉 被爆者裁判関係一覧表

	原 告	裁判所　年月日	勝敗	掲載誌	備　考
15	直接被爆者 （在韓被爆者）	長崎地裁 2013(H25).7.9	○	TKC ローライブラリー	原告は被爆時生後 8 か月の在韓被爆者。被告は長崎市。手帳申請の証人は実弟一人。40 年以上前に原告と証人が両親から聞いた被爆の事実は信用できるとし，手帳申請却下処分を取り消し，交付を命じる。
16	直接被爆者 （在韓被爆者）	長崎地裁 2013(H25).10.29	×	TKC ローライブラリー	原告は在韓被爆者 2 名。被告は長崎市。原告 1 名については訴訟係属中に死亡したとして裁判終了宣告。他の原告 1 名については被爆の事実が確認できないとして請求棄却。
17	直接被爆者・ 入市被爆者	長崎地裁 2013(H25).11.18	×○	訟務月報 61 巻 3 号	原告は大阪府及び兵庫県在住の 3 名。被告は長崎県。原告らは同知事に手帳交付を申請し却下された。取消訴訟は棄却。被告が当初原告らの申請を返戻したのは行政手続法 7 条違反であるとし，慰謝料 1000 円の支払いを命じる。
18	14 の控訴審 （入市被爆者）	福岡高裁 2014(H26).1.23	×	訟務月報 61 巻 3 号	一審の 14 判決で勝訴した原告が死亡したとして，14 判決を取り消し，裁判終了を宣告
19	16 の控訴審 （直接被爆者）	福岡高裁 2014(H26).2.27	×	TKC ローライブラリー	16 判決で請求棄却の一審原告による控訴を棄却
20	17 の控訴 （直接被爆者・ 入市被爆者）	福岡高裁 2014(H26).4.25	×	訟務月報 61 巻 3 号	当事者双方の控訴を棄却
21	三号被爆者・ 胎内被爆者	長崎地裁 2014(H26).8.26	×	TKC ローライブラリー	被告は長崎市。原告 3 名（きょうだい）のうち 2 名は 3 号被爆者，1 名は胎内被爆者として手帳交付申請するも却下。判決は原告らの供述が変遷し，裏付ける資料がないとして取消請求を棄却。
22	入市被爆者	長崎地裁 2015(H27).6.30	×	TKC ローライブラリー	被爆者健康手帳追加交付申請却下処分の取消訴訟。被告は長崎県。直接被爆者として手帳交付を受けている者が，さらに入市被爆者として手帳交付を求めた裁判。判決は訴えの利益がないとして請求却下
23	直接被爆者	広島地裁 2015(H27).11.24	×	TKC ローライブラリー	被告は広島市。被爆の事実が証明されていないとして請求棄却
24	三号被爆者 （「被爆体験者」 第 2 陣）	長崎地裁 2016(H28).2.22	○×	判時 2333 号	原告 161 名は「被爆体験者」。被告は長崎県・市。原告 10 名は被爆時 25mSb の放射線量を超える地域に居住していたので三号被爆者として認め，手帳却下処分を取り消し，交付を命じる。その他の原告の請求は棄却。
25	13 の控訴審 （「被爆体験者」 第 1 陣）	福岡高裁 2016(H28).5.23	×	民集 71 巻 10 号，訟務月報 64 巻 9 号	控訴人（原告）全員の控訴を棄却（敗訴した控訴人らは上告及び上告受理申立てを行ったところ，最高裁は 2019 年 10 月 19（日）付けで上告を棄却し，上告受理申立てについて一部の者につい受理し，27 及び 28 の判決を出した。）
26	23 の控訴審 （直接被爆者）	広島高裁 2016(H28).7.20	×	TKC ローライブラリー	控訴人（原告）の控訴を棄却

	原　　告	裁判所　年月日	勝敗	掲載誌	備　　考
27	25 の上告審 (「被爆体験者」 第 1 陣)	最高裁 2017(H29).12.18	×	民集 71 巻 10 号，判タ 1451 号，判時 2382 号，裁判所ウェブサイト	手帳却下と健康管理手当却下の取消しを求める原告が訴訟係属中に死亡した場合，訴訟承継は認められるとし，25 の判決の訴訟は終了したとする部分を取り消したが，手帳却下を認めた原判決は是認できるとして控訴を棄却。
28	25 の上告審 (「被爆体験者」 第 1 陣)	最高裁 2017(H29).12.18	－	裁判所ウェブサイト	手帳却下と健康管理手当却下の取消しを求める原告が訴訟係属中に死亡した場合，訴訟承継は認められるとし，入市被爆について審理を尽くさせるため一審に差し戻す。
29	24 の控訴審 (「被爆体験者」 第 2 陣)	福岡高裁 2018(H30).12.10	×	裁判所ウェブサイト	原判決で勝訴した 10 名の被控訴人（原告）につき原判決を取り消し，手帳却下処分の取消請求を棄却。他の控訴人（原告）の控訴棄却。
30	直接被爆者 (在韓被爆者)	長崎地裁 2019(H31).1.8	○	裁判所ウェブサイト	原告は在韓被爆者 2 名。被告は長崎市。供述は信用できるとして，手帳却下処分を取り消し，交付を命じる。
31	直接被爆者 (在韓被爆者)	長崎地裁 2019(H31).1.8	○	裁判所ウェブサイト	原告は在韓被爆者 1 名。被告は長崎市。供述は信用できるとして被爆の事実を認め，手帳却下処分を取り消し，交付を命じる。
32	(入市被爆者) (28 に よ る 差戻審)	長崎地裁 2019(R1).5.14	○	TKC ローライブラリー	入市被爆の事実を認め，手帳却下処分を取り消す。
33	(29 の上告審)	最高裁 2019(R1).11.21	×	裁判所ウェブサイト	決定により，上告棄却，上告受理申立て却下。
34	三号被爆者 (「黒い雨」被爆者)	広島地裁 2020(R2).7.29	○	判時 2488・2489 号，裁判所ウェブサイト	原告の「黒い雨」被爆者 84 名全員が三号被爆者に当たることを認め，手帳却下処分を取り消し，交付を命じる。被告は広島県および広島市
35	入市被爆者	長崎地裁 2020(R2).12.14	○	TKC ローライブラリー	原告の入市被爆の事実を認め，被告の長崎市の手帳却下処分を取り消し，手帳交付を命じる。
36	(34 の控訴審) (「黒い雨」被爆者)	広島高裁 2021(R3).7.14	○	賃社 1793・1794 号，判時 2521 号，裁判所ウェブサイト	34 広島地裁判決に対し被告ら（広島県・市，厚労大臣）が行った控訴を棄却。一審原告ら全員勝訴

〈付録〉 被爆者裁判関係一覧表

②在外被爆者裁判

	裁判の通称	裁判所・判決年月日	勝敗	掲載誌	備　考
1	孫振斗被爆者健康手帳裁判	福岡地裁 1974(S49). 3.30(控訴)	○	民集 32 巻 2 号 459 頁 行集 25 巻 3 号 209 頁 判例時報 736 号 29 頁 判例タイムズ 306 号 173 頁 訟務月報 20 巻 7 号 102 頁 裁判所ウェブサイト	在韓被爆者の孫振斗が密入国し，不法滞在中に行った手帳交付申請の却下処分を取り消した。
2	同　　前 (1 の控訴審)	福岡高裁 1975(S50). 7.17(上告)	○	民集 32 巻 2 号 471 頁 行集 26 巻 7・8 号 879 頁 判例時報 789 号 11 頁 判例タイムズ 1084 号 85 頁 訟務月報 21 巻 9 号 1916 頁 裁判所ウェブサイト	被告の福岡県知事の控訴を棄却し，原告の孫振斗が勝訴。
3	同　　前 (2 の上告審)	最高裁 1978(S53). 3.30	○	民集 32 巻 2 号 435 頁 判例時報 886 号 3 頁 判例タイムズ 362 号 196 頁 訟務月報 24 巻 3 号 665 頁 裁判所ウェブサイト	福岡県知事の上告を棄却し，原告の孫振斗の勝訴が確定した。原爆医療法は社会保障の性格と国家補償的配慮を併有すると判断した。
4	三菱重工広島・元徴用工被爆者裁判	広島地裁 1999(H11). 3.25(控訴)	×	訟務月報 47 巻 7 号 1677 頁	三菱広島の元徴用工（在韓被爆者）が行った，原爆三法の不適用等による損害賠償請求を棄却した。
5	郭貴勲裁判	大阪地裁 2001(H13). 6.1 (控訴)	○	判例時報 1392 号 31 頁 判例タイムズ 1084 号 85 頁 判例地方自治 223 号 58 頁 訟務月報 49 巻 7 号 1983 頁 裁判所ウェブサイト	在韓被爆者の郭貴勲が帰国により打ち切られた手当の支払い等を請求した裁判。帰国後も被爆者健康手帳は有効であり，手当受給権も失権していないとして，未払い分の支払いを命じた。
6	李康寧裁判	長崎地裁 2001(H13). 12.26(控訴)	○	民集 60 巻 5 号 1934 頁 判例タイムズ 1113 号 134 頁 裁判所ウェブサイト	在韓被爆者の原告が帰国による手当支給打ち切りは違法であるとして，未支給分の支払いを国に対して命じた。
7	郭貴勲裁判 (5 の控訴審)	大阪高裁 2002(H14). 12.5(確定)	○	判例タイムズ 1111 号 194 判例地方自治 244 号 68 頁 訟務月報 49 巻 7 号 1954 頁 裁判所ウェブサイト	大阪府知事の控訴を棄却し，原告の郭貴勲が勝訴
8	李康寧裁判 (6 の控訴審)	福岡高裁 2003(H15). 2.7 (上告)	○	民集 60 巻 5 号 1960 頁 判例タイムズ 1119 号 118 頁 裁判所ウェブサイト	6 の長崎地裁の判断を支持し，原告を勝訴させた。
9	廣瀬方人裁判	長崎地裁 2003(H15). 3.19(控訴)	○	TKC ローライブラリー	日本人被爆者の原告が出国した期間打ち切られた手当の支払いなどを求めた裁判。消滅時効の適用を否定した。
10	李在錫裁判	大阪地裁 2003(H15). 3.20(確定)	○	判例地方自治 258 号 89 頁	在韓被爆者の原告・李在錫が被爆者たる地位にあることを確認し，また，帰国により打ち切られた特別手当の支払いを命じた。

	裁判の通称	裁判所・判決年月日	勝敗	掲載誌	備　考
11	廣瀬方人裁判（9 の控訴審）	福岡高裁 2004（H16）. 2.27（上告）	○×	裁判所ウェブサイト	提訴より 5 年以上前の不払い手当は，消滅時効制度が適用されるとして 9 判決を取り消す（その後 28 最高裁判決により長崎市は 5 年以上前の手当を支払った）。
12	崔季澈裁判（健康管理手当申請却下処分取消訴訟）	長崎地裁 2004（H16）. 9.28（控訴）	○	判例タイムズ 1228 号 153 頁 判例地方自治 267 号 82 頁 賃金と社会保障 1404 号 15 頁 裁判所ウェブサイト	在韓被爆者の原告が韓国の居住地からした健康管理手当認定申請の却下処分を取り消した。
13	在ブラジル被爆者裁判	広島地裁 2004（H16）. 10.14（控訴）	○×	民集 61 巻 1 号 144 頁 判例地方自治 267 号 89 頁 裁判所ウェブサイト	在ブラジル被爆者が出国により打ち切られた手当の支払いを請求。提訴前 5 年までのものは判決をまたず被告が支払う。5 年以上前のものは消滅時効の成立を認める。
14	三菱重工広島・元徴用工被爆者裁判（4 の控訴審）	広島高裁 2005（H17）. 1.19（上告）	○	民集 61 巻 8 号 2805 頁 判例時報 1903 号 23 頁 判例タイムズ 1217 号 157 頁 訟務月報 51 巻 12 号 3101 頁 裁判所ウェブサイト	4 の判決について在外被爆者に関する部分を取り消し，原爆三法不適用による損害の発生を認め，原告の在韓被爆者 1 人当たり 120 万円の損害賠償を命じた。
15	在韓被爆者葬祭料支給申請却下処分取消訴訟	長崎地裁 2005（H17）. 3.8（控訴）	○	判例時報 1930 号 85 頁 判例タイムズ 1214 号 169 頁 裁判所ウェブサイト	12 の原告（崔季澈）の遺族が，韓国国内から行った葬祭料支給申請の却下処分取消訴訟。原告の請求が認められた。
16	在アメリカ被爆者裁判	広島地裁 2005（H17）. 5.10（確定）	○	賃金と社会保障 1404 号 30 頁 裁判所ウェブサイト	在アメリカ被爆者 4 名がアメリカの居住地から行った健康管理手当等の申請の却下処分の取消訴訟。原告全員勝訴。被告の広島市長は控訴したが，後に取り下げた。
17	崔季澈裁判（12 の控訴審）	福岡高裁 2005（H17）. 9.26（確定）	○	判例タイムズ 1228 号 150 頁 判例地方自治 282 号 51 頁 賃金と社会保障 1404 号 13 頁 裁判所ウェブサイト	被告・長崎市長の控訴を棄却し，原告の崔季澈の勝訴が確定した。
18	在韓被爆者葬祭料支給申請却下処分取消訴訟（15 の控訴審）	福岡高裁 2005（H17）. 9.26（確定）	○	判例タイムズ 1214 号 168 頁 賃金と社会保障 1404 号 22 頁 裁判所ウェブサイト	12 の原告（崔季澈）の遺族が，韓国国内から行った葬祭料支給申請の却下処分取消訴訟。1 審原告の勝訴が確定した。
19	崔季澈裁判（不払健康管理手当支給請求）	長崎地裁 2005（H17）. 12.20（控訴）	○	判例タイムズ 1250 号 147 頁	原告が 1980 年に出国したため打ち切られた手当の支払いを請求した。消滅時効は成立しないとされた。
20	在ブラジル被爆者裁判（13 の控訴審）	広島高裁 2006（H18）. 2.8（上告）	○	民集 61 巻 1 号 166 頁 裁判所ウェブサイト	在ブラジル被爆者に対する不払い健康管理手当について，消滅時効制度の適用することは，信義則に違反し，許されないとし，原告の逆転勝訴。
21	在韓被爆者葬祭料支給申請却下処分取消訴訟・損害賠償請求訴訟	大阪地裁 2006（H18）. 2.21（確定）	○×	裁判所ウェブサイト	在韓被爆者の遺族が葬祭料支給申請の却下処分の取消しと損害賠償を請求した。被告は裁判の途中で却下処分を取り消し，葬祭料を支給した。損害賠償請求は原告敗訴。

〈付録〉 被爆者裁判関係一覧表

	裁判の通称	裁判所・判決年月日	勝敗	掲載誌	備　　考
22	李康寧裁判 （8 の上告審）	最高裁 2006（H18）. 6.13	－	民集 60 巻 5 号 1910 頁 判例時報 1935 号 50 頁 判例タイムズ 1213 号 79 頁 訟務月報 53 巻 10 号 2780 頁 裁判所ウェブサイト	上告審の争点は，在外被爆者に対する手当の支給主体のみ。最高裁は国でなく，都道府県・広島市・長崎市であるとした
23	廣瀬方人裁判 （11 の上告審）	最高裁 2006（H18）. 6.13	－	訟務月報 53 巻 10 号 2802 頁	上告審の争点は，在外被爆者に対する手当の支給主体のみ。最高裁は国でなく，都道府県・広島市・長崎市であるとした
24	在韓被爆者被爆者健康手帳申請却下処分取消訴訟・損害賠償請求訴訟	広島地裁 2006（H18）. 9.26（控訴）	×	判例タイムズ 1239 号 148 頁 裁判所ウェブサイト	裁判中に原告が渡日して手帳を取得したことにより取消しの利益が消滅したとして取消請求は却下。損害賠償請求についても請求棄却。
25	崔季澈裁判 （19 の控訴審）	福岡高裁 2007（H19）. 1.22（上告）	×	判例タイムズ 1250 号 141 頁	19 判決を取り消し，消滅時効が成立したとした。その後，本判決は 29 最高裁判決により取り消された。
26	在ブラジル被爆者裁判 （20 の上告審）	最高裁 2007（H19）. 2.6	○	民集 61 巻 1 号 122 頁判例時報 1964 号 30 頁 判例タイムズ 1237 号 164 頁 訟務月報 54 巻 4 号 865 頁 裁判所ウェブサイト	違法な行政を行って在外被爆者の権利行使を困難にしたものが，消滅時効により未支給の手当の支給義務を免れることは信義則に反し許されないとした。
27	三菱重工広島・元徴用工被爆者裁判 （14 の上告審）	最高裁 2007（H19）. 11.1	×		一審原告ら（控訴人ら）が，控訴審の敗訴部分について上告。上告棄却
28	三菱重工広島・元徴用工被爆者裁判 （14 の上告審）	最高裁 2007（H19）. 11.1	○	民集 61 巻 8 号 2733 頁 訟務月報 55 巻 2 号 169 頁 裁判所ウェブサイト	一宮被告ら（被控訴人ら）が上告。在外被爆者への原爆二法の不適用は違法であり，402 号通達の発出の以降は国賠法上も違法であり，過失も認められるとして，上告を棄却した。
29	崔季澈裁判 （25 の上告審）	最高裁 2008（H20）. 2.18	○		26 の最高裁判決を踏襲し，消滅時効により未支給の手当の支払義務を免れることは信義則に反し許されないとした。
30	在ブラジル被爆者被爆者健康手帳交付申請却下処分取消訴訟	広島地裁 2008（H20）. 7.31（確定）	○	判例時報 2046 号 59 頁	2 名の在ブラジル被爆者が居住地から行った被爆者手帳交付申請に対する広島県知事の却下処分は，裁量権濫用であるとして取り消すとともに，国に対し損害賠償の（合計 165 万円）の支払いを命じた。被告の広島県が控訴したが，09 年 7 月に取り下げた。
31	在韓被爆者被爆者健康手帳申請却下処分取消訴訟・損害賠償請求訴訟 （24 の控訴審）	広島高裁 2008（H20）. 9.2	×	裁判所ウェブサイト	控訴人（原告）が控訴審の最中に死亡したため，取消訴訟は終了したとした。損害賠償請求訴訟では，被爆者援護法は在外被爆者の国外からの被爆者健康手帳の交付申請を許していないと解することはできないとして，申請却下処分は違法であるとしたが，国家賠償法上の違法があったとまではいえないとして，一審の結論を支持した。

231

	裁判の通称	裁判所・判決年月日	勝敗	掲載誌	備　　考
32	在韓被爆者被爆者健康手帳交付申請却下処分取消訴訟・同義付け訴訟	長崎地裁 2008(H20). 11.10(確定)	○	判例時報 2058 号 42 頁	在韓被爆者の居住地からの被爆者手帳交付申請及び健康管理手当支給申請を却下した処分は，いずれも違法であるとして取り消すとともに（取消訴訟で原告勝訴）被告の長崎県に手帳の交付を命じた（義務付けの訴えも原告勝訴）。被告は控訴したが，09 年 6 月に取り下げた。
33	在韓被爆者被爆者健康手帳交付申請下処分取消訴訟・同健康管理手当認定申請却下処分取消訴訟	大阪地裁 2009(H21). 6.18(確定)	○×	判例時報 2072 号 3 頁 判例タイムズ 1322 号 70 頁 裁判所ウェブサイト	在韓被爆者が居住地からした被爆者健康手帳交付申請及び健康管理手当支給申請を却下した処分は違法であるとして，7 人の原告中 6 人について取り消した（原告 1 人については，健康管理手当支給申請をしていなかったため，遡って手帳申請却下処分を取り消す利益はないとして，却下）。
34	在韓被爆者医療費裁判	大阪地裁 2013(H25). 10.24(控訴)	○	民集 69 巻 6 号 1640 頁 賃金と社会保障 1601・02 号 23 頁 裁判所ウェブサイト	3 人の在韓被爆者に対して大阪府知事が行った一般疾病医療費支給申請却下処分を取り消した。
35	在韓被爆者被爆者医療費裁判	長崎地裁 2014(H26). 3.25(控訴)	×	TKC ローライブラリー	3 人の在韓被爆者に対してなされた医療費支給申請却下処分・一般疾病医療費支給申請却下処分の取消訴訟について，請求を棄却した（その後，38 の最高裁判決により，被告の長崎県は職権で申請却下処分を取り消した）。
36	在韓被爆者被爆者医療費裁判（35 の控訴審）	大阪高裁 2014(H26). 6.20(上告)	○	民集 69 巻 6 号 1689 頁 判例地方自治 402 号 103 頁 裁判所ウェブサイト	35 の大阪地裁判決に対する被告・大阪府の控訴を棄却した。
37	在米被爆者医療費裁判	広島地裁 2015(H27). 6.17(控訴)	×	TKC ローライブラリー	13 人の在米被爆者に対して広島県知事が行った一般疾病医療費支給申請却下処分の取消訴訟について，請求を棄却した（その後，42 の最高裁判決により，被告の広島県は職権で申請却下処分を取り消した）。
38	在韓被爆者医療費裁判（40 の上告審）	最高裁 2015(H27). 9.8	○	民集 69 巻 6 号 1607 頁，判例時報 2283 号 23 頁 判例タイムズ 1420 号 75 頁 判例地方自治 402 号 83 頁 賃金と社会保障 1653 号 65 頁 裁判所ウェブサイト	大阪府の上告を棄却。被爆者援護法 18 条 1 項の規定は，在外被爆者が日本国外で医療を受けた場合に適用されるとした。

〈付録〉 被爆者裁判関係一覧表

③ 原爆症認定裁判

	裁判の通称	裁判所・判決年月日	勝敗	掲載誌	備　考
1	桑原訴訟	広島地裁 1973(S48). 4.19	×	判例時報 700 号，訟務月報 19 巻 8 号	両下肢麻痺など
2	石田訴訟	広島地裁 1976(S51). 7.27	○	判例時報 823 号，判例タイムズ 338 号	手術前の原爆白内障の要医療性を認める。
3	桑原訴訟 (1 の控訴審)	広島高裁 1979(S54). 5.16	×	判例時報 944 号，判例タイムズ 388 号，訟務月報 25 巻 10 号	
4	松谷訴訟	長崎地裁 1993(H5). 5.26	○	判例時報 1465 号，判例タイムズ 816 号，訟務月報 40 巻 8 号	頭部外傷による右片麻痺など。起因性を認める。
5	松谷訴訟 (4 の控訴審)	福岡高裁 1997(H9). 11.7	○	判例タイムズ 984 号	
6	小西訴訟	京都地裁 1998(H10). 12.11	○	判例時報 1708 号	肝機能障害など
7	松谷訴訟 (5 の上告審)	最高裁 2000(H12). 7.18	○	判例時報 1724 号，判例タイムズ 1041 号，訟務月報 48 巻 6 号	
8	小西訴訟 (6 の控訴審)	大阪高裁 2000(H12). 11.7	○	判例時報 1739 号，判例タイムズ 1057 号	
9	東訴訟	東京地裁 2004(H16). 3.31	○	判例時報 1867 号	肝機能障害
10	東訴訟 (9 の控訴審)	東京高裁 2005(H17). 3.29	○		
11	集団訴訟・近畿	大阪地裁 2006(H18). 5.12	○	判例時報 1944 号，判例タイムズ 1224 号	原告 9 人全員の却下処分を取り消す。
12	集団訴訟・広島	広島地裁 2006(H18). 8.4	○	判例タイムズ 1270 号	原告 41 人全員の却下処分を取り消す。
13	集団訴訟・名古屋	名古屋地裁 2007(H19). 1.31	○×	裁判所ウェブサイト	原告 2 人は却下処分取消し，原告 2 人は請求棄却
14	集団訴訟・仙台	仙台地裁 2007(H19). 3.20	○	TKC ローライブラリー	原告 2 人全員の却下処分を取り消す。

	裁判の通称	裁判所・判決年月日	勝敗	掲載誌	備　　考
15	集団訴訟・東京	東京地裁 2007(H19). 3.22	○×	TKC ローライブラリー	原告 30 人のうち 21 人の却下処分を取り消し，9 人を棄却
16	集団訴訟・熊本	熊本地裁 2007(H19). 7.30	○×		原告 21 人のうち 19 人の申請却下を取り消し，2 人を棄却
17	集団訴訟・仙台 (14 の控訴審)	仙台高裁 2008(H20). 5.28	○	判例タイムズ 1283 号，賃金と社会保障 1481・1482 号，裁判所ウェブサイト	1 審被告の控訴を棄却
18	集団訴訟・近畿 (11 の控訴審)	大阪高裁 2008(H20). 5.30	○	判例時報 2011(H23) 号，判例タイムズ 1308 号，裁判所ウェブサイト	1 審被告の控訴を棄却。
19	集団訴訟・長崎	長崎地裁 2008(H20). 6.23	○×	訟務月報 56 巻 3 号	原告 27 人中 20 人の却下処分を取り消し，7 人は棄却。
20	集団訴訟・近畿 (2 陣)	大阪地裁 2008(H20). 7.18	○×	訟務月報 56 巻 3 号，裁判所ウェブサイト	原告人 11 中 4 人の却下処分を取り消し，裁判外で却下処分が取り消された 6 人は訴えの利益が消滅したとして請求却下，3 号被爆の 1 人は請求棄却
21	集団訴訟・北海道	札幌地裁 2008(H20). 9.22	○	訟務月報 56 巻 3 号，裁判所ウェブサイト	(判決は 3 件)　原告 7 人中 4 人の却下処分を取り消し，裁判外で却下処分が取り消された 3 人は訴えの利益が消滅したとして，請求却下。
22	集団訴訟・千葉	千葉地裁 2008(H20). 10.14	○	訟務月報 56 巻 3 号	原告 4 人中 2 人の却下処分を取り消し，裁判外で却下処分が取り消された 2 人は訴えの利益が消滅したとして請求却下
23	集団訴訟・鹿児島	鹿児島地裁 2009(H21). 1.23	○		原告 2 人全員の却下処分を取り消す。
24	集団訴訟・千葉	東京高裁 2009(H21). 3.12	○	判例タイムズ 1303 号	1 審被告の控訴を棄却
25	集団訴訟・広島 (2 陣)	広島地裁 2009(H21). 3.18	○×	裁判所ウェブサイト	原告 23 人中 5 人の却下処分を取り消し，裁判外で却下処分が取り消された 18 人は訴えの利益が消滅したとして請求却下，原告 2 人は請求棄却，原告 3 人に対し損害賠償を命じる。
26	集団訴訟・高知	高知地裁 2009(H21). 3.27	○		原告 (1 人) の却下処分が取り消された。
27	集団訴訟・近畿 (2 陣) (20 の控訴審)	大阪高裁 2009(H21). 5.15	○×		1 審判決が維持された (原告・被告双方の控訴を棄却)

〈付録〉 被爆者裁判関係一覧表

	裁判の通称	裁判所・判決年月日	勝敗	掲載誌	備　考
28	集団訴訟・東京（15 の控訴審）	東京高裁 2009(H21).5.28	○×	裁判所ウェブサイト	原告 30 人中 1 審勝訴の 7 人につき 1 審被告の控訴を棄却し，1 審敗訴の 3 人につき請求を認め（逆転勝訴），同 1 人の控訴を棄却（敗訴）。裁判外で却下処分が取り消された 1 審勝訴原告 14 人及び裁判外で却下処分が取り消された 1 審敗訴原告 5 人は訴えの利益が消滅したとして請求却下
29	集団訴訟・熊本（2 陣）	熊本地裁 2009(H21).8.3（確定）	○		原告 10 人全員の却下処分が取り消された。裁判外で却下処分が取り消された 3 人は訴えの利益が消滅したとして請求却下
30	集団訴訟・熊本（16 の控訴審）	福岡高裁 2009(H21).11.30	○×	判例タイムズ 1321 号	1 審原告のうち 1 名につき原判決取消し（原告勝訴），他の 1 名につき控訴棄却（原告敗訴）
31	集団訴訟・横浜	横浜地裁 2009(H21).11.30	○×		原告 5 人中 4 人の却下処分を取り消し，1 人は棄却
32	集団訴訟・名古屋（13 の控訴審）	名古屋高裁 2010(H22).3.11	○×	裁判所ウェブサイト	原告 3 名中 1 名の却下処分を取り消し，他の 2 名につき控訴棄却
33	集団訴訟・高松	高松地裁 2010(H22).3.29	○		原告 1 名の却下処分を取り消す。
34	集団訴訟・東京（2 陣）	東京地裁 2010(H22).3.30	○×	TKC ローライブラリー	原告 12 名中 10 名の却下処分を取り消し，2 名は棄却。
35	集団訴訟・千葉（2 陣）	千葉地裁 2010(H22).5.25	○×	TKC ローライブラリー	原告 2 名中 1 名の却下処分を取り消す。
36	集団訴訟・岡山	岡山地裁 2010(H22).6.16	×		原告 1 名の請求を棄却した。
37	集団訴訟・長崎（2 陣）	長崎地裁 2010(H22).7.20	×○	TKC ローライブラリー	原告 6 名中 2 名の却下処分を取り消し，4 名は棄却
38	集団訴訟・北海道（2 陣）	札幌地裁 2010(H22).12.22	○		原告 1 名の却下処分を取り消した。心筋梗塞
39	集団訴訟・東京（2 陣）	東京地裁 2011(H23).7.5	○×	裁判所ウェブサイト	原告 12 名の却下処分を取り消し，4 名の請求を棄却した。
40	集団訴訟・大阪（3 陣）	大阪地裁 2011(H23).12.21	○×	裁判所ウェブサイト	原告 4 名の却下処分を取り消し，原告 1 名の取消し請求を要医療製が認められないとして棄却した。また，他の 2 名の原告につき損害賠償請求を棄却した。

	裁判の通称	裁判所・判決年月日	勝敗	掲載誌	備　考
41	ノーモアヒバクシャ訴訟	大阪地裁 2012(H24). 3.9	○	裁判所ウェブサイト	原告2名の却下処分を取り消す。
42	36の控訴審	広島高裁 岡山支部 2013(H25). 3.21	×	判例タイムズ1415号	
43	ノーモアヒバクシャ訴訟	大阪地裁 2013(H25). 8.2	○	裁判所ウェブサイト	原告9名全員の却下処分を取り消す。
44		長崎地裁 2013(H25). 11.26	○	裁判所ウェブサイト	原告は1人。1996年に胃がんを手術。その後遺症について「要医療性」を認める。
45	ノーモアヒバクシャ訴訟	大阪地裁 2014(H26). 3.20	○	裁判所ウェブサイト	原告は4人全員の原爆症認定申請却下処分を取り消す。
46	ノーモアヒバクシャ訴訟	熊本地裁 2014(H26). 3.28	○×	TKCローライブラリー	原告8人のうち，5名の原爆症認定申請却下処分を取り消し，3人につき棄却
47	ノーモアヒバクシャ訴訟	岡山地裁 2014(H26). 4.23	○×		提訴後認定された原告1人について，審査の過程で入市証明書を見落とすミスがあったため認定が遅延したとして，慰謝料の支払いを命じた。
48	ノーモアヒバクシャ訴訟	大阪地裁 2014(H26). 5.9	○	訟務月報63巻2号	原告2人全員の原爆症認定申請却下処分を取り消す。
49	ノーモアヒバクシャ訴訟	大阪地裁 2015(H27). 1.30	○×	裁判所ウェブサイト	原告7人のうち4人(甲状腺機能低下症)の原爆症認定申請却下処分を取り消す。
50	ノーモアヒバクシャ訴訟	広島地裁 2015(H27). 5.20	○×	判例時報2294号，裁判所ウェブサイト，訟務月報66巻10号	原告4人の白内障につき，2人の請求を認め，2人につき請求棄却
51		長崎地裁 2015(H27). 6.30	○×	訟務月報63巻2号	原告2人のうち，要医療性を争った1人の却下処分を取り消し，起因性を洗った1人と要医療性を争った他の1人につき，請求棄却
52	ノーモアヒバクシャ訴訟	東京地裁 2015(H27). 10.29	○	裁判所ウェブサイト	原告17人全員の原爆症認定申請却下処分を取り消す。被告の国は6人につき控訴
53	ノーモアヒバクシャ訴訟(45の控訴審)	大阪高裁 2015(H27). 10.29	×	TKCローライブラリー	45の勝訴原告のうち国が控訴した者について，原判決を取り消し，原告の請求を棄却
54		東京地裁 2016(H28). 1.22	×	訟務月報63巻2号	兵庫県内在住の81歳男性と79歳女性が原告。長崎で3キロ被爆。心筋梗塞。請求棄却。

〈付録〉 被爆者裁判関係一覧表

	裁判の通称	裁判所・判決年月日	勝敗	掲載誌	備 考
55	ノーモアヒバクシャ訴訟(48 の控訴審)	大阪高裁 2016(H28). 2.25	×	訟務月報 63 巻 2 号, 裁判所ウェブサイト	一審敗訴の国の控訴を認めた。被控訴人 1 名。心筋梗塞
56	(46 の控訴審)	福岡高裁 2016(H28). 4.11	×	TKC ローライブラリー	
57	ノーモアヒバクシャ訴訟	東京地裁 2016(H28). 6.29	○	裁判所ウェブサイト	原告 6 名全員の却下処分を取り消した。心筋梗塞, 甲状腺機能低下症, 脳梗塞, 下咽頭がん
58	ノーモアヒバクシャ訴訟	名古屋地裁 2016(H28). 9.14	○×	判例時報 2350 号, 裁判所ウェブサイト	原告 4 名中 2 名の却下処分を取り消し, 2 名の請求を棄却。敗訴原告は控訴
59	ノーモアヒバクシャ訴訟	大阪地裁 2016(H28). 10.27	○		原告 2 名全員の申請却下処分を取り消す。心筋梗塞・腹部大動脈瘤, 乳がん
60	(51 の控訴審)	福岡高裁 2016(H28). 10.28	×	訟務月報 63 巻 2 号	
61	ノーモアヒバクシャ訴訟	広島地裁 2017(H29). 11.28	×	裁判所ウェブサイト	
62	ノーモアヒバクシャ訴訟(49 の控訴審)	大阪高裁 2018(H30). 1.16	○×	裁判所ウェブサイト	
63	ノーモアヒバクシャ訴訟	大阪地裁 2018(H30). 1.23	○	判例タイムズ 1450 号, 裁判所ウェブサイト	
64	ノーモアヒバクシャ訴訟(50 の控訴審)	広島高裁 2018(H30). 2.9	○×	訟務月報 66 巻 10 号, 裁判所ウェブサイト	白内障。
65	ノーモアヒバクシャ訴訟(57 の控訴審)	名古屋高裁 2018(H30). 3.7	○	判例時報 2375 号, 民集 74 巻 2 号, 裁判所ウェブサイト	乳がん及び慢性甲状腺炎の要医療性を認める。
66	ノーモアヒバクシャ訴訟(54 の控訴審)	東京高裁 2018(H30). 3.27	○	裁判所ウェブサイト	
67	ノーモアヒバクシャ訴訟	長崎地裁 2018(H30). 5.15	×	TKC ローライブラリー	白内障
68	ノーモアヒバクシャ訴訟	東京高裁 2018(H30). 12.14	○	裁判所ウェブサイト	慢性心不全
69	ノーモアヒバクシャ訴訟	大阪地裁 2019(H31). 2.28	○×	裁判所ウェブサイト	1 名前立腺がん, 1 名狭心症

	裁判の通称	裁判所・判決年月日	勝敗	掲載誌	備　　考
70	ノーモアヒバクシャ訴訟	大阪地裁 2019(H31).5.23	○×	裁判所ウェブサイト	慢性肝炎・糖尿病，慢性腎不全
71	ノーモアヒバクシャ訴訟 (65 の控訴審)	福岡高裁 2019(H31).4.16	×	TKC ローライブラリー	白内障
72	ノーモアヒバクシャ訴訟	長崎地裁 2019(R1).5.27	○×	TKC ローライブラリー	心筋梗塞，慢性肝炎，舌がん，皮膚がん。2 名勝訴，2 名敗訴
73	ノーモアヒバクシャ訴訟	大阪地裁 2019(R1).11.22	×	判例時報 2522 号，裁判所ウェブサイト	心筋梗塞，胃がん術後（要医療性）。1 名敗訴，1 名却下
74	ノーモアヒバクシャ訴訟	大阪地裁 2020(R2).1.31	○×	裁判所ウェブサイト	食堂がん，心筋梗塞，大腸がん・胆管がん。1 名勝訴，2 名敗訴
75	ノーモアヒバクシャ訴訟 (63 の上告審)	最高裁 2020(R2).2.25	×	民集 74 巻 2 号，判例時報 2473 号，判例タイムズ 1480 号，賃金と社会保障 1758 号	慢性甲状腺炎の要医療性を否定。同日，最高裁は 62（白内障）及び 65（白内障）について，要医療性を否定する判決を出した。
76	ノーモアヒバクシャ訴訟 (67 の控訴審)	大阪高裁 2020(R2).5.27	×	TKC ローライブラリー	前立腺がん，敗訴
77	ノーモアヒバクシャ訴訟	大阪地裁 2020(R2).6.3	○	裁判所ウェブサイト	乳がん
78	ノーモアヒバクシャ訴訟 (61 の控訴審)	広島高裁 2020(R2).6.22	○×	裁判所ウェブサイト	甲状腺機能低下症，心筋梗塞等。5 名勝訴，6 名敗訴
79	ノーモアヒバクシャ訴訟 (70 の控訴審)	福岡高裁 2020(R2).12.24	×	TKC ローライブラリー	慢性肝炎，皮膚がん。2 名敗訴
80	ノーモアヒバクシャ訴訟 (68 の控訴審)	大阪高裁 2021(R3).1.14	○	裁判所ウェブサイト	慢性肝炎・糖尿病。1 名勝訴
81	ノーモアヒバクシャ訴訟 (71 の控訴審)	大阪高裁 2021(R3).5.13	○	判例時報 2522 号，裁判所ウェブサイト	心筋梗塞。1 名勝訴
82	ノーモアヒバクシャ訴訟 (72 の控訴審)	大阪高裁 2022(R4).3.18	×	TKC ローライブラリー	
83	ノーモアヒバクシャ訴訟 (80 の上告審)	最高裁 2022(R4).9.29	×	TKC ローライブラリー	

あ と が き

　原爆被爆者の法制を研究しようと決意したのは，1980年ごろだった。広島で生活し，研究教育に携わっている者の責務と考えてのことだった。とはいうものの，予備知識は皆無にひとしく，その頃は他のテーマの追究に傾注していたこともあり，なかなか成果をあげられなかった。1990年代の初め頃，在韓被爆者の支援活動をしている人たちから，なぜ韓国在住の被爆者に原爆二法（後に被爆者援護法）は適用されないのかと問題提起され，その法学的な解明にあたるとともに，在外被爆者支援の実践的な活動に従事することになった。弁護士とともに被爆者裁判に取り組む中で，被爆者行政について知見を深め整理しておくことが欠かせないことにも気づいた。

　本書に収録した論稿の初出誌等は以下のとおりである。表題を改め，あるいは，文章の修正・加筆を行ったものが多い。

第1章　（書き下ろし）

第2章　田村和之・竹森雅泰編『原爆「黒い雨」訴訟』2023年，本の泉社

第3章　『ヒバクシャ』28号，2011年，原爆被害者相談員の会

第4章　『ヒバクシャ』38号，2021年，原爆被害者相談員の会

第5章　小早川光郎・高橋滋編『行政法と法の支配』1999年，有斐閣

第6章　『ヒバクシャ』27号，2010年，原爆被害者相談員の会

第7章　田村和之ほか編『在外被爆者裁判 下巻（日本裁判資料全集6）』2023年，信山社

第8章　『賃金と社会保障』1758号，2020年

第9章　『広島ジャーナリスト』16号，2014年，日本ジャーナリスト会議広島支部

第10章　『ヒバクシャ』40号，2023年，原爆被害者相談員の会

第11章　『賃金と社会保障』1497号，2009年。同前1692号，2017年

第12章　『賃金と社会保障』1730号，2019年

第13章　『ヒバクシャ』37号，2020年，原爆被害者相談員の会

第14章　『広島の地域と自治体』4号，1984年，広島自治体問題研究所

第15章　1982年に『広島新史 行政編』第5章，1982年，広島市。『広島市議会史 昭和（戦後編）』第5章第2節・第3節，1990年，広島市議会

各論稿は，執筆当時の問題意識に基づいて執筆されており，現在の眼でみると，もう少し別の視点から論じるべき問題があるという思いを抱かないわけでない。また，依拠した資料・情報に限りがあったため，解明し切れていない部分が残されている。だが，本書は，これまでに発表した論稿を集めて1冊にしたものでものであるため，既述の論稿の加除修正には限界があった。論述不足の問題については，簡略ながら，書き下ろしの第1章で補った。

　多くの弁護士とともに被爆者裁判に取り組み，その中で刺激と教えを受けている。筆者にとって，弁護士は法実践の同僚であり，研究仲間である。足立修一弁護士（広島弁護士会）とは，一緒に複数回ブラジルとアメリカを訪ね，在外被爆者の置かれている状態や行政の問題状況についての認識を深めた。これは，研究を進展させるうえで大いに有益であった。同弁護士に感謝したい。

　今回の出版でも，信山社と稲葉文子さんには大変お世話になった。今後ともよろしくお願いしたい。

　2024年9月

田　村　和　之

著者紹介

田 村 和 之（たむら　かずゆき）

1942 年群馬県生まれ。大阪市立大学法学部卒業，同大学院法学研究科修士課程修了。

（高知県立）高知短期大学講師・助教授，広島大学総合科学部講師・助教授・教授，龍谷大学法科大学院教授。広島大学名誉教授

【専門】行政法，社会福祉法。多くの保育所関係裁判・被爆者裁判に関わる。

〈主な著作〉

『保育所行政の法律問題』（勁草書房，初版 1981 年・新版 1992 年），『保育法制の課題』（勁草書房，1986 年），『保育所の民営化』（信山社，2004年），『保育所の廃止』（信山社，2007 年），『在外被爆者裁判』（編著，信山社，2016 年），『保育判例ハンドブック』（共著，信山社，2016 年），『待機児童ゼロ　保育利用の権利』（共著，信山社，2018 年），『原爆「黒い雨」裁判』（共編，本の泉社，2023 年），『在外被爆者裁判　上巻・下巻（日本裁判資料全集 5・6)』（共編，信山社，2023 年）

被爆者裁判に挑む

2024（令和 6）年10月15日　第 1 版第 1 刷発行
23186-01012:P256 ¥4800E 012-060-050

編　者　田　村　和　之
発行者　今井 貴・稲葉文子
発行所　株式会社 信山社
〒113-0033 東京都文京区本郷 6-2-9-102
Tel 03-3818-1019　Fax 03-3818-0344
info@shinzansha.co.jp
笠間才木支店 〒309-1611 茨城県笠間市笠間 515-3
Tel 0296-71-9081　Fax 0296-71-9082
笠間来柄支店 〒309-1625 茨城県笠間市来柄 2345-1
Tel 0296-71-0215　Fax 0296-72-5410
出版契約 2024-3186-1　Printed in Japan

© 編著者・著者，2024　　印刷・製本：藤原印刷
ISBN978-4-7972-3186-1 C3332 分類323.910 行政訴訟法

JCOPY 〈(社)出版者著作権管理機構 委託出版物〉
本書の無断複写は著作権法上での例外を除き禁じられています。複写される場合は，そのつど事前に，(社)出版者著作権管理機構（電話03-5244-5088，FAX03-5244-5089，e-mail: info@jcopy.or.jp）の許諾を得てください。また，本書を代行業者等の第三者に依頼してスキャニング等の行為によりデジタル化することは，個人の家庭内利用であっても，一切認められておりません。

◆ 信山社新書 ◆

ウクライナ戦争と向き合う
　　― プーチンという「悪夢」の実相と教訓
　　井上達夫 著

国際紛争の解決方法
　　芹田健太郎 著

くじ引きしませんか？ ― デモクラシーからサバイバルまで
　　瀧川裕英 編著

タバコ吸ってもいいですか ― 喫煙規制と自由の相剋
　　児玉 聡 編著

法律婚って変じゃない？ ― 結婚の法と哲学
　　山田八千子 編著

危機の時代と国会 ― 前例主義の呪縛を問う
　　白井 誠 著

婦人保護事業から女性支援法へ
　　― 困難に直面する女性を支える
　　戒能民江・堀千鶴子 著

感情労働とは何か
　　水谷英夫 著

侮ってはならない中国
　　― いま日本の海で何が起きているのか
　　坂元茂樹 著

この本は環境法の入門書のフリをしています
　　西尾哲茂 著

スポーツを法的に考える I・II
　　井上典之 著

年金財政はどうなっているか
　　石崎 浩 著

東大教師　青春の一冊
　　東京大学新聞社 編

―――――――― 信山社 ――――――――

◆ 現代選書シリーズ ◆

現代ドイツの外交と政治（第2版）／森井裕一

ＥＵとは何か(第3版) ― 国家ではない未来の形／中村民雄

ＥＵ司法裁判所概説／中西優美子

ドイツ基本法 ― 歴史と内容／Ｃ．メラース 著（井上典之 訳）

環境リスクと予防原則 Ⅰ リスク評価【アメリカ環境法入門1】
　　／畠山武道

環境リスクと予防原則 Ⅱ 予防原則論争【アメリカ環境法入門2】
　　／畠山武道

環境リスクと予防原則 Ⅲ アメリカ環境政策の展開と規制改革
　　―ニクソンからバイデンまで【アメリカ環境法入門3】／畠山武道

女性差別撤廃条約と私たち／林陽子 編著

原子力外交 ― IAEAの街ウィーンからの視点／加納雄大

韓国社会と法／高翔龍

基礎からわかる選挙制度改革／読売新聞政治部 編著

社会保障と政治、そして法／中島誠

年金改革の基礎知識（第2版）／石崎浩

人にやさしい医療の経済学―医療を市場メカニズムにゆだねて
　　よいか／森宏一郎

首都直下大地震から会社をまもる／三井康壽

大地震から都市をまもる／三井康壽

──── 信山社 ────

◆ 信山社ブックレット ◆

個人情報保護法改正に自治体はどう向き合うべきか
　　／日本弁護士連合会情報問題対策委員会 編
情報システムの標準化・共同化を自治の視点から考える
　　／日本弁護士連合会公害対策・環境保全委員会 編
AIと分かりあえますか？ ── ブラックボックスが生まれる
　　仕組み／渡辺 豊・根津洸希 編
＜災害と法＞ど〜する防災シリーズ〔土砂災害編/風害編
　　地震・津波編/水害編/火山災害編〕／村中洋介
女性の参画が政治を変える ── 候補者均等法の活かし方
　　／辻村みよ子・三浦まり・糠塚康江 編著
【自治体の実務 1】空き家対策 ── 自治体職員はどう対処
　　する?／鈴木庸夫・田中良弘 編
核軍縮は可能か／黒澤 満
PKOのオールジャパン・アプローチ
　　── 憲法9条の下での効果的取組／今西靖治
ど〜する海洋プラスチック（改訂増補第2版）／西尾哲茂
国連って誰のことですか ── 巨大組織を知るリアルガイド
　　／岩谷暢子
国際機関のリーガル・アドバイザー ── 国際枠組みを動か
　　すプロフェッショナルの世界／吉田晶子

信山社

保育所の廃止／田村和之

保育六法（第3版）／田村和之 編集代表

待機児童ゼロ ― 保育利用の権利
　　／田村和之・伊藤周平・木下秀雄・保育研究所

子ども・子育て支援ハンドブック／田村和之・古畑淳 編

保育判例ハンドブック／田村和之・古畑淳・倉田賀世・小泉広子

児童福祉・保育の法と権利保障／伊藤周平

東京予防接種禍訴訟　上・下／中平健吉・大野正男・
　廣田富男・山川洋一郎・秋山幹男・河野敬 編

予防接種被害の救済 ― 国家賠償と損失補償
　／秋山幹男・河野敬・小町谷育子 編著

水底を掬う ― 大川小学校津波被災事件に学ぶ
　／河上正二・吉岡和弘・齋藤雅弘

信山社

日本裁判資料全集

在外被爆者裁判　上巻・下巻

田村和之 編集代表
在間秀和・永嶋靖久・足立修一・龍田紘一朗・中鋪美香 編集

画期的な最高裁判決へ導いた弁護団による、熱き闘いの貴重な裁判記録。上巻は、孫振斗裁判、三菱重工徴用工裁判、下巻は、郭貴勲裁判、在ブラジル被爆者未払手当支払い請求裁判等を収録。

在外被爆者裁判　田村和之 編

被爆者援護法制定から「空白の58年」、在外被爆者の険しかった道のりを辿る。原告弁護団による貴重な裁判闘争の記録。

―――― 信山社 ――――